Stefan Hammond
Mike Wilkins

SEX UND ZEN

und eine Kugel in den Kopf

Der Hongkong-Film

DEUTSCHE ERSTAUSGABE

WILHELM HEYNE VERLAG
MÜNCHEN

HEYNE FILMBIBLIOTHEK
Nr. 32/259

Herausgeber: Bernhard Matt
Redaktion: Rolf Thissen und Ralph Umard

Titel der Originalausgabe
SEX AND ZEN
A Bullet in the Head

*Aus dem Amerikanischen
von Karsten Prüßmann*

BILDNACHWEIS:
Alle Bilder stammen aus dem Archiv Ralph Umard

Inhalt

Vorwort

VON JACKIE CHAN

Endlich gibt es ein internationales Buch über die wunderbaren Filme aus Hongkong! Es ist einfach großartig, daß die Filme, die wir in Hongkong realisiert haben, nun von Menschen in der ganzen Welt entdeckt werden können. Die Videotheken verfügen über immer mehr Kopien, und es finden ständig neue China-Film-Festivals statt. Die Firma New Line Cinema vertreibt neuerdings meine Filme in Nordamerika, und ich war begeistert, als der Sender MTV mich im vergangenen Jahr bei der Filmpreisverleihung für mein Lebenswerk auszeichnete.

Ich glaube, Sie werden an Hongkong-Filmen viel Spaß haben. Denn für mich bedeutet das Filmemachen, Aufregung zu schaffen. Ich habe in der ganzen Welt Filme gedreht, aber ich kehre immer wieder nach Hongkong zurück, wo die aufregendsten Filme gedreht werden. Wir schaffen es in Hongkong, auch wenn die Polizei sich mit Grausen abwendet, wenn wir wollen, daß jemand mit einem Motorrad oben auf einem rasenden Zug fährt. Wir können einfach einen Jeep in einem Flammenmeer explodieren lassen, aus dem noch vier brennende Stuntmen herausspringen. So ist Hongkong. Wir machen das einfach.

In diesem Buch werden Sie auf viele meiner Idole stoßen, die hoffentlich auch zu den Ihren werden. Falls die Hongkong-Filme Neuland für Sie darstellen, lassen Sie sich auf einige Filmerlebnisse ein, die jenseits Ihrer wildesten Träume – und Ihrer Alpträume – liegen.

Wenn Ihnen Hongkong-Filme bereits vertraut sind, werden Sie trotzdem hier noch einige unentdeckte Schätze finden. Stefan und Mike haben auch etwas aus der Spitzenklasse des Hongkong Film Noir, eine kurze Geschichte der Shaw-Brüder, einige »Mondo«-Kuriositäten, herumstreunende Vampire und eine Menge Action-Filme ausgegraben. Sie haben sogar die Adressen meiner Fanclubs aufgelistet.

Ich bin sehr stolz darauf, daß ich mit ungefähr einem Dutzend meiner Filme berücksichtigt wurde. Ich hoffe, daß Sie, wenn Sie erst einmal etwas darüber lesen, Lust darauf bekommen, sie sich mit Ihren Freunden in einem Kino gemeinsam anzuschauen. Denn, wenn Sie, ja *Sie,* Freude an meinen Filmen haben, dann bin ich echt begeistert. Denn ich drehe meine Filme für Sie! So einfach ist das.

Viel Spaß. *Dop jeh sai!*   *Jackie Chan*

Einführung

Wenn man das Kino aus Hongkong betrachtet – mit all seiner Dramatik, Lebendigkeit und Hochspannung –, taugen die üblichen Lehren der Filmhochschulen gar nichts. Es gibt keinen hochgeistigen Anspruch, keine stilvolle, hochtrabende Philosophie, die angemessen seinen »siedenden Antrieb« beschreibt oder die Kraft, die dich aus deinem Sitz fahren läßt und dein Popcorn durch die Gegend wirbelt. Wenn man Filme überintellektualisiert, leugnet man den ursprünglichen Zweck des Kinobesuchs: sich unterhalten zu lassen. Und viele Filme aus Hongkong sind einfach die unterhaltsamsten Filme der Welt.

Sie unterhalten jeden, nicht nur die Menschen aus Hongkong. Dieser Blick auf eine Kultur am anderen Ende der Welt bietet jedem Betrachter eine Sicht auf universelle menschliche Erfahrungen: die Güte eines edlen Herzens, die Reinheit der Liebe einer Mutter, die Angst vor einem riesigen Monster. Er zeigt auch, was den Erfahrungen der Menschen eher fremd ist: eine Flut nur für Hongkong zutreffender Bräuche, die selbst den abgebrühtesten Kinogänger noch fesseln können. Gegner zerfetzen sich rasend schnell im Schußwechsel, tauschen dabei nach rituellen Gesetzen ihre Waffen aus, bevor sie sich dann ganz fertig machen. Leichen fliegen durch die Luft, Helden pinkeln sich vor Angst in die Hosen, und hübsche Frauen schlagen riesigen Bösewichtern in die Weichteile. Das Vertraute und das verführerische Unbekannte kommen zusammen. Und daraus wird ein fruchtbares Chaos – prächtig, bezwingend und profitabel.

Die Filmemacher in Hongkong schlagen rasch aus dem aktuellen Tagesgeschehen Kapital. Ruchlose Fälle von Kriminalität in Hongkong werden innerhalb weniger Wochen gleich in einen Spielfilm verwandelt, dem weitere Fortsetzungen folgen. Neben der Nutzung des aktuellen Geschehens beeinflußt auch die lange Geschichte der chinesischen Kultur, die etwa 45 Jahrhunderte umfaßt, die Filmstoffe. Eine Geschichte aus der Ming-Dynastie wird ebenso verarbeitet wie ein aufsehenerregender Mord aus dem vorigen Monat, um als Film für die Nachmittagsvorstellung zu dienen.

Hongkongs Filme stellen kein eigenständiges Genre dar, aber

sie repräsentieren die drittgrößte Filmindustrie der Welt, nach Hollywood/USA und Bombay/Indien. Shanghai war die Traumfabrik des Fernen Ostens in den zwanziger und dreißiger Jahren. Aber nach dem Zweiten Weltkrieg übernahm Hongkong die Vormachtstellung. Und laufend werden Hunderte von Spielfilmen pro Jahr produziert, die überall in Asien und in den Chinatowns der ganzen Welt zur Vorführung kommen.

Diese Industrie brachte Mitte der achtziger Jahre eine neue Welle in Bewegung. Die Filmproduktionsgesellschaft der Shaw Brothers, die das Kino aus Hongkong seit den vierziger Jahren dominierte, stellte 1985 die Spielfilmherstellung weitgehend ein und konzentrierte sich auf Fernsehproduktionen. So kamen weniger etablierte und unabhängige Firmen zum Zug, und visionäre Regisseure wie John Woo, Jackie Chan und Tsui Hark erhielten einen Freibrief für ihre Arbeit.

Dieses neue, teilweise an westlichen Sehgewohnheiten orientierte Kino fand plötzlich Aufmerksamkeit auf Filmfestivals außerhalb Asiens. In New York und Toronto, beim American Film Institute in Chicago und im Walker Institute für Kunst in Minneapolis/Minnesota. Eine Fangemeinde entstand und wurde immer größer. Es gibt inzwischen Internet-Gemeinschaften und World Wide Web-Homepages.

Die neue Welle wurde in den frühen neunziger Jahren zu einem Höhepunkt geführt, und so wurde die allgemeine Aufmerksamkeit immer größer. Aber es gab kein verläßliches Buch für Anfänger zu dem Thema, geschweige denn einen Herausgeber, der es hätte drucken lassen.

Deshalb schlossen wir uns mit Titan zusammen, um Ihnen *Sex und Zen und eine Kugel in den Kopf* präsentieren zu können. Dieses Buch, dessen Name aus zwei Filmtiteln aus Hongkong zusammengesetzt ist, wurde dazu erdacht, Ihnen einen Überblick über etwa 150 Filme zu geben, die wir so gerne mögen, daß wir sie leidenschaftlich empfehlen möchten. Darunter sind die Klassiker der Filmfestivals, einige etwas weniger bekannte Perlen und einige Kracher, die normalerweise hinter der Ladentheke versteckt sind. Es gibt viel mehr Filme auf Videokassetten, und wenn Sie auf den Geschmack gekommen sind, stellen Sie vielleicht fest, daß einige Ihrer neueren Favoriten nicht erwähnt wurden. Wenn Sie zu einem Fan werden und einen

Lieblingsfilm vermissen, dann sind wir nicht schuld. Wir wollten Sie nur in die Materie einführen.

Sie sollten wissen, daß wir nicht über die alten Kung-Fu-Filme reden wollen, die Knochenbrecherfilme, die man im Spätprogramm des Fernsehens anschauen kann (wir werden sie schon erwähnen, kurz, aber nicht vor Kapitel 12). Die meisten Filme, über die wir reden, sind nicht älter als 15 Jahre. Sie umfassen einen sehr breiten Rahmen von Schauplätzen, Situationen und Themen.

Wir möchten es Ihnen auch so einfach wie möglich machen, Ihnen einen Zugang zu den Filmen zu vermitteln. Wenn Sie sich für die Filme aus Hongkong begeistern, sie aber nirgendwo finden können, werden Sie sauer sein. Und wie wir Sie kennen, werden Sie gleich an diesem Punkt aufgeben. Glücklicherweise steigt die Akzeptanz der Filme aus Hongkong stark an. Weil Hongkong lange von Großbritannien als Kolonie verwaltet wurde, sind viele Filme englisch untertitelt. Und weil Hongkong keine britische Kolonie mehr ist, sind viele Menschen aus Hongkong in die Vereinigten Staaten und Kanada emigriert. Die ausleihbaren Videokassetten sind ihnen gefolgt. Es gibt auch immer mehr alternative Videoverleiher, die Filme aus Hongkong in größerem Maße anbieten.

Obwohl untertitelte Filme aus Hongkong inzwischen immer verfügbarer werden, empfehlen wir Ihnen, sich auf jeden Fall zu bemühen, sie im Kino anzuschauen. In der Gemeinschaft sind sie ein größerer Genuß. Es ist durchaus möglich, daß es im Verstand der Menschen eine Hongkong-Film-Region gibt, die einen kleinen schlummernden Mandelbaum erhält, der einfach nur ein Stimulans braucht, um sich zu entwickeln, zu wachsen und sich vollzusaugen. Wir können es bezeugen: Menschen erstarren in den Kinosesseln, die Köpfe vor Spannung schief, völlig fasziniert.

Wir wissen, daß Sie uns das nicht ganz glauben können. Vielleicht sind Sie aber erst einmal so freundlich und lassen sich nur etwas erzählen, weil Sie möglicherweise nur etwas brauchen, durch das Sie in der Buchhandlung blättern können, auch wenn Sie eigentlich das Buch suchen »Heile dich selbst durch ein Nickerchen«. Aber vielleicht hatte auch irgendein Bekannter von Ihnen recht, der meinte, wie toll *Mystery Science Theatre*

3000 war, der aber mit dem Tip, ein Inhalationsgerät zur Befreiung der Nebenhöhlen zu benutzen, völlig danebenlag und sich selbst an jedem Wochenende Hongkong-Filme reinzieht. Wir können uns hier den Mund fusselig reden. Nur, wenn Sie sich nicht selbst einige Filme anschauen, nimmt das Ganze sowieso keine Gestalt an. Wir möchten nur darauf hinweisen, aber Sie sollten sich einfach darauf einlassen.

Sicherlich ist Ihre Aufmerksamkeit erforderlich, aber nicht für allzulange Zeit. Eigentlich nur für den Weg von der Videothek bis in Ihre Wohnung. Oder solange Sie mit 1500 fanatischen Leuten in einer Schlange vor einem Treffpunkt stehen wie Berkeley's UC-Kino. Wenn Sie erst einmal zehn oder 15 Minuten eines Films gesehen haben, werden Ihre Neugier und Ihre Bereitschaft belohnt, wie wir glauben. Ihre Wahrnehmung wird sich verändern. Aus der Ente wird ein Häslein, die Lampe wird zu zwei raffzähnigen Zwillingen, die sich anstarren. Lassen Sie sich darauf ein, investieren Sie ein paar Mark in dieses Buch und noch ein paar in die Videoausleihe.

Warum belästigen wir Sie damit? Weil diese Filme einen umhauen. Wie eine Rock-Dröhnung bewirken sie eine ungebändigte Euphorie. »Aiyahhh!«, wie in Filmen aus Hongkong gesagt wird. Wenn Sie einmal die überstilisierte Action von John Woo oder Ringo Lam Ling-tung gesehen haben, die schwindelerregenden Bewegungen von Jackie Chan oder Tsui Harks alternativen Planeten, werden auch Sie andere Leute damit vollquatschen.

Das Original-Plakat von ›Naked Killer‹ mit Carrie Ng und Chingmy Yau

1. Zehn Filme, die einen vom Hocker reißen

Wir fangen einfach mal mit zehn Filmen an, die einen total mitreißen. Die Filme in diesem Kapitel sind äußerst unterhaltsam, sehr gut gemacht, verfügbar, und so was haben Sie sonst noch nirgendwo gesehen. Sie sollen auch ein für allemal jedem verdeutlichen, daß dieses Vorurteil von den Prügelfilmen völlig verkehrt ist.

Dies ist keine »Top ten«-Liste. Welches die zehn Besten sein sollten, ist ein unendlicher Krieg, den man am besten bei einem Kaffee oder über die Internet-Adresse »alt.asian-movies« austrägt. Statt dessen haben wir versucht, aus verschiedenen Kategorien, die wir in diesem Buch noch behandeln werden, jeweils einen repräsentativen Film herauszugreifen. Deshalb haben wir auch nur jeweils einen Film der Regisseure John Woo, Tsui Hark und Jackie Chan ausgewählt, obwohl eine »Top ten«-Liste sicherlich mehrere ihrer Werke aufweisen müßte.

Es sind nicht nur »die zehn Filme, die einen am meisten vom Hocker reißen«, die wir empfehlen, sondern auch die, die man am leichtesten finden kann. Einige, wie *A Chinese Ghost Story* und *Naked Killer*, sind vermehrt in Universitäts- und Programmkinos zu finden. Die meisten sind auf Videokassette oder Laserdisc erhältlich. Und alle sind untertitelt.

The Bride With White Hair (Das unbesiegbare Schwert)
1993
mit Brigitte Lin Chin-hsia, Leslie Cheung Kwok-wing, Elaine Lui Siu-ling, Francis Ng Chun-yu, Nam Kit Ying
Regie: Ronny Yu Ren-tai

Psychosexuelles Drama voller visueller Sprache und schneller, furioser Action. Leslie Cheung spielt Yi-hang, einen Kampfsportmeister, der dazu verbannt wurde, auf einem verschneiten Berggipfel ins Exil zu gehen. In Rückblenden entwickelt sich die Geschichte seiner Kindheit, in der er den Schwertkampf erlernt hat. In seiner Jugend erlangt er die Moshpit-Haube und eine aussichtsreiche Zukunft als Erbe der Chung-Yuan-Organisation, einem mächtigen Zusammenschluß von acht Clans. Aber Yi-hang kann sich mit dem Kämpferleben nicht abfinden und sehnt sich eine Erlösung vom ständigen Stich seines Schwertes in Menschenfleisch herbei. Da wirbelt eine besessene, hübsche Kriegerin (Brigitte Lin), die mit ihrer Peitsche Menschen zerteilen kann, in sein Leben. Sie verlieben sich Hals über Kopf und genießen ihre Obsession in einem Wasserbecken aus Kristall, das von einer Tropfsteinhöhle umgeben ist. Sie lassen ihren brutalen Werdegang hinter sich und können voller Unschuld hingebungsvoll lachen. Yi-hang merkt, daß seine neue Freundin gar keinen Namen hat, und so nennt er sie Lien Ni-chang.

Ni-chang hatte keinen Namen, weil sie von Wölfen aufgezogen wurde. Sie wurde bei ihren todbringenden Aktivitäten von einem Sektenführer namens Chi Wu-shuang unterstützt. Chi und seine Schwester sind Rücken an Rücken als siamesische Zwillinge zusammengewachsen, ein Geschöpf voller Bosheit. Die männliche Hälfte glüht vor unerwidertem Verlangen nach der hübschen Ni-chang, während die weibliche Hälfte ihren Bruder als abartigen Freak verspottet.

Ni-chang will die Sekte verlassen, um ein neues Leben mit Yi-hang zu beginnen. Sie bietet sich Chi an, um danach freigelassen zu werden. Aber sie kann nicht einmal vortäuschen, daß Chis Annäherungsversuche sie erregen. Und die Zwillingsschwester an dessen Rücken kreischt voller Hohn, als sie merkt, daß Ni-chang niemals zur Geliebten ihres Bruders werden wird. Zur Strafe wird Ni-chang gezwungen, barfüßig einen Spießrutenlauf über spitze Scherben zu vollziehen, während die Mitglieder ihrer Sekte auf sie einschlagen. Sie überlebt, aber der verhöhnte Chi Wu-shuang greift zu einer List der »verbrannten Erde«, indem er die Führer der Organisation von Chung Yuan abschlachtet. Dieses Gemetzel konfrontiert ihn mit Yi-hang und der Frage nach Vertrauen (der höchsten Tugend, die diese minderwertigen Charaktere noch anstreben können). Es gibt kaum etwas, das größer sein könnte als die Rachegefühle von Brigitte Lin.

Während *The Bride With White Hair* Elemente mit anderen »Legenden-Filmen« wie *A Chinese Ghost Story* gemeinsam hat, ist der Film düsterer und erotischer als die meisten anderen.

Der Film enthält viele deutliche Gewaltdarstellungen, was die Fans von herausspritzendem Filmblut erfreuen wird. Die energische Darstellung von Filmstar Brigitte Lin treibt den Film voran. Selten wurde sie in ihren Spielfilmen so wirkungsvoll aufgenommen (speziell ihre ausdrucksstarken Augen). Wenn man dieses epische Gedicht auf die große Leinwand projiziert (auf die es gehört), ist schon ein großer Schritt getan, um auch diejenigen zu bekehren, die den Filmen aus Hongkong eher skeptisch gegenüberstehen.

A Chinese Ghost Story (dt. Kinotitel: Chinese Ghost Story; TV-Titel: Verführung aus dem Reich der Toten 1)
1987
mit Joey Wong Tso-yin, Leslie Cheung Kwok-wing, Wu Ma, David Lam Wai
Regie: Ching Siu-tung

A Chinese Ghost Story strotzt vor Inhalt und Spannung. Es wird eine Liebesgeschichte mit einem Wirbelsturm phantastischer Action erzählt. Eine vorzeitliche chinesische Legende wird mit westlichem Tempo verbunden. Dieses Kinomärchen des Produzenten Tsui Hark (siehe auch Kapitel 4) ist sowohl derb als auch unheimlich, elegant und chaotisch. Es war und ist einer der Filme, die dem Kino aus Hongkong den internationalen Durchbruch verschafft haben.
Der gutmütige Gelehrte Ning Tsai-shen (Leslie Cheung) ist der unbeliebteste Mann in jeder Stadt: Als reisender Steuereintreiber macht er seine Touren. Als er in einem verlassenen Tempel übernachten will, wird er Zeuge eines Duells zwischen dem einsamen ausgestoßenen Schwertkämpfer Yen (Wu Ma) und dem umherziehenden Söldner Hsiao-hou (David Lam). Ning will die beiden Schwertkämpfer davon abhalten, sich gegenseitig zu zerstückeln, aber er wird nur frostig aufgenommen. Der menschenfeindliche Yen warnt ihn davor, daß es etwas gibt, was in der Gegend umherschleicht und »noch viel angsterregender als ein Tiger« sei.
Man sieht rasch, was er damit gemeint hat, als Hsiao-hou einem koketten, attraktiven weiblichen Gespenst begegnet, das in einem nahegelegenen Fluß badet. Er springt lustvoll auf sie drauf.

Ein hübsches Gespenst: Joey Wong mit Leslie Cheung in ›A Chinese Ghost Story‹

Als sie die Glöckchen an ihrem Fußkettchen zum Erschallen bringt, rauscht etwas Unsichtbares auf ihn zu, schlitzt ihm die Kehle auf, saugt ihm seine Lebenskraft aus und hinterläßt ihn als ausgetrocknete Leiche!

Im Tempel sticht sich Ning in den Finger, und im Keller wird eine Horde blutsaugender Gespenster, die dort haust, wieder lebendig. Skelette nähern sich dem ahnungslosen Ning, der aber den Tempel verläßt, weil er dem beschwörenden Klang einer Laute und einer Stimme folgt, die durch das Fenster zu hören sind. Er gelangt zu einem Pavillon an einem ruhigen See, in dem die schöne Nymphe wohnt, die Hsiao-hou bereits in sein Verhängnis gelockt hatte: die hübsche Nieh Hsiao-tsing (Joey Wong). Sie versucht sofort, ihn zu verführen, aber sie muß feststellen, daß er anders ist als die Bösewichter, die sie vorher ausgesaugt hatte. Trotz ihrer Schönheit widersteht er ihr sanft und höflich.

Eine gute Entscheidung. Als Gespenst und Konkubine der Hölle ist es Hsiao-tsings Bestimmung, Männern das »Yang-Element« auszusaugen. Sie wird von ihrem Zuhälter aus der Geisterwelt, einer schrecklichen zweigeschlechtlichen Vorgesetz-

16

ten, dazu gezwungen. Doch Hsiao-tsing hat keinerlei Freude an ihrer Aufgabe. Sie wurde ein Jahr zuvor ermordet und wird jetzt von der unheimlichen Zauberin als Sklavin gehalten, die in einer hexenartigen Symbiose mit dem Wald lebt und sich mit einer 16 Meter langen Zunge um ihre Feinde windet wie eine Python-Schlange. Doch es kommt noch schlimmer. Hsiao-tsing wird dem Boß ihrer Zuhälterin, Lord Black, versprochen. Unter den gegebenen Umständen wäre es eigentlich töricht, sich in den Menschen Ning zu verlieben. Aber schon Woody Allen schrieb einst: »Das Herz will das, was es will.« Und so packen sie es einfach an. Ning überzeugt den mürrischen, aber liebenswerten Schwertkämpfer Yen, daß seine neue, erbleichte Freundin eine anständige Wiedergeburt verdient. So macht sich das Trio daran, die Urne ihrer sterblichen Reste zu finden, die es dazu benötigt. Die verärgerte Matrone greift das Trio mit ihrer Zunge und anderen schleimigen Mitteln an. Als diese jedoch versagen, öffnet sie die Pforten der Hölle und zieht Hsiao-tsing hinab. »Gelehrter! Es scheint, daß wir die Hölle erstürmen müssen!« brüllt Schwertkämpfer Yen, als die beiden versinken, um Lord Black und seine Gefolgschaft zu bekämpfen. Der Sieg wird hart, aber unterhaltsam errungen, doch die unglückliche Liebe zwischen dem Menschen Ning und dem Gespenst Hsiao-tsing übersteht den Sonnenaufgang nicht.

Full Contact (Cover Hard)

1992
mit Chow Yun Fat, Simon Yam Tat-wah, Bonnie Fu Yuk-ching, Ann Bridgewater, Anthony Wong Chau-sang, Frankie Chin
Regie: Ringo Lam Ling-tung

Durchtränkt mit Rückblenden und Oktan zeigt *Full Contact* ausgiebig grauenhafte Verbrecher, Antihelden und den letzten Abschaum aus der Gosse. Die multikulturelle Filmmusik sprüht von Krimi-Atmosphäre: Eine psychedelische Bluesgitarre verbindet sich mit Kanto-Rock, Yankee-Rock und Thai-Pop. Spitzenregisseur Ringo Lam drückt voll auf die Tube bei diesem Krimi-Actionthriller.
Full Contact beginnt mit einem Überfall auf ein Antiquitätengeschäft in Bangkok, Thailand. Die Räuber sind eine surreali-

stische Truppe, angeführt von Judge, einem offensichtlich Homosexuellen und Amateurzauberer, in dessen Taschen tödliche Waffen verborgen sind. Judges Verbündete sind die kaugummikauende Hure Virgin (Bonnie Fu) und der hübsche Bodybuilder Deano (Frankie Chin). Dieses überwältigende Trio hat kaum die Belegschaft terrorisiert, da schießt es schon auf die örtlichen Polizisten und rauscht mit der Beute (in einem stotternden 64er Fairlaine) davon. Dann erst laufen die Anfangstitel über einem harmlosen, aber ausdrucksvollen Striptease von Mona (Ann Bridgewater).

Inzwischen macht sich Jeff, Monas Freund und Kollege im Tanzclub (gespielt von dem führenden Hauptdarsteller in Hongkong-Filmen, Chow Yun Fat), daran, ihren Freund Sam (Anthony Wong) aus den Klauen des örtlichen Kredithais und seiner Spießgesellen zu retten. Stählern tönt es, während Jeff den Schlägen ausweicht, um schließlich gemeinsam mit Sam auf seinem Honda-Davidson-Motorrad zu entschwinden.

Den Haien zu entfliehen bedeutet jedoch nicht, sich der Schuld zu entledigen. Deshalb arrangiert Sam einen gemeinsamen Raubüberfall zusammen mit Jeffs Bande und der seines Cousins Judge. Aber als Jeffs Bande auf die Horde von Judge trifft, bringt eine Streiterei die freudianischen Schießeisen zutage. Jeffs riesige 45er Magnum stellt Judges nickelbesetzte Automatik-Schußwaffe in den Schatten, und eine spannende Auseinandersetzung endet damit, daß Judge ihm schamlos erklärt: »Deine Augen sind so verführerisch und anziehend.«

Judges unerfüllte sexuelle Energie muß dadurch sublimiert werden, daß er Untaten vollzieht, als er durch einen der erniedrigten Kredithaie dazu gezwungen wird, Jeff während des Raubüberfalls zu verraten. Die Aufgabe, einen waffenbeladenen Lkw von einer belebten Brücke in Bangkok zu entführen, beginnt mit einer Szene, in der Virgin in Jeffs rasendem Auto wild masturbiert, und endet halbherzig mit einem Verrat, als Sam Jeff in die Brust schießt, nachdem ihn Judge in einem Haus aufgestöbert hat, dessen Bewohner er gerade erschossen und verbrannt hat. Auf seiner Flucht mit weniger Freunden und Fingern landet Jeff bei thailändischen Mönchen, die ihn langsam wieder gesund pflegen und ein verrücktes kleines knopfäugiges Hündchen halten.

Der führende Hauptdarsteller in Hongkong-Filmen: Chow Yun Fat, hier in ›Full Contact‹

Inzwischen ist Sam damit beschäftigt, in der Kriminellenszene von Hongkong aufzusteigen, indem er Waffen für Judge beschafft und Mona verführt, wobei die beiden sich im Glauben befinden, Jeff sei während des Raubüberfalls getötet worden. Als Jeff schließlich nach Hongkong zurückkehrt und sie aufsucht, bekommt das verwirrte Trio Probleme mit seiner gegenseitigen Treue, wird anfällig und schwach.

Gefangen in der Falle der Ganovenehre, muß Sam sich dazu zwingen, Jeff zu helfen, daß er sich rächen kann. Sie berauben Judges Waffenversteck und behalten die Beute als Erpressungsgut. Verhandlungen scheitern, und es folgt ein Schußwechsel in einem Nachtclub mit Kameraperspektiven aus Sicht der Kugeln (»Bulletcam«). Einige Einstellungen sind durch Tischplatten, Hände und Genicke gedreht. Im Finale bereitet

Jeff den unablässigen Annäherungsversuchen von Judge ein Ende, besteigt seine Maschine und dröhnt in die Weite.

Hard Boiled (Hard Boiled)
1992
mit Chow Yun Fat, Tony Leung Chiu-wai, Teresa Mo Shun-kwan, Anthony Wong Chau-sang, Philip Chan, Kuo Chui, Bowie Lam, Bobby Ah Yuen
Regie: John Woo Yu-Sen

Die Filme aus Hongkong stellen ein ganzes Kartenspiel voller Action-Asse dar, aber John Woos *Hard Boiled* ist die Trumpf-karte. Dieses Märchen von Waffenschiebern, Doppelagenten und Unschuldigen, die sich alle in einem sich immer wieder übertreffenden Wettkampf der Action-Sequenzen wiederfin-den, läßt einen offenen Mundes erstarren. *Hard Boiled* ist John Woos spektakulärster Film und absolute Pflicht. Jeder wird da-nach zum Hongkong-Film »konvertieren«.
Hard Boiled (wie auch ein weiteres Meisterwerk von John Woo, *The Killer* – siehe Kapitel 2) bewegt sich um eine intensive pla-tonische Beziehung zwischen zwei Männern in einer brutalen Welt. Treue ist die höchste Maxime, die mehr gilt als die Durch-setzung der Gesetze oder eine kriminelle Karriere. Trotzdem trägt man eine Waffe bei sich und benutzt sie auch, falls es not-wendig ist.
Hard Boiled-Detektiv Tequila (Chow Yung Fat) spielt abends in einer neonbeleuchteten Bar als Saxophonist. Tequila und sein Schlagzeuger, sein Polizeikollege Lionheart (Bowie Lam), mar-schieren früh am Morgen in das Wyndham-Teehaus, um Dim Sum zu essen. Das Wyndham-Teehaus ist eine Sehenswürdig-keit in Hongkong, in der die Gäste ihre Singvögel in Käfigen mitbringen, damit sie am Eßtisch singen. In dem großen, über-füllten Teehaus verbergen sich Waffenschmuggler, die ihre Knarren in Vogelkäfigen mit doppeltem Boden verstecken. Doch Tequila deckt ihr Versteck auf. Es beginnt eine für Regis-seur John Woo typische Schießerei in dem menschenüberfüll-ten Teehaus, wobei die Kugeln und die Vögel nur so umherflie-gen. Als es Lionheart erwischt, verfolgt Tequila die Gangster, indem er ein Geländer herunterrutscht – den obligatorischen

Zahnstocher im Mundwinkel –, während seine Automatikwaffen wie Blitze ihre Munition entleeren. In der Küche schlittert er über eine Arbeitsplatte und landet mit dem Gesicht im Mehl. Weiß wie ein Gespenst erledigt er den Bösewicht mit einem blutspritzenden Kopfschuß.

Als sich die Handlung entfaltet, treffen wir auf Tequilas Nemesis in Gestalt von Tony (gespielt von Tony Leung, der wegen seiner großartigen schauspielerischen Leistung oft *Tony »Hard Boiled« Leung* genannt wird). Er ist ein extravaganter Unterweltkiller, der für den mächtigen Mr. Hoi arbeitet. Seine Schießkünste werden auch von Hois waffenschmuggelndem

Detektiv Tequila bei der Arbeit: Chow Yun Fat (rechts) in ›Hard Boiled‹

Rivalen Johnny (Anthony Wong) beneidet, der gerne selbst Hois Imperium übernehmen würde. Johnnys Männer überfallen in einem spektakulären Kampf – professionell, gewaltträchtig und schön – Hois Lagerhaus mit einer Schlachtordnung von Motorrädern, aufgenommen in atemberaubenden Einstellungen, während Johnnys gefährlichster Schütze Mad Dog (Kuo Chui) Hois Leute reihenweise bluttriefend abballert. Der Verlierer Hoi verstirbt auf stoische Weise, als der einsame Polizist Tequila vom Dach des Lagerhauses auf ihn herabschnellt.

Mehr Munition wird verfeuert, als Tequila die übriggebliebenen Kampftruppen auseinandernimmt. Alles endet, als Tony und Tequila ihre seelischen Übereinstimmungen feststellen, während sie sich gegenseitig die Revolver an die Schläfe halten. Doch die entscheidende Patronenkammer ist – zum ersten Mal – leer.

Es stellt sich heraus, daß auch Tony ein Polizist ist, doch er steckt so tief in seiner Agententätigkeit, daß ihn die normale Polizeiarbeit gar nicht mehr interessiert. Als die beiden Polizisten allmählich erkennen, daß sie auf derselben Seite stehen, untersuchen sie Johnnys Waffenarsenal, das im Keller eines Krankenhauses gebunkert ist. In diesem Krankenhaus entfaltet sich *Hard Boiled* vollends.

Der gesamte dritte Akt besteht aus einer halbstündigen Sequenz, die die meisten Bestandteile anderer Action-Filme gänzlich in den Schatten stellt. Der Kampf gegen Johnny und seine Legion von »Killerhunden« nimmt epische Dimensionen an, als Patienten als Geiseln genommen werden und Kugeln wie ein Schneegestöber fliegen. Tequila und Tony kämpfen sich gemeinsam durch eine gesamte Krankenhausetage, bis sie in einen Fahrstuhl gelangen, dessen Türen sich rechtzeitig schließen. Sie genießen für einen Moment Ruhe und gemeinsames Vertrauen, bevor die Schlacht auf einer anderen Etage ihren Fortgang nimmt.

Und genau dann, wenn man denkt, dies sei nicht mehr zu steigern, müssen Tequila und die Polizistin Teresa (Komödiantin Teresa Mo mit einer wendbaren Betty- und Veronika-Perücke) einen Kliniksaal voller Babies in Sicherheit bringen. Während rechts und links Polizisten und Gangster tot umfallen, trägt Tequila im Arm ein lächelndes Bübchen namens Saliva Sammy und in der anderen Hand eine gerade erst abgefeuerte Pistole. Nachdem er Wattestöpsel in Sammys Ohren gestopft hat, will er flüchten. Doch er fängt Feuer. Glücklicherweise muß das Kind pinkeln und löscht so die Flammen. Das Waffenlager im Keller explodiert, und Feuerwellen schießen durch das Krankenhaus, aber die Babys sind gerettet, der Bösewicht kratzt ab, und das Publikum lehnt sich mit einem erleichterten »Uff« wieder zurück in die Sitze.

Hard Boiled ist leicht auf Video zu bekommen.

It's Now or Never
1992
mit Sharla Cheung Man, Rain Lau Yuk-tsui, Alfred Cheung Kin-ting, Cynthia Khan
Regie: Louis Chan Kwok-hei

It's Now or Never beginnt mit einem furiosen Verwirrspiel. Vagabundierende Truppen von hochtoupierten Mädels aus den sechziger Jahren sind auf Jungs und Ärger aus. Man erkennt rasch, daß man eine schwarze Komödie vor Augen hat. Die Gags sind schlimm genug, um einem das Blut aus den Adern zu saugen. Hongkong-Komödien sind nicht einfach zu verstehen, aber diese, die durch den Regisseur John Waters beeinflußt wurde, ist eine verrückte Ausnahme.

Bei einer örtlichen Tanzveranstaltung macht sich Chewing Gum (Pauline Chan) an den Freund von Little Bun (Kung-Fu Star Cynthia Khan) heran. Während verzerrte Gitarrenmusik erklingt, mischt Little Buns beste Freundin – die mit Rosen tätowierte Rose (Sharla Cheung) – die Veranstaltung mit ihren Gespielinnen auf. Das Ganze endet damit, daß die taffen Mädels zur Polizeistation abtransportiert werden. Dort findet Rose ihre Schwester vor, die wegen des gleichen Deliktes schon im Knast sitzt.

Als der Vater der beiden Mädchen auftaucht, um sie abzuholen und eine Kaution zu hinterlegen, quetscht er sich eine tränenüberflutete »Ach, ich geb' mir doch so viel Mühe mit den Kinderchen!«-Rede heraus, wonach alle auf der Polizeistation ihre Taschentücher hervorholen. Eine alltägliche Tätigkeit für »Lady Killer Tat«, der eigentlich ein billiger Gigolo ist.

Der Film besteht aus einer Serie von urkomischen Situationen über die chaotischen Verhältnisse in der Familie und ihre Verbindung zur Unterwelt. Rose und Little Bun (die ständig mit ihrem »tödlichen Adlerklauen-Kung-Fu« prahlt, nur um dann ständig selbst die Dresche einzustecken) werden in einem Kosmetikgeschäft angestellt. Sie wollen einfach nur klauen und die Kunden ausrauben, doch ihr Plan wird von einer Polizistin durchkreuzt. Die Rache von Roses Bande besteht darin, daß sie einen Haufen von Pennern aufgabelt, denen versprochen wird, daß sie eine Nacktshow live erleben können. Sie schleusen sie in das Appartement der Polizistin genau in dem Moment, als sie aus der Dusche hervorkommt.

Ein größeres Problem ist Loan Shark Wong, der das Techtelmechtel von Vater Tat mit einem grotesken Freier unterbricht, um ihn mit einigen unbezahlten Schuldscheinen zu konfrontieren. Rose muß die Dienste des Polizisten Shing (Alfred Cheung) in Anspruch nehmen – der sich in sie verliebt hat –, um im Kampf gegen die Unterwelt zu bestehen. Sie lockt ihn mit einem verführerischen Angebot.

Was *It's Now or Never* so effektiv macht, ist der Humor, der aus scheinbar abstoßenden Situationen heraus entsteht. Sein warmer visueller Stil wird konfrontiert mit unromantisierter Gewalt. Der Film zeigt liebevoll ausgewählte Gegenstände aus den sechziger Jahren (weiße Vinylröcke mit roten Lederstiefeln, glänzende Transistorradios und Jackie-O-Flips). Jeder ist rachsüchtig und manipulierend, bis auf den Polizisten, der ein Muttersöhnchen ist.

Der Schauspieler Ng Man-tat ist in der Szene am besten, in der er etwas ausheckt, mit den typischen zusammengekniffenen Augen eines Kleinkriminellen. Er würgt Potenzmittel in sich hinein, während er gleichzeitig seiner Tochter predigt, sie solle gefälligst ihren Vater bewundern. Rain Lau übertrifft selbst ihre überragende Darstellung in *Queen of Temple Street* als klauende, pillenschluckende Schülerin Tracy »Große Klappe« Wong. Man benötigt keine Kenntnis der chinesischen Sprache, um herauszufinden, daß jedes Wort des Kanto-Slangs, der aus Tracys Lästermaul hervorsprudelt, respektlos und unflätig ist! Und die perfekt schöne Sharla Cheung ist exzellent als lügende, hinterhältige Rose.

Mr. Vampire

1985

mit Lam Ching Ying, Chin Siu Ho, Moon Lee Choi-fung, Ricky Hui, Pauline Wong

Regie: Ricky Lau Koon-wai

Mr. Vampire ist der erste und beste einer langen Reihe von chinesischen Vampirfilmen. Unsere blutsaugenden Brüder aus Fernost latschen nicht in Capes umher, versprühen nicht den Charme der Alten Welt und beißen nicht verführerisch in Hälse. Allerdings schlafen sie auch in Särgen und haben ein gesundes Frontgebiß. Blaß und bläulich? Ja klar, sie sind ja *tot*. Sind sie so steif wie ein Brett? Und wie, und weil sie nicht laufen können, *hüpfen* sie. Na ja, wie anstrengend kann ein hüpfender Geist im Kostüm der Ming-Dynastie sein? Wenn Sie einen vor Ihrem Gesicht haben, der Ihnen die Atemluft aussaugen will,

Luft anhalten angesagt: ›Mr. Vampire‹ mit Lam Ching Yin (Mitte)

bekommen Sie eine Gänsehaut! Lustig? Absolut. Es besteht ein schmaler Grat zwischen Horror und Humor. Und *Mr. Vampire* bietet alles, um diese Tradition fortzusetzen.

Der Film besteht aus einer Reihe von possenhaften Episoden mit einem taoistischen *sifu* (Lam Ching Ying) und seinen wohlmeinenden, aber minderbemittelten Lehrlingen Chou und Man Choi (Chin Siu Ho und Ricky Hui). Der *sifu* erhält den Auftrag, den Vater des reichen Mr. Yam wiederzubeleben, und er muß den Sarg die Nacht über aufbewahren. Unglücklicherweise ist der Leichnam nach 20 Jahren ziemlich muffelig geworden, nachdem er in all den Jahren ohne *feng shui* auskommen mußte. Deshalb dreht er durch, ignoriert die schwarzen Opferziegen und bevorzugt statt dessen den Hals seines Sohnes. Der junge Yam läuft bläulich an und wird bösartig. Er tötet einige Nachbarn. Der Taoist wird vom örtlichen Polizeichef, einem widerlichen Bauerntölpel, wegen der Morde angeklagt. Doch Yams wiederbelebter Leichnam erweist sich als effektives Alibi. Der Lehrling Man Choi ist infiziert. Er muß klebrigen Reis essen, darin baden und darauf herumtanzen, um von dem schleichenden Horror kuriert zu werden.

Die interessanteste Zwischenhandlung dreht sich um einen liebeskranken Geist (Pauline Wong), der in einer durchsichtigen Sänfte fahrend in einem Wald auftaucht. Das Musikthema in dem Moment ist eine schwermütige, kinderreimähnliche Melodie mit brüchigem, untertiteltem Text: »Ihr durchdringender Blick / strahlt so hell wie die Sterne, / so intensiv, daß man fast erstickt. / Der Lady-Geist sucht einen Liebhaber. / Wer sollte solche Schattenbraut begehren?«

Es gibt jemanden: den Lehrling Chou. Sie verführt ihn mit Wein und unschuldigem Blick. Dann trägt sie einen brutalen Kampf mit dem Taoisten-Meister aus, der einzugreifen versucht. Nachdem sie ihren Kopf von den Schultern gerissen und ihn Richtung *sifu* geworfen hat, gibt sie auf, weil sie begreift, daß beide aus unterschiedlichen Welten stammen.

Aber nachdem ein Unwesen vernichtet wurde, taucht ein anderes auf. Der Vampirvater hat die ganze Zeit in einer rattenverseuchten Höhle gelauert, weil er auf eine Gelegenheit wartete, zu seiner Sargschlafstätte zurückzukehren.

Mr. Vampire's Reiz basiert auf seiner Fähigkeit, die Figuren gerade genug Gefahren auszusetzen, um die Balance zwischen Humor und Horror zu halten. Die Geister erscheinen in verschiedenen Formen des Bösen. Der besessene Man Choi ist nie mehr als eine beißende Plage, während der Obervampir Yam seine Opfer gleich umbringt. Zum Glück hat der *sifu* genügend taoistische Tricks im Ärmel, um schließlich mit jedem fertig zu werden.

Naked Killer (Naked Killer)

1993
mit Chingmy Yau Suk-ching, Carrie Ng Kar-lai, Simon Yam Tat-wah, Svenwara Madoka, Kelly, Johnny Lo Hwei-kong
Regie: Clarence Ford (Fok Yiu-leung)

Naked Killer macht 90 Minuten lang einen Buckel und spuckt einen an. Er ist stilisiert, nur halbwegs begreifbar und teuflisch unterhaltsam. Es ist die Geschichte der Antiheldin Kitty (Chingmy Yau), einer Frau, die Schurken, die ihre Freundinnen tyrannisieren, wirklich haßt. Sie schnappt sich tatsächlich eine Schere und sticht sie einem Mann zwischen die Beine (der auch noch ihr Friseur ist)! Während er brüllt »Ich habe einen Hoden verloren!«, kann sie entschwinden, doch der Polizeioffizier Tinam (Simon Yam) verfolgt sie. Aber bei dem Versuch, Kitty zu schnappen, scheitert er, weil er sich immer übergeben muß, sobald er seine Dienstwaffe zieht!

Die Handlung verdichtet sich, als Kitty erst mit dem Polizisten herumalbert, dann mit ihm schläft und sich schließlich in ihn verliebt. Eine unangenehme Entwicklung ihrer Karrieren. Kitty erklärt es so: »Ich bin eine Profi-Killerin, und du bist ein Polizist. Wir haben einen beruflichen Konflikt.«

Kittys Killerinstinkt wird durch ihre Lehrmeisterin und Mentorin Cindy (Svenwara Madoka), die Svengali von Hongkongs männerhassenden Gangsterinnen, noch gesteigert. Nach ausgiebigem Training übernimmt das Paar einen Auftrag in Tokio, der das Tanzen in einem Nachtclub und die heimliche Enthauptung mit einem spanischen Halseisen erfordert.

Kittys wachsende Zuneigung zu Tinam macht sie sanftmütiger, erweckt aber den eifersüchtigen Zorn von Princess (Carrie Ng) – einer gefährlichen lesbischen Mörderin, die unsere

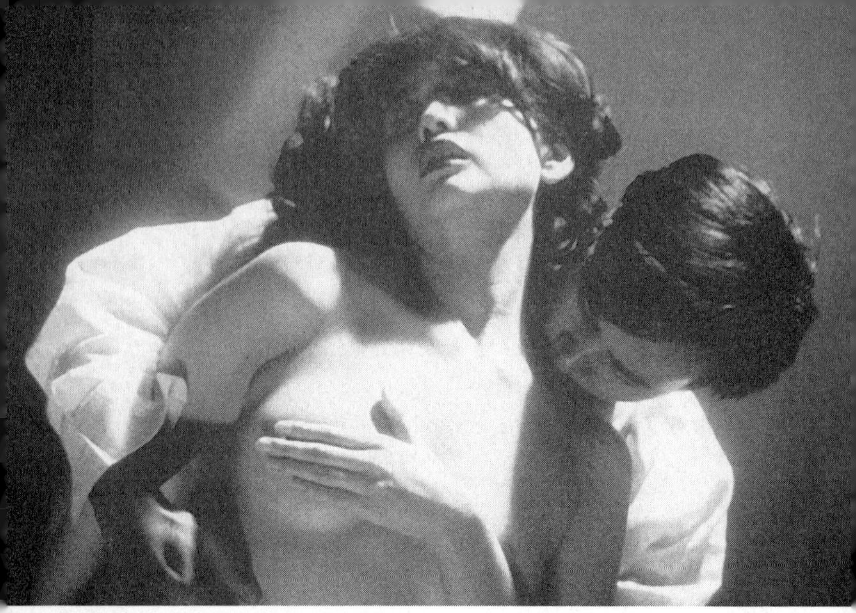

Zweimal Chingmy Yau in ›Naked Killer‹

Heldin verführen will. Princess, die einst von Kittys Mentorin Cindy trainiert wurde, aber nun als selbständige Auftragnehmerin arbeitet, hat Gefallen daran, ihre männlichen Opfer durch den Raum zu schleudern, bevor sie deren Genitalien zerfetzt. Sie ist besessen von der Lust auf Kitty, eine Lust, die ihre Freundin Baby (die zauberhafte japanische Schönheit Kelly) mit ihrem schmalen Hinterteil nicht befriedigen kann. Das führt natürlich zu Reibungen zwischen Princess und ihrer früheren Ausbilderin, so daß Princess sie ermordet.

›Naked Killer‹: Kelly und Carrie Ng

Carrie Ng spielt die Rolle der Princess im großkotzigen »Hier komme ich«-Stil, und man kann unmöglich die Augen von ihr lassen. Die Gefechte sind in der nostalgischen Art der Geheimagenten-Fernsehserien der sechziger Jahre inszeniert (besonders Hongkongs *Rose Noir*). Es gibt vergiftete Lippenstifte, fliegende Seile und Pfeile, Maskeraden und schwarze Spandex-Kampfanzüge.

Eine Anmerkung für Anfänger: Die größten Schauspielerinnen des Kinos aus Hongkong weigern sich in der Regel, sich zu entblößen, auch wenn es das Drehbuch erfordern sollte. Sie wissen, daß Nacktdarstellungen (Kategorie III) sie auf eine andere Ebene versetzen würden. Und dieses Stigma wäre nahezu unmöglich zu revidieren. Diese Information soll erklären, daß, obwohl es Nackte und Killer in *Naked Killer* zu sehen gibt, die Killer nicht immer nackt sind. Der Aufwand, den die Killer betreiben, um ihre Nacktheit zu verbergen, ist ein unsinniger und enttäuschender Nebenaspekt in diesem verrückten – aber absolut nicht enttäuschenden – Film.

Der beste Ort, um *Naked Killer* in San Francisco zu genießen, ist das reizende Roxie Theatre, wo der Sound dröhnt und die Menge sich wegen der bescheuerten Untertitel kaputtlacht.

Pedicab Driver

1989

mit Sammo Hung Kam-bo, Nina Li Chi, Sun Yueh, Benny Mok Siu-chung, Fennie Yuen Kit-ying, John Sham, Meng Hoi, Lowell Lo, Liu Chia-liang (Lau Kar-leung)
Regie: Sammo Hung Kam-bo

Sammo Hungs großartiger *Pedicab Driver* ist – in vielerlei Hinsicht – eine Metapher für Sammos Karriere. Sammo ist so etwas wie ein großer Bruder von Kung-Fu-Star Jackie Chan (siehe Kapitel 6 und 10) und hat bei einigen der besten Filme aus Hongkong die Regie geführt oder selbst mitgespielt. Dennoch schmachtet er in relativer Unbekanntheit, wenn man seinen populäreren Bruder als Vergleich nimmt. *Pedicap Driver* ist eine Liebesgeschichte mit Haken und Ösen und exquisiten Kampfszenen. Er ist lange selbst von den Fans der Filme aus Hongkong unentdeckt geblieben.

Angesiedelt in der Nachkriegszeit in Macao (einer portugiesischen Kolonie, die nur eine kurze Fährschiffreise von Hongkong entfernt ist), erzählt *Pedicab Driver* die Geschichte von vier Jungen aus der Arbeiterschicht, die Leute durch die schmalen Straßen von Macao mit Fahrrad-Rikschas, die man als »Pedicab« (Pedaltaxi) bezeichnet, transportieren. Ihr Anführer ist der kräftige Lo Tung (Sammo Hung). Seine Kumpel sind

Malted Candy (Benny Mok), Rice Pudding (Meng Hoi) und Shan Cha Cake (Lowell Lo).

Tung lebt in einem miesen, kleinen Raum in der Nähe der örtlichen Bäckerei. Der Bäcker Fang (Sun Yueh aus *City on Fire*) hat ein Auge auf die einfach gekleidete, aber wunderschöne Ping (Nina Li) geworfen. Fang hat das Herz am rechten Fleck, aber Ping kann ihn als Verehrer nicht recht ernst nehmen. Trotzdem lädt er sie ein, sich in der Stadt ein Armband aus Jade auszusuchen. Dort wird sie von einem Zuhälter gesehen, Yu, genannt Master Fünf. Yu wird mit abgrundtiefer Bosheit von John Sham gespielt, der eigentlich eher für seine unbeschwerten, komischen Rollen bekannt ist. Master Fünfs angeklatschte Haare, seine goldüberkronten Zähne, seine selbstherrliche Unmoral stellen eine Bedrohung dar, als er Ping anmacht.

Tung taucht auf und will rechtschaffen die sich fürchtende Frau vor dem Loddel beschützen. Aufgrund dieser Herausforderung springt Master Fünf in sein Auto und jagt Tungs Pedicab, in dem sich Ping krampfhaft am Sitz festkrallt. Tung entkommt, indem er in einen *Mahjong*-Salon hineinbrettert. Doch weil er dadurch den Spieltisch zerstört, muß er sich nun mit dem Besitzer des Spielsalons (Liu Chia-liang) auseinandersetzen. Der Kampf zwischen diesen beiden Meistern steigert sich vom Faustkampf bis zum Duell mit Schlachtbeilen und ist atemberaubendes, erstklassiges Kung-Fu. Tung unterliegt, aber Liu ist so beeindruckt (»Fettsack, ich habe schon gegen viele Männer gekämpft, aber du bist der erste, der mir Angst eingejagt hat«), daß er ihn gehen läßt.

Tung und Ping kommen sich näher, als Tungs Freund und Rikschakollege Malted Candy sich in die junge, wohlgebaute Hsiao Tsui (Fennie Yuen) verliebt. Beim Essen an einem örtlichen Nudelstand begegnen sich Shan Cha Cake und Hsiao Tsui in der Öffentlichkeit. Voller Entsetzen enthüllt Shan Tsuis Geheimnis: Sie arbeitet nicht nur im Bordell, sondern er war auch noch in der vorangegangenen Nacht ihr Freier. Tsui drückt sich stoisch um das bevorstehende Donnerwetter, aber Ping, die bislang nur still und passiv war, tritt vor die Pedicab-Fahrer und erinnert sie daran, daß sie nicht die einzigen sind, denen es das Leben nicht leichtmacht, und daß Demut und Mitgefühl in diesem

Fall angemessener seien. Malted Candy begreift seine Dummheit und entschuldigt sich.

Die Nachricht der bevorstehenden Hochzeit von Tsui erreicht Master Fünf, dessen Blut zu kochen beginnt, weil er mit dem Gedanken nicht fertig wird, daß auch nur ein Mensch seiner Umklammerung entweicht. Er entsendet einen Schlägertrupp, um Malted Candy und Tsui in ihrer Hochzeitsnacht fertigzumachen. Als Tung zu spät eintrifft, blickt er seinen kleinen Freund Rice Pudding an. Und ohne ein Wort zu sprechen, brechen sie auf, um Rache zu nehmen. In dem opulenten Versteck von Master Fünf muß sich Tung gegen den Oberschläger Billy Chow verteidigen. Der wütende Pedicab-Fahrer zerstört fast das ganze Mobiliar und auch Chows Kopf. Als Master Fünf schließlich zur Hölle fährt – mit Unterstützung des schwertschwingenden Rice Pudding – , bricht das Kinopublikum in tosenden Jubel aus.

Police Story 3: Supercop (Police Story 3: Supercop)
1992
mit Jackie Chan, Michelle Yeoh Chu-kheng, Maggie Cheung Man-yuk, Yuen Wah, Kenneth Tsang
Regie: Stanley Tong Kwai-lai

Police Story 3: Supercop zeigt Jackie Chan auf der Höhe seines Könnens. Bei seiner Jagd als Polizist aus Hongkong nach Drogenschmugglern quer durch Südostasien ist seine Action-Partnerin die fähige und atemberaubende Michelle Yeoh. Ihr Auftritt bedeutete das Comeback nach einer längeren Filmpause. Mit einer flotten Erzählweise und beeindruckenden Schauplätzen packt *Police Story 3: Supercop* den Zuschauer mit seiner aufregenden Geschichte und Jackie Chans Markenzeichen: einer Ansammlung von sich gegenseitig überbietenden Stunts, bei denen einem das Herz stockt.

Als einige der königlichen Polizeioffiziere Hongkongs einen »Supercop« benötigen, um den abscheulichen Drogenzar Chaibat (Kenneth Tsang) auszuschalten, wählen sie den tapferen Chen Chia-chu (Jackie Chan). Seiner Freundin May (Maggie Cheung) erklärt er, er würde in ein Spezial-Trainingscamp reisen, doch er packt seine Koffer, um sich nach Guangzhou auf

das Festland Chinas zu begeben. Dort angelangt, wird er dem
Kommando von Inspektorin Yang (Michelle Yeoh) von Inter-
pol zugeteilt. Yang setzt ihn dazu ein, Chaibats Kumpan Panther
(Yuen Wah) aus einem Arbeitslager herauszuholen, eine Mei-
sterleistung, die er mit Bravour ausführt. Panther ist beein-

druckt, und nachdem er den Schurken erschossen hat, der ihn in das Arbeitslager brachte, gibt er Jackie einen Job als sein Assistent. Vor der Überfahrt nach Hongkong besuchen sie noch Chens (nicht existierende) Familie in seiner »Heimatstadt« Fu Shan. Der verdeckt ermittelnde Cop aus Hongkong ist verzweifelt, doch die chinesische Festlandpolizei fingiert eine erfundene Familie, indem sie Inspektorin Yang mit Zöpfen als seine kleine Schwester verkleidet! Die List gelingt, aber der Besuch in einem kantonesischen Restaurant endet mit einem Krawall, weil die Polizisten die Verbrecherbande mit Betäubungsgewehren angreifen. Yang beweist ihre Courage, indem sie sowohl die Verbrecher wie auch die Polizisten austrickst. Chen nimmt sie mit nach Hongkong.

Als das Undercover-Paar in Chaibats Lager feststellt, mit wem es zu tun hat, während sich die Zahl der Leichen immer mehr steigert, werden eine Frau im Bikini und ein Verbündeter, der ein Doppelspiel treibt, in Chaibats Swimmingpool gewaltsam ertränkt. Bei einer Reise an die Grenze von Thailand und Kambodscha lernen sie einen Drogenboß (Lo Lieh), der Khun Sa ähnelt, kennen. Aber dessen gesittetes Verhalten endet, als Chaibat in Wut gerät und den Kopf eines Rivalen mit einer stacheligen harten Frucht einschlägt. »Erschieß mich doch, wenn du dich traust«, ruft ein anderer Mitstreiter. Alle sind nervös und schwer bewaffnet. Die Szene endet in einem Wirbel der Gewalt, bei dem die sich bekämpfenden Gruppen Magazine leer schießen und sich gegenseitig in Fetzen sprengen. Yang, dessen kugelsichere Weste voller Sprengkörper ist (ein weiterer Trick des verräterischen Chaibat), muß sich dem Gefecht fernhalten; Chen hilft mit Granatenwürfen und als improvisiertes Waffenstativ aus.

Da das Duo sich im Kampf erneut bewährt hat, engagiert Chaibat die beiden für den Plan, seine Frau aus einem Gefängnis in Kuala Lumpur zu befreien. Doch als die Gang zufällig Chens Freundin May begegnet, die in Kuala Lumpur als Fremdenführerin arbeitet, deckt diese unabsichtlich Chens wahre Identität auf. Panther und seine Leute nehmen May fest und zwingen Chen und Yang zu einer gefährlichen Verfolgungsjagd. Dabei entführt Chen einen schwerbewachten Polizeitransporter mit Gefangenen. Chen kracht in ein Auto, das mit unechtem Giftgas beladen ist. Yang springt auf den fahrenden Transporter, während die beiden um ihre jeweiligen Geiseln kämpfen. Die abschließende Schlacht zeigt einen haarsträubenden Stunt nach dem anderen. Jackie hängt an der Strickleiter eines Helikopters und pendelt ohne Netz über der exotischen Architektur von Kuala Lumpur. Michelle springt auf ein Geländemotorrad und fährt damit direkt auf das Dach eines rasenden Güterzuges. Während des Abspanns sind dann noch Stunts zu sehen, die aus dem Film herausgeschnitten wurden (was bei Jackie-Chan-Filmen üblich ist; siehe Kapitel 5) – und die Szenen, die nicht benutzt wurden, sind noch aufregender als die im Film selbst.

Sex and Zen (Sex und Zen)
1991
mit Lawrence Ng, Amy Yip, Kent Chung, Mari Ayukawa, Isabella Chow, Lo Lieh, Elvis Tsui Kam-kong
Regie: Michael Mak Dong-jie

Zuschauer, die seriöse tantrische Bettszenen und religiöse Ratschläge zur Meditation von dieser Verfilmung des Erotik-Klassikers *The Carnal Prayer Mat* aus dem 17. Jahrhundert erwarten, werden eine schöne Überraschung erleben. Der klamaukhafte Film *Sex and Zen* von Regisseur Michael Mak ist ein typischer Hongkong-Film, vollgepackt sowohl mit dem Zeitkolorit des 17. Jahrhunderts als auch mit sexuellem Mumpitz höchst unwahrscheinlicher Natur.
Mei Yang (Lawrence Ng) ist ein gesellschaftlich bekannter Gelehrter, der mit der reichen Erbin Yuk Heung (Amy Yip) verheiratet ist. Trotz der Verfügbarkeit der drallen Yip (eines von Hongkongs berühmtesten Softsex-Starlets) ist Mei Yang nicht zufrieden. Während er beim athletischen Liebesspiel des üppig ausgestatteten Seidenmachers Kuen und seiner Frau (Elvis Tsui und Mari Ayukawa) heimlich zuschaut, beklagt er seine eigene Unzulänglichkeit.
Mit der Logik eines Gelehrten beschließt Mei Yang, sein Los zu verändern, indem er einen Quacksalber aufsucht, der ihn durch eine Operation von seinem Längenkomplex befreien soll. Mei Yang wird in eine Tonne gestopft, deren Zapfloch mit einer kleinen Guillotine versehen ist, und stimmt zu, daß sein bestes Teil

entfernt und durch das eines Pferdes ersetzt wird. Er wird örtlich betäubt, das Fallbeil fällt, und die Prozedur nimmt ihren Lauf. Die Sache geht schnell und komisch ziemlich schief, während der nackte Gelehrte aus seiner Tonne lugt. Das Pferd verweigert *seine* Betäubung. Der Quacksalber kippt das Betäubungsmittel über seine Hände und kann die Operationsinstrumente nicht mehr richtig anfassen. Der Hund des Quacksalbers rennt mit dem Originalteil des Gelehrten im Maul davon. Ein Gewitter bricht aus, und der Quacksalber hat Angst vor Blitzen! Völlig verängstigt schmeißt er den gerade abgetrennten Pferdepenis in die Luft. Die Kamera folgt ihm in die Höhe, wo er sich wie ein Bumerang dreht, und hinab, wo er im offenen Mund des erstaunten Assistenten des Quacksalbers landet. Während die Zeit knapp wird, wird der Pferdepenis aus dem Hals des erstickenden Assistenten gerettet und Mei Yang angepflanzt. *Und er funktioniert.*

Diese exaltierte Sequenz zum Anfang des Films zeigt bereits den Stil, in dem der Film weitergehen wird. Unser geiler Gelehrter verfolgt mit erigiertem Pferdepenis erfolgreich die verschiedenen Objekte seiner Begierde. Diese Zwischenspiele beinhalten auch eine Affäre mit Kuens Frau – bei der ihr Keuschheitsgürtel platzt –, die sich schnell von Mei Yangs neuem Körperteil beeindrucken läßt, sowie zwei Kellnerinnen bei einer Spontanorgie. Die Geschichte erreicht ihren Höhepunkt mit einer alptraumhaften Phantasiesequenz, in der Mei Yang mit den karmischen Auswirkungen seines egoistischen und unnatürlichen Verhaltens konfrontiert wird und sich dazu hinreißen läßt, die Stutenpartnerin des Spenderhengstes zu bespringen. Inzwischen plant der gehörnte Seidenmacher eine niederträchtige Tat auf Mei Yangs Hof. Er gleicht das Ergebnis aus, indem er mit Yuk Heung eine heiße Affäre hat.

Als unabwendbares Resultat ihrer Schlechtigkeit bekommen alle Akteure das, was ihnen zusteht. Yip Heung verliert ihr soziales Ansehen und landet als Hure im Bordell. Und in der Schlußszene zieht sich der sexuell so zügellose Mei Yang in ein buddhistisches Kloster zurück, trifft dort seinen Bestrafer Kuen, den er widerwillig umarmt. Lust und Rache sind vergessen.

Trotz der Fülle von cartoonartigen Beischlafszenen und einigen ihrer erotischen Besonderheiten – vielzüngige Leckspielzeuge auf Rädern, Mädchen, die mit Flöten masturbieren, und Yuk Heungs ungewöhnliche Nutzung ihres Schönschreibpinsels – wird alles nur gespielt, um Lacher zu erzeugen. Doch *Sex and Zen* behält auch einen hohen Erregungsquotienten bei. Die Frauen (darunter einige Starlets aus Japan) sind gut gebaut, hinreißend und alles andere als schüchtern. Die großartige Ausstattung und die geschickt erzeugte Stimmung beeindrucken.

DIE SZENE

Nicht jeder Hongkong-Film ist ein Klassiker. Manche sind nicht besonders empfehlenswert, außer daß es in ihnen jeweils etwas Ehrfurchteinflößendes gibt. Hier führen wir einige unserer Favoriten auf:

FATAL TERMINATION
1990
Blutbad von korrupten Zollinspektoren, die Dinge schmuggeln, die sehr gefragt sind.
Die Szene: Moon Lees Tochter, eine artige Achtjährige, wird nach ihrem Ballettunterricht entführt und an ihren Haaren einen halben Meter tief aus dem Fenster eines fahrenden Autos gehalten. Das Auto jagt durch belebte Straßen der Stadt. Moon springt auf die Motorhaube und schlägt die Windschutzscheibe ein. Verschiedene Kameraperspektiven zeigen deutlich, wie das kleine Mädchen, das ein pinkfarbenes Ballerinakleid trägt, nur wenige Zentimeter über dem dahinrasenden Asphalt schwebt, wobei es noch mit den Beinen zappelt! Entgegenkommende Autos und Lastwagen und Mauern jagen vorbei. Moon – immer noch auf der Motorhaube – schlägt das Seitenfenster ein, schnappt sich den Schlips des Fahrers und zieht ganz fest daran. Doch der Fahrer beschleunigt noch und versucht, durch den Highway-Verkehr zu kommen, während er allmählich fast erstickt.
Das kleine Mädchen klammert sich tapfer an den grimmig dreinblickenden, bärtigen *gwailo*, der sie aus dem rückwärtigen Fenster hinaushält, während der dritte mit einem Gewehr aus der zerstörten Windschutzscheibe auf die Motorhaube hinauskklettert und auf Moon einschlägt, wobei der Wagen immer noch dahinrast. Doch mit einem gezielten Tritt kann die Mama ihren Angreifer unschädlich machen, zieht den Fahrer noch hinaus und schlägt ihn zusammen. Die Szene endet damit, daß das

Kind unverletzt bleibt, aber versuchen Sie einmal, solche Stunts in Hollywood zu drehen. Sie werden im Knast landen.

LEGEND OF THE LIQUID SWORD
1993
Halb Komödie, halb Kostümschinken mit Schwertkämpfer Chu, der durch die Gegend hüpft und sein Schwert aufblitzen läßt.
Die Szene: Schwadronen von Mönchen rasen über eine Ebene. Die in den weißen Roben schlagen Purzelbäume und springen unisono, während die in den grauen Kutten einfach nur rennen. Auf den Köpfen der Grauen trottet ein Quartett von Weißkutten, die ein dreieinhalb Meter großes goldenes buddhistisches Hakenkreuz mitschleppen, das auf der Rückseite ein weißes Zelt in der Form einer Lotosblume aufweist. Die martialischen Mönche deponieren ihr Zelt auf einer Anhöhe, und aus seinen Pforten tritt Flowerless (Chingmy Yau) hervor, eine wunderschöne Frau in weißer Kleidung. Sie fordert Chu zum Duell heraus, und die beiden tragen auf dem Rücken der Mönche sowie auf den Spitzen von aufgerichteten Speeren einen Schwertkampf aus, während sie sozusagen auf ihren schwebenden Schwertern surfen oder einfach nur durch die Luft fliegen (ihre Füße dürfen den Boden nicht berühren). Das Duell endet unentschieden, während ihre Schwerter sich ineinander verschlingen wie Stanniolpapier.

BRAIN THEFT
1981
Ganze Gehirne werden zwar nicht gestohlen, aber Hirnanhangdrüsen. Ein gutherziger, aber nicht zugelassener Arzt aus dem Landesinneren stiehlt Hirnanhangdrüsen aus dem tragischen, aber unrechten Bemühen heraus, ein Wachstumshormon herzustellen. Dieses soll seinem zwergenhaften Sohn ein normales Leben ermöglichen.
Die Szene: Eine böse Krankenschwester wird als erste verdächtigt. Sie schleicht ins Leichenschauhaus, aber nicht, um Gehirne aus den Kadavern zu entnehmen. Sie ist eine frustrierte Leichenbewacherin, die die steifen Insassen in einer Reihe aufstellt, sie anbrüllt, bis es so aussieht, als ob diese ihre strengen Befehle beachten würden. Sie beißt einer Leiche in den Nacken und kippt sie dann alle lachend wie Dominosteine um. Als die Polizei plötzlich hereinstürmt, stirbt die Krankenschwester durch den Schock. Das wirft die Ermittlungen über den Gehirndieb wieder auf den Anfangspunkt zurück.

THE CAT
1992
Verrückter Film über ein tropfenförmiges Monster, ein Paar Aliens und ihre Killer-Katze.
Die Szene: Erdlinge lassen einen feisten Bastard los, um das Kätzchen in die Mangel zu nehmen. Auf einer Mülldeponie verkeilen sich die beiden Tiere in einen aufsehenerregenden Kung-Fu-Kampf, bei dem man sich fragt, wie das gemacht wurde, und der viele brutale Kämpfe der menschlichen Darsteller in den Schatten stellt. Es sind keine Filmtricks, wie bei künstlichen Monstern, sondern lebendige Haustiere, die sich mit ihren Krallen ein erbittertes Gefecht liefern.

QUEEN'S HIGH (THE BEGINNING)
1990
Clans aus Hongkong, die sich gegenseitig bekriegen, haben zuviel Schießpulver in ihren Schatzkammern.
Die Szene: Cynthia Khans Hochzeit wird von in Weiß gekleideten Killern gestört, die die ganze Hochzeitsgesellschaft massa-

Braut im Blutrausch: Cynthia Khan in ›Queen's High‹

krieren. Als ihr Bruder und ihr Verlobter in Stücke zerschossen werden, verfällt sie in einen buchstäblich unkontrollierten Schießrausch mit einer Neun-Millimeter-Wumme. In Zeitlupe wird gezeigt, wie die ausgeklinkte Braut in einem langen Brautkleid und einem reizenden Mieder die ungebetenen Gäste voller Blei füllt.

ANGEL ENFORCERS (ANGEL ENFORCERS)
1990
Ein Film, in dem manche Leute ihre Abreibung bekommen, und zwar von einer unbezwingbaren, überdurchschnittlichen Polizistin (Sharon Young).
Die Szene: Eine unglückselige junge Frau wird von einem psychotischen Bösewicht bedrängt. Er setzt sie auf ein Stück Eis, das auf einem glühenden Draht ruht. Ein Netz von strammgespannten Seilen, die durch die Abziehringe von einem Dutzend Handgranaten gezogen sind, hat er um ihr schönes Kleid gebunden. Das Ergebnis? Der Glaube an die Wiedergeburt hilft immer.

ESCAPE FROM BROTHEL
1992
Langweiliges Melodram über zwei gutherzige Nutten aus Hongkong und einen unabsichtlich kriminellen Freund vom Festland. Ein trauriges Schicksal erwartet sie alle.
Die Szene: Der Schurke Billy Chow und die tätowierte Sophie Crawford wollen gerade loslegen (sie ist nackt, er hat kein Hemd mehr an), als Crawfords Ehemann und dessen Adlatus hereinstürmen. Sie verlangen Geld von Chow. Doch statt dessen verprügelt er sie. Dann springt Crawford mit einem Chi-ähnlichen Schrei aus dem Bett und tritt Chow in den Bauch. In Zeitlupe-Bildern greift sie an (wie Caine in der alten TV-Serie *Kung Fu* mit David Carradine), doch er verteidigt sich ganz gut, indem er ihr einen knochenbrechenden Schlag mit dem Unterarm auf den Brustkorb verpaßt, wodurch sie nach hinten fliegt und erst einmal benommen ist. Doch nachdem Chow ihren Ehemann und Begleiter wieder mit Gewalt attackiert, kommt Crawford zurück und schwingt sich an einem Türrahmen hängend mit den Beinen um Chows Hals. Sie hängt nun kopfüber auf seinem Rücken und umklammert seine Genitalien. Chow hält lange genug durch, um ihr einen Schlag in ihren Unterleib zu versetzen, der ihre Umklammerung löst. Crawford setzt ihren Kampf zwar fort, aber Chow überwältigt sie, seine Augen glitzern, und er fängt an, *es* zu tun, als sein Piepser losgeht.

GHOSTS GALORE
1982
In den alten Tagen bekämpfen die Geisterjäger Buddy und sein übergewichtiger Freund Fat Boy böse Geister, die von einem Zauberer erschaffen wurden.
Die Szene: Ein junger Meister wird in der Nacht von einem verführerischen weiblichen Geist gejagt. Als er plötzlich im Schlafzimmer mit unserem Duo konfrontiert wird, näht der Geist plötzlich die Sammlung der unanständigen Holzschnitte des Meisters mit Liebesstellungen zu einem zweidimensionalen Mann zusammen, der auf Buddy und Fetter Junge zustapft wie ein alter Science-fiction-Roboter. Während des Kampfes wird Fat Boy von den Nähten umspannt. Die Holzschnitte entwickeln sich plötzlich zu einer flachen Mauer, aus der der Arm des Geistes hinausragt, durch den Raum langt, dann Fat Boy ergreift und ihn seiner Verdammnis zuführt. Blitzschnell ergreift Buddy eine magische Münze, zielt und schmeißt sie. Eine bläuliche Explosion läßt den Sex-Geist mit einem Kreischen in Rauch aufgehen.

HOLY WEAPON
1993
Bescheuerte, großartig besetzte Komödie, in der alle Stars Kostüme aus der Ming-Dynastie tragen und sich blöd benehmen.
Die Szene: Sharla Cheung Man parodiert eine berühmte Kurtisane, und ihre Schönheit bewegt einen örtlichen Perversen zu fürchterlichem Sabbern: »Ich bitte dich, mich jetzt sofort aufzuessen.« Sie verwandelt sich in ein gigantisches Monster: Halb Spinne und halb Sharla, fesselt sie ihn in ein übergroßes Netz. Mit ihrem prächtigen Mund webt sie einen Faden um seine Leibwächter und zerstückelt sie mit ihren rasiermesserscharfen Beinen. Dann ... wird auch sein Wunsch erfüllt.

THE SEDUCATION AFTER
1979
Eine unglückliche junge Frau wird mit einem Fluch belegt und gebiert nach ihrem Tod einen Dämon, der Mönche, Hausbesitzer, Adelige und jeden, der ihm über den Weg läuft, umbringt.
Die Szene: Ein Mann mit einer schmerzhaften Krankheit sucht Hilfe in einem übersinnlichen Kloster. Während ein Dutzend Mönche in einer weihrauchgeschwängerten Halle rhythmisch singen und Glocken läuten, wirkt ein Wunderheiler seine Wunder. Die besorgte Familie schaut dabei zu, wie der Heiler seinem Patienten feierlich lange Nadeln in die Fingerspitzen

rammt. Der Mann schreit, und einige ausgewachsene Frösche springen aus seinem Mund. Rasch öffnet der Wunderheiler die Rückseite des Kopfes des Mannes und zieht weitere lebende Frösche heraus. Mit einem Kopfverband versehen, bezahlt der dankbare Mann die Mönche und verläßt das Kloster guter Dinge.

2. John Woo

John Woo ist am besten dafür bekannt, daß er wie kein anderer Action-Sequenzen inszeniert, die vollgepackt sind mit einstudierter Choreographie – Schußgefechte von mythischem Ausmaß. Diese ausschweifenden ballistischen Ballette werden oft mit langen Kamerafahrten eingefangen: Waffenschützen agieren im Vordergrund, und während Lichter auf der linken Seite explodieren, sterben die in immer großer Zahl von rechts mit blitzenden Schußwaffen hereinstürmenden Gegner in den Ecken. Die Szenen sind zugleich elegant, flüssig und voller blutender Eingeweide. Ein weiterer Regisseur von Vernichtungsfilmen, Quentin Tarantino, sagte über Woo einmal: »Ja, er kann eine Action-Szene inszenieren, und Michelangelo konnte eine Decke anmalen.«

Neben der spektakulären Action bieten Woos Filme auch ein Schaufenster, das mit Figuren vollgestopft ist, die dem Publikum gefallen, weil sie ritterlich und von einer Einstellung geprägt sind, die mit dem konventionellen Relativismus der modernen Welt nicht mehr viel zu tun hat. Seine Hauptfiguren sind Männer, die eine platonische Leidenschaft zueinander empfinden durch ihre blutigen Riten der Waffenkämpfe (oft eine direkte Reise in das nächste Leben), und zwar in solch emotionsgeladenen Szenen, daß sie an die dramatischen Höhepunkte der großen Opern erinnern. Wenn Chow Yun Fat (Woos ständiger Hauptdarsteller) langsam mit seinem Gegner am Schluß des blutigen Endes von *A Better Tomorrow 2* die Waffen tauscht, akzeptiert das Paar, daß das heldenhafte Ritual des Duells bedeutsamer ist als jeder einzelne von ihnen. Woos Helden sind unerschrockene, moderne Ritter.

John Woo wuchs in den sechziger Jahren in Hongkong auf, was er als wunderbare Erfahrung für einen Filmliebhaber bezeichnet. Statt sich in engen Zimmern ein mieses Fernsehprogramm anzuschauen, verbrachte der junge Woo seine Zeit in den örtlichen Kinos und sah die besten Filme jenes Jahrzehnts. Zusätzlich zu den aktuellen Hollywood-Filmen absorbierte Woo Filme aus China, Europa, Taiwan, Japan und natürlich Hongkong. In den Ausländer-Vierteln Hongkongs waren oft Filme von Jean-

*Regisseur John Woo mit einer Kamera made in Germany (bei den Dreh-
arbeiten zu ›Once a Thief‹)*

Pierre Melville und Akira Kurosawa kommerziell erfolgreicher
als die neuesten Angebote aus Hollywood.

Woo begann als Lehrling in den Studios der Shaw Brothers unter dem Regisseur Chang Cheh (siehe Kapitel 12), bevor er in
den frühen siebziger Jahren zum Regieassistenten avancierte.
In der Mitte des Jahrzehnts inszenierte er Komödien und Kung-
Fu-Filme, darunter den frühen Jackie-Chan-Film *Hand of
Death* (1975) (deutscher Videotitel: *Dragon Forever*). Woos Ge-
schick, witzige Situationen zu konstruieren, verstärkte sich in
seinen Komödien Anfang der achtziger Jahre und half ihm sehr
dabei, als er seine komplizierten Action-Szenen mit kurzen, unerwarteten visuellen Gags würzte.

Hommagen für (oder Imitationen von) Woos typischen Action-

Sequenzen sind heute Teil der Filme aus Hollywood geworden. Es war nur eine Frage der Zeit, bis Woo vom übermächtigen Hollywood umworben wurde. Nach dem hervorragenden *Hard Boiled* (1992) unterzeichnete er einen Vertrag mit Universal in Los Angeles. In seinem ersten Film für das Studio, *Hard Target* (1993), war der Belgier Jean-Claude Van Damme sein Star, genannt »Muscles from Brussels« (Muskeln aus Brüssel). Woo bekam Ärger mit den amerikanischen Zensurbehörden, die den Film wegen des gewalttätigen Inhalts nicht unter 17 Jahren freigeben wollten. Woo mußte den Film ganz umschneiden, um eine Freigabe für jüngere Altersgruppen zu erreichen. Es gibt jedoch die ursprüngliche Schnittfassung des Regisseurs (Director's Cut) auf Video. Im Februar 1996 wurde der zweite Spielfilm, den Woo in Hollywood gedreht hatte, *Broken Arrow,* zum damals erfolgreichsten Film in den USA, der am ersten Wochenende gleich $ 15,6 Millionen einspielte. (Nach zwei Wochen an der Spitze der Hitliste wurde er von Jackie Chans *Rumble in the Bronx* überholt.)

Im Vergleich mit den meisten Filmen aus Hongkong sind Woos Filme überdurchschnittlich oft in den USA erhältlich. Synchronisierte Fassungen von *The Killer* und *Hard Boiled* kann man über Ketten wie Blockbuster Video bekommen. Voyager hat beide Filme als Laserdisc in der Reihe Criterion Collection herausgebracht.

A Better Tomorrow (Der City Wolf)

1986
mit Ti Lung, Chow Yun Fat, Leslie Cheung Kwok-wing, Waise Lee Chi-hung, Emily Chu
Regie: John Woo

A Better Tomorrow definiert die Regeln eines Großstadtthrillers der achtziger Jahre des Kinos aus Hongkong. Es ist ein wilder Strom von Blut, Schweiß und Tränen. Es ist mehr als eine überstilisierte Variation von Francis Ford Coppolas *The Godfather (Der Pate)* oder *The Wild Bunch – Sie kannten kein Gesetz* oder eines japanischen *yakuza*(Gangster)-Films Ihrer Wahl. Es ist der Film, der Regisseur John Woo und seinem Star Chow Yun Fat (Hongkongs Martin Scorsese und Robert De Niro) international berühmt gemacht hat.

A Better Tomorrow ist eine manische Ansammlung von meisterhaft gestalteten Schießereien, die einen neuen Maßstab für das Kino aus Hongkong setzt – und für das Kino im allgemeinen. Aber diese perfekt getimeten Höhepunkte sind nicht einfach hirnlose Ballereien, bei denen die Gedärme nur so herumfliegen. Es sind schmerzliche Momente emotional geschmiedeter Bindungen zwischen Männern, vollgepackt mit schnellen Feuergefechten. Gutmütige Albereien wechseln mit brütender Nostalgie, gefolgt von tränengetränktem Melodram – und danach eine große Kampfszene.

Noch nie zuvor wurden die Triaden (die chinesischen Gangster-Organisationen) der Unterwelt so liebevoll wiedergegeben wie in den Szenen, die durch Zeitlupe mythologisiert werden, und den Elegien des Durchsiebens von Menschen mit Kugeln (um nicht von einer schrillen Sentimentalität zu reden). Der *gwailo*-freundliche und grimmig ironische Titel suggeriert die Übernahme von Hongkong durch China im Jahr 1997 und unterstreicht die Aktualität des Films in bezug auf die rasche Entwicklung einer Nation in die Ungewißheit.

Ho (Ti Lung) und Mark (Chow Yun Fat) sind langjährige Freunde, die in der Hierarchie der Triade aufgestiegen sind und zu aalglatten und erfolgreichen Schiebern von Falschgeld geworden sind (Chow zündet sich seine Zigarette mit einem gefälschten Hunderter an). Hos jüngerer Bruder Kit (Leslie Cheung), ein Student an der Polizei-Akademie, weiß nichts von den Verbindungen seines älteren Bruders zur Unterwelt, als Ho in der Begleitung des unerfahrenen Shing (Waise Lee) nach Taiwan abreist, um einen »letzten großen Coup« zu landen. Zwangsläufig entwickelt sich eine verschlungene Geschichte, die Ho dazu zwingt, sich der taiwanesischen Polizei zu stellen, um dem jungen Shing die Flucht zu ermöglichen. In Hongkong wird der Vater von Ho und Kit von einem Killer erschossen – eine tragische und dicht choreographierte Episode.

Mark ist entschlossen, Hos Unglück zu rächen, und in der berühmtesten und am häufigsten parodierten Szene stolziert er mit einer Frau im Arm (natürlich in Zeitlupe) in ein Nobelrestaurant und plaziert ein kleines Waffenarsenal in einer Reihe von Topfpflanzen. Nachdem er auf eine Versammlung von Ganoven gestoßen ist und ihnen diverse bleihaltige Aperitife

Langjährige Freunde: Chow Yun Fat (oben) und Ti Lung in ›A Better Tomorrow‹

serviert hat, tritt er gelassen den Rückzug an, bedient sich seines Waffenarsenals und macht die anderen Gegner nieder – aber nicht, ohne selbst einige lähmende Kugeln in sein Schienbein und sein Knie abzubekommen.

Drei Jahre vergehen. Während Ho seine Zeit im Gefängnis absitzt, sind Kits Aufstiegsmöglichkeiten in der polizeilichen Ermittlungsabteilung begrenzt wegen der traurigen Berühmtheit seines Bruders. Mark, der nun hinkt, ist voller Verzweiflung. Er verdient sich ein paar Kröten durch Fensterputzen oder als Türsteher für Shing, der dank der Opferbereitschaft von Ho zum Gangsterboß aufsteigen konnte. Nach seiner Entlassung versucht Ho, sich mit Kit zu versöhnen, dem jedoch nichts daran gelegen ist, da er glaubt, daß sein älterer Bruder schuld am Tod ihres Vaters ist.

Um wieder auf die gerade Bahn zu gelangen, betätigt sich Ho als Taxifahrer. Doch als seine Weigerung, Shings Bande wieder beizutreten, dazu führt, daß Kit angeschossen und Mark zusammengeschlagen wird, setzt er alles daran, Mark wieder zum trenchcoattragenden Pistolenhelden zu machen und gemeinsam mit dem Dickschädel Kit an dem schmierigen Shing Rache zu üben. Das Ganze wird zu einem Wirbelsturm von herumfliegenden Körpern und tödlichen Kopfverletzungen, untermalt von einem aufwühlenden Soundtrack mit Geigen und Mundharmonika, der den Zuschauer noch tagelang verfolgen wird.

A Better Tomorrow 2 (Der City Wolf 2)
1988
mit Chow Yun Fat, Ti Lung, Leslie Cheung Kwok-wing, Dean Shek
Regie: John Woo

Mit der Absicht, den finanziellen Erfolg des Vorgängers zu wiederholen, wurde diese Fortsetzung mit John Woos Markenzeichen vollgepackt: sentimentale Szenen in Zeitlupe, hochgradige Ritterlichkeit, bestürzende Frauenfeindlichkeit und unterhaltsame Übertreibungen. Wenn *A Better Tomorrow* neue Maßstäbe für die Verbindung von übertriebenen Gewaltdarstellungen und vergänglicher Nostalgie gesetzt hat, dann weitet *A Better Tomorrow 2* dies noch aus, um sich selbst zu feiern. Es handelt sich weniger um die Fortsetzung der Geschichte von *A Better Tomorrow,* sondern um ein Tollhaus von Übertreibungen und Woos zentralen Motiven. *A Better Tomorrow 2* ist ein Abgesang seiner selbst – um zum Ausstellungsstück im Wachsfigurenmuseum zu werden.

In *A Better Tomorrow 2* festigt Chow Yun Fat seine Position im Pantheon der großen Leinwandstars. Herausgeputzt als Gangster mit einem gepflegten Anzug und seinem Markenzeichen, einem im Mundwinkel klemmenden Zahnstocher, scheint seine unaufhörliche Freundlichkeit genauso passend wie die Überschwenglichkeit und die Sturheit. Manchmal wirkt es so, als ob Chow seine Gegner zu Tode grinsen würde. Woo verwandelt ihn vom rustikalen Bauerntölpel zum kugelschießenden Wüterich durch eine Reihe sehr theatralischer optischer Effekte. Der beste davon zeigt, wie Chow mit dem Kopf voran auf dem Rücken eine Treppe hinunterstürzt, während er gleichzeitig mit zwei automatischen Waffen auf die große Anzahl seiner Verfolger ballert. An einer Stelle legt Chow seine unpassende, verträumte Vornehmheit jedoch ab, um in heldenhafter Manier dem nervösen Kit (Cheung) zu sagen: »Du mußt lernen«, erklärt er, »das, was du tust, mit Elan zu machen.«

Da Mark tot und Ho im Gefängnis ist, sieht sich Kit gezwungen, als Detektiv tätig zu werden. Als Ho das Angebot einer Entlassung auf Bewährung ablehnt, um den Behörden bei den Ermittlungen gegen seinen früheren Mentor Magnat Lung (Dean Shek, adrett und mit Spitzbart) zu helfen, vernachlässigt Kit sein Familienleben (seine Frau Jackie ist schwanger) und geht heimlich eine Affäre mit Lungs Tochter Peggy ein. Lung, der sich jetzt umorientiert hat, wird von Fälschern unter Druck gesetzt, die seine Werft nutzen wollen. Als Ho herausfindet, daß Kit in die Untersuchungen verwickelt ist, stimmt er einer früheren Freilassung zu, um seinen hitzköpfigen und bedrohten jüngeren Bruder zu schützen. Sobald Ho frei ist, sieht sich Lung eines Anschlags auf Gangster beschuldigt. Gezwungen, nach New York zu fliehen, läßt er Peggy in Kits Gewahrsam zurück, und sie wird prompt ermordet.

Während Ho in Hongkong bleibt, verliert Lung in New York die Nerven und landet in einer Gummizelle. Glücklicherweise schafft es Marks eineiiger Zwillingsbruder (!) Ken (erneut Chow),

ein Restaurant-Chef in Chinatown, ihm seine Stabilität wieder-
zugeben – während einer Serie von Feuergefechten, und das
Paar geht nach Hongkong zurück. In der Zwischenzeit ist Ho
untergetaucht, um sich Lungs Verräter Ko anzuschließen, der
Ho drängt, Kit als Beweis seiner Treue zu erschießen (Kit erholt
sich natürlich auf »wundersame« Weise). Als Ho, Lung, Ken und
Kit wieder vereint sind, wollen sie Ko fertigmachen. Während
Ko, Lung und Ken eine Strategie ausarbeiten, geht der quer-
köpfige Kit solo voran, um in Kos Hauptquartier einzudringen.
Dort – in einer Sequenz, die Woos Neigung zu unbewußtem
Frauenhaß und übertriebenem Pathos bestätigt – tritt Kit seinem Schicksal entgegen: Er wird von einem ruchlosen Killer
umgenietet, während in einer Reihe von Zwischenschnitten gezeigt wird, wie seine Frau in einem anderen Stadtviertel im
Krankenhaus ein Neugeborenes zur Welt bringt.

Zum letzten Gefecht haben sich Woos verbleibende Helden im
Stil von *Reservoir Dogs* angezogen: weiße Hemden, schwarze
Anzüge, schmale Schlipse. Ken trägt Marks kugeldurchlöcher-
ten Trenchcoat, und sie machen sich zu Kos Villa auf. Es gibt
Hunderte von Leichen, tankerweise Blut, Raketenabschüsse,
Samurai-Schwertgefechte, Streitaxten, herumwirbelnde Hel-
den, wild herumfuchtelnde Lakaien in einer Orgie des Tötens,
die vielleicht nicht mehr überboten werden kann.

Von Gedärmen verschmiert und von Leichnamen blockiert, gehen unsere Helden auf ein unsicheres Ende zu in diesem zei-
chentrickhaften Haus, aus dem niemand entkommen kann.
Man kann allenfalls eine kleine optische Referenz zum ver-
gleichsweise zurückhaltenden Höhepunkt von *Taxi Driver* erkennen. Elan? Ohne Ende!

Bullet in the Head (Bullet in the Head)
1990
mit Jacky Cheung Hak-yow, Tony Leung Chiu-wai, Waise Lee
Chi-hung, Simon Yam Tat-wah, Fennie Yuen Kit-ying, Yolinda
Yam
Regie: John Woo

Niemand, der John Woos intensivsten Film *Bullet in the Head*
sieht, kann neutral bleiben. Entweder man mag ihn oder man

haßt ihn. Dieser epische Film ist Woos persönlicher Lieblingsfilm. Die Anregung dafür bekam er vom Massaker auf dem
Tienanmen-Platz im Jahr 1989.

Bullet in the Head spielt im Jahr 1967 und erzählt die Geschichte der langjährigen Freundschaft von Paul (Waise Lee), Ben
(Tony Leung) und Frank (Jacky Cheung). Der geschäftstüchtige
Paul schlägt vor, daß das Trio sich in den Bürgerkrieg Vietnams
begibt, um dort schnelles Geld zu scheffeln. Ben, der zunächst
zögert abzureisen, ändert seine Meinung, als seine Heirat mit
Jane (Fennie Yuen) durch einen Kampf getrübt wird, in dem er
und Frank an dem Verbrecher Ringo Rache nehmen, der dabei
umkommt. Das Trio faßt den Entschluß, von Hongkong nach
Vietnam zu reisen, bis sich die Lage wieder beruhigt hat. Ihr Ver-

Tony Leung (links) und Jacky Cheung (rechts) in ›Bullet in the Head‹

bündeter, Mr. Shing, gibt ihnen einen Koffer voller Penizillin und einige Rolex-Uhren für Mr. Leong mit, der den Nachtclub Bolero in Saigon betreibt. Inmitten der Studentenunruhen Hongkongs von 1967 verabschiedet sich Jane von Ben.

Als die drei schließlich in Saigon angekommen sind, kriegen sie gleich die volle Ladung des Kriegsgeschehens mit, als ihr Taxi von einem Vietcong-Terroristen gesprengt wird. Die Helden werden von den örtlichen Behörden zu einer sofortigen Gegenüberstellung mit Verdächtigen gezwungen, wobei sie erniedrigt und verängstigt werden. Der wahre Verbrecher wird ermittelt und gleich hingerichtet. Anschließend sind sie wieder in Freiheit und können den Bolero-Nachtclub aufsuchen, um mit Leong zusammenzutreffen. Die drei Musketiere treffen ihren d'Artagnan in der Gestalt von Luke (Simon Yam), einem eurasischen Killer, der für Leong tätig ist.

Im lebhaftesten Schußgefecht von *Bullet in the Head* (einem von John Woo in klassischer Manier choreographierten Schlachtfest) vereinen sich die drei mit Luke, um Leong aus dem Sattel zu werfen und die drogenabhängige Sängerin Sally (Yolinda Yam) zu befreien. Sie verwenden Pistolen, Maschinengewehre, Schrotflinten, Messer und explosive Havanna-Zigarren. Sie bekämpfen erfolgreich Leongs Gefolge, zerstören die Kniescheiben des Nachtclubbesitzers und türmen mit Sally – und einer schweren Kiste voller Gold.

Während Ben und Frank sich hauptsächlich um das Wohlergehen von Sally kümmern – sie hat sich während der Waffenschlacht eine Kugel eingefangen –, nimmt sich Paul des Goldes an. Das wird zu einer Belastung für die drei. Ein Streit entbrennt, der dazu führt, daß sich die Jungs gegenseitig die Revolver an die Schläfen setzen. Sally stirbt an ihrer Verletzung, und das Trio wird von den Vietcong-Truppen festgenommen, die einen belastenden Umschlag mit CIA-Fotos zwischen den Goldblättern finden.

Der Film wird an dieser Stelle besonders gräßlich, als die Vietcong-Truppen Frank dazu zwingen, seine Mitgefangenen per Kopfschuß zu töten. Als Frank durch den Horror total ausrastet, tritt Ben an die Stelle seines Freundes, um die gefesselten und wimmernden Gefangenen mit dem Maschinengewehr zu erschießen.

Wie in *The Deer Hunter/Die durch die Hölle gehen* werden die Schußwaffen auf die Vietcong gerichtet, und die drei entfliehen mit Hilfe von Luke und der amerikanischen Luftkavallerie. Frank ist durch einen Steckschuß in den Schädel ernsthaft verletzt. Diese Szene muß man einfach sehen, man kann sie nicht beschreiben. Es ist ein völlig brutaler Film, aber man wird ihn nicht so schnell vergessen.

The Killer (Blast Killer)
1989
mit Chow Yun Fat, Danny Lee Sau-yin, Sally Yeh
Regie: John Woo

The Killer hat mehr Neugier in der westlichen Welt auf die Filme aus Hongkong geweckt als irgendein anderer Film seit *Five Fingers of Death*. Und das ist auch ganz einleuchtend. *The Killer* ist ein stilisierter, von Herzen kommender Film, inszeniert von einem äußerst begabten Regisseur, der von der ganzen Bandbreite der Filmgeschichte von der französischen Nouvelle Vague bis hin zum klassischen japanischen Gangsterfilm beeinflußt wurde. Woo bezeichnet Martin Scorsese als größtes Vorbild für seinen Stil, und das merkt man auch. Aber Woo imitiert Scorsese nicht einfach; sein Stil ist umfangreich, wohlbedacht und entschieden sein ganz eigener.

Der Film beginnt und endet in einer christlichen Kirche in irgendeinem Vorort. Wir begegnen dort Jeff, einem Profikiller, der von Woos Lieblingsdarsteller Chow Yun Fat verkörpert wird. Während eines verheerenden Schußgefechts in einem Nachtclub trifft ein Geschoß von Jeff unabsichtlich die wunderschöne junge Sängerin Jennie (Sally Yeh), die dadurch erblindet. Weil er diesen Unfall so sehr bereut, beschließt Jeff, das professionelle Töten aufzugeben. Nach einem letzten Job, den er nur noch ausüben will, um Jennie eine Hornhautoperation zu ermöglichen, will er damit Ernst machen.

Natürlich geht der Job schief, und Jeff wird von Inspektor Li (Danny Lee) gejagt, einem gewieften und eingefleischten Polizisten. Aber alles wird noch schlimmer, denn Johnny Weng, der Gangster, der Jeff engagiert hat, will ihn nun lieber umbringen, als ihm seinen Lohn zu bezahlen. Schließlich entsteht gegensei-

Widersacher: Chow Yun Fat als ›The Killer‹ (oben) und Danny Lee als Inspektor Li

tiges Vertrauen und Respekt zwischen Jeff und Inspektor Li. *The Killer* ist durch die Szene berühmt geworden, in der Jeff und Inspektor Li sich gleichzeitig eine Schußwaffe an den Kopf halten und dabei versuchen, der erblindeten Jennie weiszumachen, sie seien langjährige Freunde. Es ist fast kaum zu glauben, doch Regisseur Woo sagt, ihn habe zu dieser Szene ein Cartoon aus der Reihe »Spion gegen Spion« des Satiremagazins *Mad* inspiriert!

Der Polizist und der Killer tun sich zusammen und kämpfen, um Wengs Kumpane in einer überdrehten Schießerei, die in der Kirche ausgetragen wird, zu vernichten. Diese unendliche Schlacht als Höhepunkt des Films findet vor dem rituellen Hintergrund von fliegenden Tauben und angezündeten Kandelabern statt. Schießpulverschwangere Gotik.

Wie bei vielen Hongkong-Filmen aus den späten achtziger Jahren zeigt auch *The Killer* ein trostloses Bild der sich verändernden Fassade Hongkongs. Die Angst vor der damals noch bevorstehenden Übernahme der englischen Kronkolonie durch das mächtige China 1997 bestürzt wegen des zunehmenden unmoralischen Verhaltens der Triaden, das kurz angesprochen wird: »Wir sind Auslaufmodelle«, beklagt sich Jeff bei einem befreundeten Mörder: »Wir sind Ausgestoßene.« Dieses Gefühl erinnert an Sam Peckinpahs *The Wild Bunch – Sie kannten kein Gesetz,* ein anderes Meisterwerk der Gewaltdarstellung.

Chow Yun Fats Darstellung des Jeff ist charismatisch und überzeugend. Danny Lee, der häufig als Polizist besetzt wird, ist exzellent als Inspektor Li. *The Killer* ist ein äußerst kraftvoller Film mit opernhafter Melodramatik und Hagelstürmen von Geschossen. Anschauen ist Pflicht. *JM*

CHOW YUN FAT

Mit seiner stoischen Gelassenheit erinnert Chows kühle Anziehungskraft an die ruhmreichen Tage von Robert Mitchum, Steve McQueen und Ken Takakura – großartige Schauspieler, die einen fesseln, ohne scheinbar irgend etwas zu tun. Und wenn er richtig loslegt, ist Chow einzigartig. Er hat übersprudelnde Starpräsenz, ein Mann, der das Leben auf eine so unselbstbewußte Weise liebt, daß er anfällig ist für jede Art von Leid und seelischem Schmerz. David Clute, *Film Comment*

Chow Yun Fat als Komiker (in ›Diary of a Big Man‹)

Er ist der coolste Schauspieler der Welt.

R. J. Smith, *Los Angeles Times*

Chow Yun Fat startete seine Schauspielerkarriere Mitte der siebziger Jahre beim Fernsehen in Hongkong. Er debütierte im Kino 1976 mit dem Film *The Reincarnation.* Beliebt wurde er 1981 als Ganovenboß im weißen Anzug in der TV-Serie *The Bund,* die in ganz Asien ein Riesenhit war.

Als John Woos *A Better Tomorrow (Der City Wolf)* ein Erfolg wurde, erreichte Chow den Status eines Superstars. Der Film startete im Sommer 1986, und ganz Hongkong stand kopf. Der lange Mantel aus Chow Yun Fats Filmrolle als Mark wurde in diesen heißen, luftfeuchten Monaten *der* Kultgegenstand und Moderenner. Trotz der Unbequemlichkeit zog sich jeder mode-bewußte Mann den »Mark-Mantel« an, wie er genannt wurde, und die ehemalige Kronkolonie wimmelte nur so von Männern, die wie Chow Yun Fat sein wollten.

Obwohl Chow Yun Fats Zusammenarbeit mit John Woo am bekanntesten ist, muß man ihn als profilierten und vielseitigen Schauspieler betrachten, der Dutzende von Filmen gedreht hat. Chows Beitrag zu der Arbeit des Regisseurs Ringo Lam (siehe Kapitel 8) ist wesentlich. Er spielte auch romantische Hauptrollen, überzogene Blödmänner und sogar einen zurückgebliebenen Zockerkönig!
Falls Sie gerne Mitglied im Chow Yun Fat Fanclub werden möchten, können Sie an diese Adresse schreiben:

Chow Yun Fat International Friends Club, Ltd.
P. O. Box 71288
Kowloon Central
Hong Kong

Once a Thief (Killer Target)
1991
mit Chow Yun Fat, Cherie Chung Chor-hung, Leslie Cheung Kwok-wing, Kenneth Tsang
Regie: John Woo

Die Hollywood-Studios überbieten sich in der Weihnachtszeit mit einer Fülle von Spielfilmen für die ganze Familie. Das Füllhorn läuft zu den Feiertagen über mit Filmen über süße Kinder, dicke dumme Hunde und mit hirnlosen Komödien – alles, was man braucht, um die komplette Familie in die Kinosessel zu locken. In Asien ist die wichtigste Ferienzeit das Lunar-Neujahr, das gemeinhin als »chinesisches Neujahrsfest« bekannt ist. Diese zwei Wochen andauernde Ferienzeit ist in der Regel im Februar. Die Geschäfte schließen, die Schüler haben frei, und die Familien beschäftigen sich mit traditionellen Aktivitäten, darunter natürlich Kinobesuche en masse.
Diese romantische Action-Komödie wurde für die erwähnten Neujahrsferienwochen hergestellt. Obwohl einige perfekt inszenierte Action-Sequenzen enthalten sind, ist Once a Thief aber nicht wie The Killer. Das mag für Kugelsüchtige wie ein Schock wirken, aber Once a Thief ist gar nicht untypisch für John Woo, zu dessen komödiantischen Bemühungen auch Laughing Times und To Hell With the Devil gehören. Wenn Sie auch nur halb soviel Spaß haben bei diesem reizenden und mit vielen Verbre-

chen (ohne Unanständigkeit) gespickten Hit, wie die Schauspieler offensichtlich beim Drehen hatten, dann haben Sie Ihre Zeit gut investiert.

Der Film wurde hauptsächlich in Frankreich aufgenommen und dreht sich um drei Kunsträuber aus Hongkong und ihre romantischen Beziehungen. Der Film ist nach Woos Worten inspiriert von *Casablanca* und *Jules et Jim.* In der Manier der James-Bond-Filme stiehlt das Trio ein wertvolles Gemälde aus einem fahrenden Lkw. Während sie den Coup feiern, wird deutlich, daß Joe (Chow Yun Fat) und Cherie (Cherie Chung) ineinander verliebt sind, während Jim (Leslie Cheung) als drittes Rad am Wagen mitläuft.

Ein weiterer Raubüberfall führt sie zu einem mittelalterlichen Schloß, aus dem Joe und Jim in schwarzen Geheimagentenanzügen und Rollkragenpullovern ein wertvolles Porträt stehlen wollen. Sie können dem durch Laserstrahlen aktivierten Alarm ausweichen, werden aber durch Sicherheitskräfte außerhalb des Schlosses in ein Gefecht verwickelt. Das Waffenarsenal wird hervorgeholt. Danach folgt eine Serie von hervorragenden Fahrzeug-Stunts (die vom französischen Stunt-Koordinator Remy Julien inszeniert wurden), die darin gipfeln, daß Joe in ein mit Killern besetztes Schnellboot hineinrast. Da Jim und Cherie ihn für tot halten, reisen die beiden zurück nach Hongkong und werden schließlich zum Liebespaar.

Zwei Jahre später taucht Joe (angeblich ohne Beine, aber gut gelaunt) in einem Rollstuhl wieder auf, so daß die drei wieder vereint sind. Er beginnt jedoch eine Fehde mit dem intriganten Chef des Trios (Kenneth Tsang). Er beschließt, gemeinsam mit Jim einen hochgesicherten Safe zu knacken und ein wertvolles Porträt zu entwenden, um es ihrem Chef anzudrehen. Als sich herausstellt, daß der Chef ein Doppelspiel betreibt, üben Joe (der inzwischen seinen Trick mit dem Rollstuhl aufgegeben hat) und Jim Vergeltung.

John Woo entwickelt seine spezielle Art des Humors, indem er sein eigenes choreographiertes Chaos ins Lächerliche zieht, ebenso Bruce Lees »Entenruf«-Kung-Fu, martialische Stockkämpfe und was sonst noch die Zuschauer in Entzücken versetzt. Der schlimmste Bösewicht ist ein professioneller Zauberer, der ein Duell mit Joe austrägt, indem er rasierklingenscharfe

Das Gaunertrio in ›Once a Thief‹: Chow Yun Fat, Cherie Chung und Leslie Cheung

Spielkarten benutzt und dazu noch lodernde Flammen. Wenn Sie annehmen, daß es ein Happy-End gibt, dann haben Sie tatsächlich recht.

To Hell With the Devil
1982
mit Ricky Hui, Fung Shiu Fan, Paul Chiang
Regie: John Woo

Da die Popularität des Regisseurs John Woo auch in der westlichen Welt immer größer wird, ist es gewiß, daß auch viele seiner älteren Filme ihren Weg in die örtlichen Videotheken finden werden. Selbst wenn Sie ein absoluter Fan der blutrünstigen Epen John Woos sind, sollten Sie sich *To Hell With the Devil* mit Vorsicht nähern. Sie werden den Film entweder erstaunlich oder enttäuschend finden … oder vielleicht beides gleichzeitig. In Anlehnung an Dudley Moores und Peter Cooks »Faust«-Parodie *Bedazzled (Mephisto 68,* GB 1967) ist *To Hell With the Devil* eine Komödie über einen einsamen Typen (Ricky Hui), der seine Seele an einen Agenten des Teufels verkauft, um das Mädchen seines Herzens zu erlangen. Zu dem Mischmasch gehört auch noch ein versoffener Priester, der von Gott beordert wird, die Seele des armen Abtrünnigen zu retten. Woo, der sich mit Filmzitaten nicht zurückhält, verweist hier auch auf *Gone With the Wind (Vom Winde verweht), The Exorcist (Der Exorzist)* und *Close Encounters of the Third Kind (Unheimliche Begegnung der dritten Art)* sowie *Horror of Dracula! (Dracula;* GB 1958).

Flit – der Gehilfe des Teufels – und der Priester treffen kurz aufeinander und fordern sich gegenseitig heraus. Woos Welt basiert auf überzogenen christlichen Stereotypen: Das Paradies ist irgendwo in den Wolken, wo jeder nur weiße Gewänder und einen Heiligenschein trägt. In der Hölle lodert das Feuer, und es riecht nach Schwefel. Gott sieht aus wie der Schauspieler Hal Holbrook, der den Schriftsteller Mark Twain darstellt, und der Satan ist eine Mischung aus Jim Carrey *(The Mask/Die Maske)* und Max Schreck, dem Hauptdarsteller aus *Nosferatu (Nosferatu – Eine Symphonie des Grauens;* D 1921).

Als die Filmhandlung sich wieder auf die Erde verlagert, verlangsamt sie sich auch wieder, während wir das Schicksal des armen Schluckers mit dem unglückseligen Namen Bruce Lee erleben, über den ein Unglück nach dem anderen hereinstürzt. Bruce hat die Schnauze vom Leben voll und ist deshalb ein gefundenes Fressen für Flit, dem er seine Seele verscherbelt. In einer Szene, die eine klare Kopie aus *Bedazzled (Mephisto 68)* ist, wird Bruce bei seinem ersten Versuch, das Glück zu finden, zu einem erfolgreichen Popstar. Aber als er die Brutalität und den Egoismus in den Absichten des Teufels erkennt, wendet er sich doch den Avancen des Priesters zu. Bruce versucht, den Pakt rückgängig zu machen. Das führt zu den abschließenden Spezialeffekten.

Der Priester steht Flit Auge in Auge gegenüber, und die geballte Kraft des Teufels verwandelt den Prälaten in einen glubschäugigen Mutanten, aus dessen blinden Kuhaugen Laserstrahlen schießen. Bruce wird von den Laserstrahlen attackiert, doch er wehrt sich, indem er den Priester auf ein Krankenhausbett schnallt, ihn hin und her dreht und auf den Kopf haut. Dadurch schießen Energieströme aus den Augen des Priesters, die er gegen Flit richtet, der sich daraufhin selbst klont und in geometrischen Mustern vorrückt. Die Nachahmung von »Space Invaders« wird perfekt, als die Ergebnisanzeige von Videospielen am unteren Bildrand erscheint!

Die deutlichste Übereinstimmung von *To Hell With the Devil* mit Woos anderen Filmen liegt in der Ambivalenz von Freundschaft und Haß zwischen dem guten Priester und dem bösen Flit. Woos Auseinandersetzung mit dem Christentum und der Erlösung ist hier offensichtlich, aber in einer außergewöhnlich seltsamen Art und Weise.

FILMOGRAPHIE VON JOHN WOO *(als Regisseur)*

The Young Dragons (1975)
The Dragon Tamers (1975)
Princess Chang Ping (1976)
The Hand of Death (1976) *(Dragon Forever)*
Money Crazy (1977)
Follow the Star (1978)
A Last Hurrah for Chivalry (1979)
From Riches to Rags (1980)
Laughing Times (1980)
To Hell With the Devil (1982)
Plain Jane to the Rescue (1982)
The Sunset Warrior (1983) *(Blast Heroes)*
The Time You Need a Friend (1984)
Run Tiger Run (1985)
A Better Tomorrow (1986) *(Der City Wolf)*
A Better Tomorrow II (1987) *(Der City Wolf II)*
The Killer (1989) *(Blast Killer)*
Bullet in the Head (1990) *(Bullet in the Head)*
Once a Thief (1991) *(Killer Target)*
Hard Boiled (1992) *(Hard Boiled)*
Hard Target (1993) *(Harte Ziele)*
Broken Arrow (1996) *(Operation: Broken Arrow)*
The Thief (1996) *(The Thief)*
Face/Off (1997) *(Im Körper des Feindes)*

3. Fäuste mit lackierten Fingernägeln

In den Filmen aus Hongkong wird in wohl einzigartiger Weise gezeigt, wie Männer und Frauen in gleichberechtigter Manier gegeneinander Kämpfe austragen. Die Frauen jammern nicht über die häusliche Hygiene oder darüber, wer die Kontrolle über die Fernbedienung hat, sondern sie stürzen sich sogleich in Faustkämpfe nach dem Motto: »Wenn du mir meine Nase polieren willst, dann poliere ich dir deine!«

Wenn Sie zum ersten Mal im Kino dieses Ungestüm des »schwachen« Geschlechts erleben, wird die erste Ungläubigkeit einer erstaunten Verehrung weichen. Zunächst werden Sie tief durchatmen müssen, wenn ein bulliger männlicher Gegner unserer Heldin in den Magen boxt, doch unmittelbar danach schlägt sie gleich dreifach auf den brutalen Kerl ein, tritt ihm gegen den Schädel und knockt ihn out. Den Gentlemen, deren Sehnsüchte durch die Serie *The Avengers/Mit Schirm, Charme und Melone* mit Diana Rigg in ihrem Leder-Outfit mit Reißverschluß auf dem Rücken entfacht wurden, wird beim Anblick von Moon Lee oder Yukari Oshima, die blitzschnell und unbekümmert sind, der Atem stocken, so wie auch uns immer noch.

Was auch immer Sie in unbebilderten Filmfachzeitschriften gelesen haben sollten – es ist keine kryptofeministische Dialektik verantwortlich für das Phänomen der weiblichen Kämpferinnen im Film aus Hongkong. In China gibt es seit etwa 45 Jahrhunderten die Tradition der kämpfenden Frauen. Die US-Schauspielerin Sigourney Weaver erklärte, daß sie sich an diesen Legenden orientiert hat, als sie sich auf ihre Rolle in *Alien* vorbereitete, um den Kampf gegen die scheußlichen Kreaturen anzutreten.

Aber während in Hollywood, wo Sigourney Weaver arbeitet, die Rollen in Action-Filmen in der Regel an männliche Unterwäsche-Models oder grimmig dreinschauende Holzköpfe mit gigantischen Waffen vergeben werden, gibt es in Hongkong keine Einschränkung für die weiblichen Schauspielerinnen. In Filmen wie *Princess Madam, Satin Steel* oder *She Shoots Straight* sind Frauen gleichzeitig Heldinnen und Widersacherinnen, während die Männer sich mit Nebenrollen zufriedengeben müssen. Sie spielen unwichtige Blödiane oder werden einfach nur abgeknallt. Die ungestümen Frauen tragen Designer-Handtaschen, in denen sich kurzläufige 38er-Kaliber befinden.

Black Cat (Black Cat)
1991
mit Jade Leung, Simon Yam Tat-wah, Thomas Lam
Regie: Stephen Shin

Es handelt sich um ein von den Kameraeinstellungen her identisches Remake des Films *La Femme Nikita (Nikita)* von Luc Besson, der auch in Hollywood als *Point of No Return* neuverfilmt wurde. Von den drei Versionen trifft die aus Hongkong wohl am besten ins Ziel. Die erschaudernlassende Darstellung der Neuentdeckung Jade Leung als tierisch entschlossene Pygmalion-Killerin läßt die Kolleginnen aus Frankreich und den USA wie Avon-Beraterinnen erscheinen.

Der Film beginnt in den USA, wo die aufgebrachte Catherine einigen sabbelnden *gwailos* den Garaus macht, bevor sie einen Polizisten mit Blei vollpumpt. Nachdem sie ins Gefängnis transportiert worden ist, wird sie von einer ekligen lesbischen Wärterin zusammengeschlagen. Völlig wild vor Wut schnappt sie sich den Schlagstock der Wärterin und schlägt diese grün und blau. Die Polizei versucht, sie mittels eines Feuerwehrschlauchs abzukühlen. Als man sie auf die Toilette gehen läßt, kann sie ihre Handschellen aufbrechen und einen mysteriösen Angreifer mit einem Klodeckel niederschlagen. Sie entwendet ihm seine Schußwaffe. So kann sie aus dem Gefängnis entfliehen, wird jedoch von einem weiteren unbekannten Angreifer außer Gefecht gesetzt.

Diese mysteriösen Typen arbeiten für eine ebenso undurchsichtige Organisation, die der CIA ähnelt und von dem aalglatten Chinesen Brian (Simon Yam) angeführt wird. Brian erklärt Catherine: »Du bist hier kein Patient, dich gibt es gar nicht mehr.« Er bildet sie zur Killerin aus. Ihr wird ein Mikrochip, der als »Black Cat« bekannt ist, ins Gehirn implantiert. Mit riesigem Aufwand (computerisierte Gehirnwäsche und EKG-Simulation) wird Catherines unkontrollierte Aggression zu einer po-

SHE IS RECONSTRUCTED
KILLING IS HER DESTINY
HER ONLY WAY OUT IS THE DESIRE FOR LOVE

»Sie ist rekonstruiert. Töten ist ihr Schicksal. Ihr einziger Ausweg ist das Verlangen nach Liebe.«

litisch nützlichen Waffe umgepolt. Man bringt ihr sogar die deutsche Sprache bei!

Black Cats erster Anschlag steht an, als Brian mit ihr aufs Land fährt, wo sie bei einer jüdischen Hochzeit die Braut ermorden soll. (Die Filmemacher unternehmen nie den Versuch, zu erklären, *warum* denn die Opfer überhaupt umgebracht werden sollen.) Sie erschießt die Braut, den Trauzeugen und sogar den Koch ... wonach Gäste der Hochzeitsfeier sie jagen. (Hier gibt es mehr Uzi-Maschinenpistolen als auf den meisten Hochzeiten.) Obwohl ihr ein absichtlich sinnloser Fluchtplan gegeben wurde, kann Catherine ihren Verfolgern entkommen, womit sie den ihr von Brian auferlegten Test bestanden hat.

Die nächste Aufgabe führt sie nach Hongkong, wo sie den Leiter der Organisation »World Wildlife Fund« mit einer mythischen Patrone aus Eis abknallen soll. Sie absolviert diesen außergewöhnlichen Auftrag, wird aber dabei von Allen Yeung (Thomas Lam) fotografiert, einem örtlichen Vogelliebhaber. Da sie gründlich arbeitet, sucht sie seine Wohnung auf, um ihn zu eliminieren. Aber sie wird durch sein beseeltes Mundharmonikaspiel so mitgenommen, daß sie sich statt dessen in ihn verliebt.

Natürlich ist es gefährlich, mit Catherine zusammenzusein. Die zufällige Begegnung mit einem alten Freund führt dazu, daß dieser durch eine natürliche Gasexplosion das Zeitliche segnet. Während einer Auftragsreise nach Japan kann es Allen nicht lassen, in Catherines Angelegenheiten herumzuschnüffeln, was schließlich die örtliche Polizei auf den Plan bringt. Für Brian aber ist die japanische Polizei kein Problem, und so taucht er auf, um Catherine zu befreien und den neugierigen Allen loszuwerden. Black Cat lebt weiter, um Morde zu begehen.

The Heroic Trio (The Heroic Trio)
1993
mit Michelle Yeoh Chu-kheng, Anita Mui Yim-fong, Maggie Cheung Man-yuk, Damian Lau, Anthony Wong Chau-sang
Regie: Johnny To und Ching Siu-tung

The Heroic Trio ist ein herausragend zügelloser Action-Film und eine wunderbare Gelegenheit für drei der talentiertesten Schauspielerinnen aus Hongkong, ihre Kunst darzubieten. Jede steuert überraschend viel emotionale Einfühlsamkeit bei zu dem eher cartoonhaften Filmgeschehen mit seinen teilweise verrückten Ereignissen.

Anita Mui verkörpert die maskierte Superheldin, die als »Wonder Woman« bekannt ist und gegen die Mächte des Bösen kämpft, wenn sie nicht gerade die unterwürfige Hausfrau vor ihrem unwissenden Mann, einem Polizisten, spielt. Die Stadt ist in Panik geraten: Irgend jemand raubt männliche Babys. Die Polizei kann aber nichts tun, da der Kidnapper scheinbar unsichtbar ist. Selbst Wonder Woman kann den Täter nicht schnappen, der sich bald als schöne, aber tödliche Frau namens Ching (Michelle Yeoh) herausstellt. Ching befolgt die Anordnungen eines üblen, jahrhundertealten Eunuchen aus der Zeit der Ming-Dynastie. Dieser versucht, aus der anwachsenden Zahl von gestohlenen Babys eine neue Kaiserliche Armee heranzuziehen, die den alten Ruhm Chinas wiederherstellen soll.

Nun kommt Chat (Maggie Cheung) ins Spiel. Sie fährt ein Motorrad und trägt sexy Lederkleidung und Dessous. Sie ist geldgierig und zu jeder Schandtat bereit. Einst war sie Anhängerin des im Untergrund weilenden Eunuchen, bevor sie sich befreite und in der normalen Welt eine profitablere Existenz finden konnte. Da sie die Pläne des ruchlosen Eunuchen kennt, beschließt die furchtlose Chat, noch einmal in die Unterwelt zurückzukehren, wodurch sie eine wilde Kettenreaktion auslöst. In einem Kampf um Leben und Tod trifft sie auf Ching, Wonder Woman und den Eunuchen, und alle bekämpfen sich gegenseitig.

Einige sehen *The Heroic Trio* als eine kaum verschleierte Allegorie auf das geteilte China an, wobei die drei Heldinnen Hongkong, Taiwan und China repräsentieren. Das könnte durchaus zutreffen.

Aber auch, wenn dem nicht so sein sollte, ist es auf jeden Fall eine berauschende Comic-Buch-Phantasie, die sich im Laufe der Handlung selbst zu erfinden scheint. Regisseur Ching Siu-tung *(A Chinese Ghost Story)* kreiert eine cineastische Kombination aus augenzwinkernder Science-fiction und graziösem Kampfsport: In einer Sequenz wird gezeigt, wie ein Motorrad wie ein Kreisel durch die Luft wirbelt – wobei der Fahrer fest im Sattel sitzen bleibt!

Die Hauptdarstellerinnen bleiben bewundernswert ernsthaft bei diesem bizarren Spektakel und spielen ihre eigenen Konflikte trotz unglaublicher Umstände absolut überzeugend. Anita Mui ist großartig als brave Ehefrau und Freizeit-Heroin, während Maggie Cheung ihr komisches Talent als vorlaute und

›The Heroic Trio‹

unberechenbare Chat zeigt. Doch die denkwürdigste Leistung kommt von Michelle Yeoh, die als Ching darum kämpft, ihre Menschlichkeit wiederzufinden. Eingebettet in drastische Szenen aus der traumatisierenden Kindheit und sogar Kannibalismus, bietet *The Heroic Trio* das perfekte Gegenmittel für all diejenigen, die von der lächerlichen Ware, die das gegenwärtige amerikanische Action-Kino zu bieten hat, desillusioniert worden sind.

WEIBLICHE KÄMPFER

Hongkongs kämpfende Filmheldinnen entstammen diversen Heimatländern: Südchina, Japan, Australien, Taiwan, Großbritannien; eine ehemalige Miss Malaysia und sogar eine blauäugige Blondine aus Pennsylvania/USA sind auch mit von der Par-

Cynthia Khan beim Training

tie. Statt Stunt-Doubles zu engagieren, drehen diese tollen Frauen ihre gefährlichen Szenen selbst.

JOYCE GODENZI

Die australisch-asiatische Joyce »Mina« Godenzi spielt in einer ihrer ersten Rollen eine Wahrsagerin, die in *Ghost Snatchers* den Fluch von einem Bürohochhaus zu nehmen versucht. Sie erhielt sehr schnell Kampfsportrollen, so als kambodschanische Guerillakämpferin in Sammo Hungs *Eastern Condors*. Kurz danach heiratete Joyce Godenzi ihren Regisseur Sammo Hung.

Ausgewählte Filmographie

Ghost Snatchers (1986)
Eastern Condors (1987) *(Operation Eastern Condors)*
Paper Marriage (1988)
The Raid (1990)
She Shoots Straight (1990) *(Lethal Lady)*
Slickers vs. Killers (1992)

CYNTHIA KHAN

Niedlich wie ein flotter Käfer. Gewöhnlich tritt sie in einfachen Jeans und Tennisschuhen im pastellfarbenen Benneton-Look auf. Doch diese ehemalige Ballerina ist eine der wildesten weiblichen Kämpferinnen im Film aus Hongkong. Gekonnt verteilt sie verstörende Tritte in die Bäuche chancenloser Gegner. Das Gerücht, sie und Michelle Yeoh (die auch als Michelle Khan bekannt ist) seien Schwestern, ist unwahr!

Ausgewählte Filmographie

In the Line of Duty 3 (1988) *(Ultraforce 3)*
In the Line of Duty 4 (1989) *(Red Force)*
In the Line of Duty 5 (1990) *(Red Force 2)*
Sea Wolves (1991) *(Sea Fighter)*
Deadend of Besiegers (1991) *(Belagerung der Shaolin)*
Forbidden Arsenal (1991) *(Red Force 4)*
Eternal Fist (1991) *(Death Zone – Blood For Blood)*
Thirteen Cold-Blooded Eagles (1992)
Zen of Sword (1992)
Madam City Hunter (1993) *(Born to Fight 6)*
Tough Beauty and the Sloppy Slop (1995) *(Rumble in Hongkong)*

KARA HUI YING-HUNG

Bei anderen Voraussetzungen könnte Kara Hui Ying-hung genauso berühmt sein (in den Kreisen der Hongkong-Film-Fans) wie Brigitte Lin es jetzt schon ist. Kara kann, wie Brigitte, auf eine 20jährige Filmkarriere zurückblicken. Sie war in den achtziger Jahren die wichtigste weibliche Kämpferin für die Shaw-Brüder. Sie rast in *Legendary Weapons of China* eine Wand hinauf, benutzt in *The Lady Is the Boss* in der Titelrolle ein Fahrrad als Waffe, um Diebe anzugreifen. In *Mad Monkey Kung Fu* zertrümmert sie Schädel. Für jeden, der sie in Aktion sieht, wird sie unvergeßlich sein. Sie ist immer noch bezaubernd, immer noch todbringend und dreht weiterhin Filme.

Ausgewählte Filmographie

Dirty Ho (1979)
Martial Club (1980)
My Young Auntie (1981)
Eight Diagram Pole Fighter (1984)
Zen of Sword (1992)

MOON LEE

Rastlos, mit einem Puppengesicht, aber aufbrausend, hat Moon Lee mehr Männer Mores gelehrt als irgendeine andere lebende

Schauspielerin. Mrs. Lee begann ihre Karriere mit Tsui Harks *Zu,* schnellte mit *Angel* nach oben und hat -zig Action-Filme gedreht, häufig zusammen mit Yukari Oshima oder Cynthia Khan.

Ausgewählte Filmographie

Zu: Warriors from the Magic Mountain (1983)
Mr. Vampire (1985)
The Protector (1985) *(Der Protector)*
Angel (1987)
Fatal Termination (1989)
Killer Angels (1989) *(Killer Angels)*
Bury Me High (1990)
A Serious Shock: Yes Madam '92 (1992)
Secret Police (1994)

JADE LEUNG

Die kompakte Jade gab ihr beeindruckendes Debüt in *Black Cat,* einem Remake von *La Femme Nikita/Nikita,* das das Original in den Schatten stellt. Sie spielte allerdings nicht in vielen Action-Filmen mit, denn ihre Leinwandpersönlichkeit wirkt einfach zu bösartig, selbst für Filmemacher aus Hongkong! Finden Sie selbst heraus, wie sexy und explosiv ihre Darstellung in *Satin Steel* ist, wo sie eine Polizistin spielt, die Kopf und Kragen riskiert, einer in den Geschlechterrollen umgedrehten Variation von *Lethal Weapon.*

Ausgewählte Filmographie

Black Cat (1991) *(Black Cat)*
Black Cat II: Assassination of President Yeltsin (1992) *(Black Cat II – Codename Cobra)*
Satin Steel (1993)
Spider Woman (1995)

BRIGITTE LIN

Brigitte Lin Ching-hsia, die 1994 ihre Filmtätigkeit beendete, kann auf eine 20jährige Karriere zurückblicken, die in ihrer Heimat Taiwan begann und sich dann in Hongkong fortsetzte. Ihre Darstellung der Eisgräfin in Tsui Harks *Zu* kam beim Publikum in Hongkong überragend an. Ein Jahrzehnt später begeisterten ihre Rollen in legendären Filmen wie *The East Is Red* und *The Bride With White Hair* die Fans. Brigittes Kampfstil unterscheidet sich von dem Moon Lees und Cynthia Khans, indem sie Gegner nicht vor die Stirn tritt, sondern es bevorzugt, sie mit einer Peitsche zu traktieren, mit einem Schwert zu filetieren oder sie ein fach nur mit ihrem blutgefrierenden Höllenblick anzustarren.

Ausgewählte Filmographie

Zu: Warriors from the Magic Mountain (1983)
Fantasy Mission Force (1984) *(Mission Force)*
Police Story (1985) *(Police Story)*
Peking Opera Blues (1986) *(Peking Opera Blues)*
Dragon Inn (1992)
The East Is Red (1993) *(China Swordsman II)*
The Bride With White Hair (1993) *(Das unbesiegbare Schwert)*

MICHIKO NISHIWAKI

Ein Import aus Japan. Nishiwakis atemberaubende, bedrohliche Schönheit hat ihr am häufigsten gepfefferte Rollen als Schurkin eingebracht: mit wechselnden Nuancen und in Männerkleidung in *In the Line of Duty 3*. In *God of Gamblers* zeigt sie ihre japanische *yakuza*-Tätowierung her, in *Passionate Killing in the Dream* zerstört sie einen ganzen thailändischen Obst- und Gemüsemarkt. Nishiwaki ist mit ihrem durchtrainierten Körper in ihren ärmellosen Tops äußerst beeindruckend: Bizeps, Trizeps und Schultern – meine Güte!

Ausgewählte Filmographie

My Lucky Stars (1985) *(Tokyo Powerman)*
Outlaw Brothers (1987)
Widow Warriors (1987)
In the Line of Duty 3 (1988) *(Ultraforce 3)*
God of Gamblers (1989)
Princess Madam (1989)
City Cops (1990)
Passionate Killing in the Dream (1993)

YUKARI OSHIMA

Oshima trat in einigen japanischen Filmen auf, darunter auch in einer Gastrolle in der ersten Episode von *Sukeban Deka,* einer wilden Serie um japanische Schülerinnen, die auch als verdeckte Polizistinnen arbeiten. Doch ihre Karriere in Hongkong ging steil bergauf, als sie die Rolle einer sadistischen Schurkin gegenüber von Moon Lee in *Angel* spielte. Lee und Oshima haben anschließend gemeinsam in Dutzenden von Filmen mitgespielt. Oshimas Beliebtheit auf den Philippinen, wo sie als »Cynthia Luster« bekannt ist, hat sie bewogen, nach Manila zu ziehen, wo sie in Filmen mitspielt und diese produziert. Sie ist auch als Agentin für andere Künstler tätig.

Ausgewählte Filmographie

Angel (1987)
Godfather's Daughter's Mafia Blues (1989)
Kung Fu Wonder Child (1989)
Brave Young Girls (1990)
A Punch to Revenge (1991)
The Story of Ricky (1991) *(Story of Ricky)*
Hard to Kill (1992)
Deadly Target (1994)

CYNTHIA ROTHROCK

Cynthia ist ein blauäugiges, blondes, typisch amerikanisches Mädchen aus Pennsylvania, deren Kampfsportfähigkeiten ihr Rollen in den Filmen aus Hongkong eingebracht haben. Ihre frühen Filme in Hongkong zählen zu den besten: *Righting Wrongs* (auch bekannt als *Above the Law)* und *Yes, Madam!* Sie trat auch in amerikanischen Filmen auf *(China O'Brien, Martial Law)* sowie in indonesischen Action-Filmen *(Angel of Fury, Rage and Horror).*

Ausgewählte Filmographie

Righting Wrongs (1986)
Yes, Madam! (1986) *(Ultraforce 2)*
Shanghai Express (1987)
The Magic Crystal (1989)
The Blonde Fury (1989)
City Cops (1990)

MICHELLE YEOH

Michelle Yeoh wurde in Malaysia geboren und startete ihre Filmkarriere unter dem Namen Michelle Khan 1984 mit einer Nebenrolle in *The Owl versus Bumbo* für Dickson Poons D&B. Anschließend heiratete sie Dickson Poon (einst einer der mächtigen Filmproduzenten Hongkongs) und gab die Risiken des Filmemachens auf. Sie trat nicht eher wieder vor die Kamera, bis sie einige Jahre später von Poon geschieden wurde. Aus Khan wurde wieder Yeoh. Ihr erster Film nach der Zeit mit Poon war Jackie Chans beeindruckender *Police Story 3: Supercop,* der ihr Ansehen endgültig festigte.

In the Line of Duty 3 (Ultraforce 3)
1988
mit Cynthia Khan, Michiko Nishiwaki, Hiroshi Fujioka, Stuart
Ong, Melvin Wong, Sandra Ng, Dick Wie
Regie: Brandy Yuen, Arthur Wong

›In the Line of Duty 3‹: Cynthia Khan

Nachdem Action-Star Michelle Khan (heute als Michelle Yeoh bekannt) einige Spielfilme für D&B Films gedreht hatte, heiratete sie ihren Boß, den mächtigen Hongkong-Filmproduzenten Dickson Poon. Der »D« von D&B verbot seiner neuen Braut die Härte des Drehens von Action-Filmen und engagierte statt dessen den Wirbelwind Cynthia Khan mit dem elfengleichen Antlitz. Michelles *Royal Warriors* und *Yes, Madam!* waren die Titel der ersten beiden Teile der *In the Line of Duty*-Serie. Cynthia trat zum erstenmal in Teil drei auf – mit einer Kugel.

In the Line of Duty 3 beginnt mit dem Auftritt von Rachel (Cynthia Khan), die die marineblaue Kleidung der weiblichen Polizistinnen Hongkongs trägt und »Knöllchen« verteilt. Sie arbeitet mit einer Abteilung von Dummköpfen zusammen, die versucht, möglichst viele Verhaftungen vorzunehmen, ohne dabei selbst in Gefahr zu geraten. Die Routinearbeit der Polizei von Hongkong langweilt Rachel, die auf Action aus ist.

Inzwischen versucht in Japan ein Gangsterduo – Nishiwaki (Michiko Nishiwaki) und Nakamura (Stuart Ong) – den Etat der waffenstarrenden japanischen Roten Brigade aufzustocken, indem es eine Edelsteinausstellung überfällt. Dabei töten die beiden einige Menschen, darunter den japanischen Polizisten Ken, dessen Partner Hiroshi Fujioka sich nun an dem äußerst modischen Verbrecherduo (schwarze Anzüge und Sonnenbrillen) rächen will. Fujioka gleicht einer japanischen Zeichentrickfigur, die Columbo nachempfunden ist. Er quittiert seinen Dienst und folgt den Gangstern nach Hongkong, wo diese den geckenhaften Schmuckhersteller Yamamoto verfolgen, um ihn dafür zu bestrafen, daß er ihnen bei dem vereinbarten Raub falsche Juwelen angedreht hat.

Fujiokas Aufgabe wird durch engstirnige Polizisten kompliziert, die ihn mit Handschellen an die Stoßstange eines Volkswagens fesseln, während Yamamoto durch Nishiwakis Uzi zu Vergangenheit wird. Er kann sich von der Stoßstange lösen, behält jedoch die Handschellen an und verfolgt Nakamura zu einer Werft. Dort duellieren sie sich mit Eispickeln, Bleirohren, Schiffsteilen, Möbelstücken und Fleischerhaken.

Nakamura gerät in Brand, wird aber von Ärzten bandagiert. Doch Nishiwaki und ihr Komplize aus Hongkong entführen ihn aus dem Krankenwagen. Nakamura wird von den Kugeln der

Unermüdlich: Cynthia Khan (›In the Line of Duty 4‹)

verfolgenden Polizisten perforiert. Er bittet Nishiwaki, ihn zu
rächen, fällt aus dem Fluchtauto und wird von Rachels Wagen
zermatscht. Zum Glück ist beim Film aus Hongkong die Ra-
cheausübung nicht auf Geschlechter festgelegt. Die besessene
japanische Exterroristin ergreift ihre 45er Magnum und mur-
melt: »Ich muß diese Polizistin töten!« Das Resultat ist ein
anschließender Kampf (ausgetragen in einem Lagerhaus) zwischen Rachel und der eiskalten, waffenschwingenden Nishiwaki, die den Haß in ihrem Herzen zum Ausdruck bringt, der nur
durch Feuer geläutert werden kann.

In the Line of Duty 4 (Red Force)
1989
mit Cynthia Khan, Donnie Yen Chi-tan, Yuen Yat Chor, Michael
Wong Man-tuk, Michael Woods
Regie: Yuen Woo Ping

Die schnelle und furiose vierte Inszenierung der *In the Line of Duty*-Reihe handelt von roher Aggression, ausgedehnten Schlägereien und Tritten gegen die Schußwaffen der Gegner, so daß sie im Pazifischen Ozean versinken. *In the Line of Duty 4* ist vollgepackt mit *gwailo*-Talenten und beginnt mit der Aufnahme der Seattle Space Needle.

Der ahnungslose Protagonist ist ein Dockarbeiter aus Seattle namens Luk Wan Ting (Yuen Yat Chor). Luk ist gerade eingebürgert worden, und nachdem er sieben Jahre lang illegal in den USA gelebt hatte, will er jetzt seine einfache Existenz als schwer arbeitender normaler emigrierter Chinese im Schmelztiegel der ersten Generation von Auswanderern fristen. Doch wie Cary Grant in *North by Northwest/Der unsichtbare Dritte* wird er in ein gefährliches Netz von Täuschungen verwoben, mit dem er eigentlich nichts zu tun hat.

Cynthia Khan taucht als Polizistin aus Hongkong auf, die amerikanische Polizeidetektive (Donnie Yen und Michael Wong) beim Kampf gegen internationale Drogenhändler unterstützt. Luk wird Zeuge davon, wie ein schiefgegangener Drogenaustausch blutig endet. Er wird verdächtigt, entscheidendes Filmmaterial darüber in seinem Besitz zu haben. Dieser Hitchcockartige MacGuffin (ein Objekt oder eine Person, die die Dinge ins Rollen bringen) macht ihn zu einem begehrten Objekt für Gesetzeshüter und Gangster gleichermaßen.

Luk wird von Donnie gefangengenommen, doch er kämpft einen Polizisten im Polizeipräsidium von Seattle nieder, bekleidet sich mit dessen Uniform und entkommt. (Warum dieses unbeschriebene Blatt die asiatischen Kampfsportarten so großartig beherrscht, wird nicht erklärt.) Auf dem Weg zu seinem Appartement wird Luk wieder von der Polizei verfolgt. Bei seiner Flucht wird sein Freund Ming erschossen. Luk tauscht schweren Herzens seine Aufenthaltsgenehmigung gegen eine Schiffspassage nach Hongkong. Seine immer zahlreicher werdenden Verfolger fliegen ihm bequemer mit Cathay-Pacific-Jets hinterher. Dann machen sie da weiter, wo sie angefangen hatten. Der Hitzkopf Donnie, die unterkühlte Cynthia und eine Legion von spontan zusammengestellten *gwailo*-Bösewichtern kriegen sich mit Luk in die Wolle, der dabei nach Strich und Faden zusammengeschlagen und gelegentlich beschossen wird, obwohl es um ein Filmnegativ geht, das er nun wirklich nicht besitzt.

Es gibt eine fesselnde Nebenhandlung, in der Spezialtruppen der amerikanischen Armee in Drogenschmuggel für die CIA verwickelt sind. Michael Wong gibt einen Oliver-North-Typen ab, der seine ruchlosen Machenschaften zu verteidigen versucht. Im Endeffekt geht es in der *In the Line of Duty*-Serie aber um Faustkämpfe und schnell geschnittene Gefechte, von denen hier reichlich geboten wird.

Cynthia kämpft, auf dem Dach eines entführten Krankenwagens hängend, mit dem Fahrer, hängt dann an der Seite und sogar vor der Motorhaube. Schauspielerin Khan berichtete, daß sie nach diesem Stunt immer wieder Alpträume hatte. Donnie Yen trägt einen Geländemotorrad-Kampf mit dem muskulösen Michael Woods aus, wobei sie statt Lanzen Äxte und Schaufeln benutzen. Donnie hält erst inne, ihn zu verfolgen, als sein Motorrad in seine Einzelteile zerlegt ist. Die Kampfsportfilme aus Hollywood werden auch parodiert, aber dort gibt es niemanden wie Cynthia Khan, die den Adamsapfel ihres bösen Gegners mit ihrer Schuhsohle bearbeitet. Der Film ist in Videotheken in den USA verfügbar.

Magnificent Warriors (Dynamite Fighters)
1986
mit Michelle Yeoh Chu-keng (Michelle Khan), Richard Ng, Derek Yee Tung-shing, Lowell Lo, Cindy Lau
Regie: David Chung Chi-man

Die achtziger Jahre wurden dominiert von großzügig ausgestatteten Filmen mit hohem Etat wie *Raiders of the Lost Ark/Jäger des verlorenen Schatzes*. Dieses Michelle-Yeoh-Vehikel ist keine Ausnahme. Wie in *Jäger des verlorenen Schatzes* spielt der Film in den dreißiger Jahren, und die khakifarben gekleideten Faschisten sind gerade dabei, die Weltherrschaft zu erringen. Da es ein Film aus Hongkong ist, sind die Bösen die Besatzungstruppen aus dem Kaiserreich Japan. Genaugenommen müßte man den Originaltitel eigentlich mit »Chinesische Soldaten« übersetzen.

Michelle ist eine ebenso hübsche wie entschlossene Draufgängerin in einer Bomberjacke, die ein Partisanenflugzeug für die chinesische Widerstandsbewegung über ein Königreich im Himalajagebiet fliegt. Der Film wurde irgendwo in den Bergregionen Chinas gedreht und bietet mit den Gebirgsaufnahmen dramatische Bilder. Michelles Trupp besteht aus dem gutaussehenden Leiter der Widerstandsbewegung (Derek Yee), dem Herrscher des Königreichs (Lowell Lo) und einem Rauhbein und Schurken (Richard Ng). Obwohl sie sich zur Zusammenarbeit und einer gemeinsamen Absicht entschlossen haben, kann jeder einzelne zeigen, was in ihm steckt.

Die japanischen Bösewichter sind genauso überzeichnet in ihren Untaten wie unsere Helden in ihrer Heldenhaftigkeit. Aber das spielt keine Rolle, denn es geht um die waghalsigen Action-Szenen. Michelle zeigt zusätzlich zu ihren heftigen Peitschenschwüngen auch noch einige Tricks, bei denen sie an einem Seil hängt. Jeeps, Doppeldecker, Motorräder und Maschinengewehre kommen reichlich zum Einsatz. Ein heftiger, hitziger Kampf endet damit, daß vier Stuntmen aus einem sprengstoffbeladenen explodierenden Jeep geschleudert werden.

Der grobe Modestil der dreißiger Jahre und der Stil von *Magnificent Warriors* reicht an den Standard von *Jäger des verlorenen Schatzes* heran, obwohl das Budget nicht einmal die Essensversorgung während Spielbergs Dreharbeiten abgedeckt hätte. Die obligatorische Schlußschlacht steigert sich immer mehr und ist dann total überzogen *(Beau Geste* ähnlich!). Es gibt sogar eine dramatische Musik, die an den Komponisten John Williams erinnert, die man aber am Schluß nicht mehr hören mag. Die überwundenen Japaner ziehen ab (in die Mandschurei?), und alle unsere Helden haben für ihren nächsten Kampf überlebt, was im Kino aus Hongkong selten ist.

Royal Warriors (Hongkong Cop – Im Namen der Rache)
1986
mit Michelle Yeoh Chu-keng (Michelle Khan), Michael Wong Man-tuk, Hiroyuki »Henry« Sanada
Regie: Corey Yuen Kwai

Dies ist ein weiteres exzellentes Action-Vehikel für Michelle Khan alias Michelle Yeoh von der Produktionsfirma D&B. In *Royal Warriors* werden die Japaner als Menschen dargestellt und nicht als ruchlose Bösewichter, und die nationale Identität hat nichts mit dem fröhlichen Tohuwabohu zu tun.

Ein berüchtigter Verbrecher aus Hongkong wird auf dem Narita-Flughafen in Tokio ausgeliefert, um nach Hongkong zurückgeflogen zu werden. Während des Fluges setzt ein Komplize mit geschmuggelten Waffen eine Entführung in Gang. Das Gangsterduo – Tiger und Cockrel – tötet die mitreisenden Polizisten. Es ist jedoch auch ein Trio von Geheimagenten an Bord – Michelle Yeoh, Michael Wong und Yamamoto (gespielt von dem japanischen Kampfsportstar Hiroyuki Sanada). Sie vereiteln die Entführung, töten dabei die zwei Gauner und nutzen die Leichen zur Abdichtung eines zerschossenen Fensters.

Nach der Ankunft in Hongkong versucht Yamamoto wieder mit seiner Frau und seiner jungen Tochter ins Reine zu kommen. Offensichtlich hat sein übermäßiger Arbeitseifer sein Familienleben zu kurz kommen lassen, und er versucht, in seinen Arbeitsmethoden jetzt weniger typisch japanisch zu sein. Doch es gibt noch einen dritten Verbündeten der Verbrecher, der unter Yamamotos Auto eine Bombe montiert.

Michelle Yeoh leidet in ›Royal Warriors‹

79

Yamamoto kann die Bombe zwar noch entdecken, aber nicht mehr verhindern, daß seine Frau die Zündung einschaltet. So muß er entsetzt mit ansehen, wie seine Frau und seine Tochter in Fetzen gerissen werden. Er verfolgt den Attentäter bis zu einer Baustelle, wo der sich auf einen Bulldozer setzt und unseren Helden mit Kies zuschüttet. Michelle taucht auf und tritt den Bösewicht vom Führersitz, doch er kann entkommen, während Michelle den schmerzgeplagten Yamamoto rettet.

Mit Rachegelüsten sucht Yamamoto die örtlichen Waffenhändler auf und kauft eine 44er Magnum. Dann verabredet er sich mit Yeoh in einem Nachtclub in der Hoffnung, den Fiesling anlocken zu können. Doch der kommt mit einer viel größeren Waffe, ballert aus vollem Rohr und speit Munition, was das Zeug hält, wobei er die meisten Gäste durchlöchert und den Club zerlegt. Inmitten von Bergen von Glassplittern kann Yamamoto aber doch am Schluß bei einem Schußwechsel Rache üben. Doch dann stellt sich heraus, daß es noch einen *vierten* Mann gibt!

Michael kann herausfinden, um wen es sich handelt, doch der letzte Bösewicht nimmt ihn gefangen, schießt ihm in beide Knöchel, läßt ihn vom 20. Stockwerk des Energy Plaza Hotels in Tsimshatsui baumeln. Michael stürzt zu Tode, aber selbst dann darf er nicht in Frieden ruhen, denn der vierte Gauner gräbt seinen Sarg aus und läßt ihn von einem Kran in einen verminten Kiessteinbruch krachen. Yamamoto greift ihn an, wird aber sofort neutralisiert. Nun liegt es an Michelle, die mit einem VW-Käfer, der mit schweren Waffen ausgerüstet ist, zum Gefecht eilt, den letzten verbliebenen Verbrecher auszulöschen und die sterblichen Überreste ihrer Kameraden zu retten. Spitze!

Satin Steel
1994
mit Jade Leung, Anita Lee Yuen-weh, Russell Wong
Regie: Alex Leung Siu-hung

Filmemacher aus Hongkong sind berüchtigt dafür, Hollywood-Filme in einer neuen Version nachzudrehen, wobei sie oft Originalideen über Bord schmeißen und sich etwas total anderes austüfteln. Im Falle von *Satin Steel* liegt Richard Donners Kumpelfilm *Lethal Weapon* mit Mel Gibson und Danny Glover auf dem Schlachtklotz.

Wie kann man solch einen Leckerbissen wiederbeleben? Indem man einfach die Polizeidetektive in Frauen umwandelt. Die Rolle des unausgeglichenen, selbstmordgefährdeten Mel Gibson wurde von Jade Leung übernommen, die zuvor in *Black Cat* eine Spur von gebrochenen Herzen und Köpfen hinterlassen hatte. Ihre leidenschaftliche Hochzeitsnacht wird von unbekannten Schlägertypen abgekürzt, die ihren Ehemann erschießen. Sie sieht fürchterlich rot. Sie entscheidet sich für verdeckte Ermittlungen und kauft sofort Schußwaffen. Als sie dem Verkäufer ihren Ausweis vorzeigt, gerät dieser in Panik und bedroht sie mit einer Handgranate. Jade sieht eine gute Gelegenheit, in die Luft zu gehen, und zieht ihm netterweise gleich den Stift aus der Handgranate. Der schockierte Bösewicht kapituliert, was Jade eine Auszeichnung der Polizeibehörden einbringt sowie einen neuen Auftrag: Sie soll Mr. Fowler schnappen, einen »amerikanischen Mafiaboß«, der in Südostasien Waffenhandel betreibt.

In Singapur tut sie sich mit Inspector Ellen Cheng (Anita Lee) zusammen, deren Freund sich ständig über ihren gefährlichen Polizeijob ängstigt. Jade wundert sich, was eine Powerfrau wie Inspector Cheng mit solch einem Milchbubi anfängt. Ellen erwidert, weil Männer in Singapur selten seien, müsse man nehmen, was man bekommen kann! Die beiden behandeln den klammerhaften und rückgratlosen Paul auf die passende Weise, indem sie ihn auf den Kopf hauen und ihm eine Küchenschabe in seinen Mund schieben.

Die Bemühungen, Fowler in Singapur zu erwischen, bleiben fruchtlos, aber das Duo verfolgt ihn nach Indonesien, wo sich Jade in dessen ansehnlichen Rechtsanwalt Ken (Russell Wong) verliebt. Ken ist aufrichtig, und als Jade ihm erklärt, sein Klient sei verdorbener als ein sonnengetrockneter Tintenfisch aus Borneo, will er von seinem Auftrag zurücktreten. Doch sie kann ihn überreden, Fowler zu hintergehen, und verführt ihn zur Belohnung. Die Beziehung zwischen Jade und Russell ist glühend heiß, und es ist schön, eine Action-Film-Heldin aus Hongkong einmal so unbekümmert sinnlich zu sehen. Aber als sie sagt: »Versprich mir, daß du nicht früher als ich sterben wirst«, weiß man schon, daß er dieses Versprechen nicht wird einhalten können. Es folgt ein gut choreographierter Kampf gegen eine Truppe maskierter Hexenmeister, die wie Friseure Jades Haare absäbeln, während sie ihren wirbelnden Schwertern ausweicht. Die Schamanen sind unverwundbar durch Messer, doch als Jade eine 45-Kaliber-Kugel im Kopf ihres Anführers unterbringt, verflüchtigen sich die anderen. Fowler entkommt, als Ken die Maskerade beendet und Jade damit rettet. Die rachsinnige Polizistin verfolgt Fowler, indem sie sich an die Landekufen seines entschwindenden Helikopters hängt. In einem Stunt, der nur in Hongkong möglich ist, sieht man in Nahaufnahmen und weiter entfernten Kameraeinstellungen, wie Leung sich an die Kufen klammert und wie sie durchs Wasser gezogen wird!

Anmerkung: Viele Videokopien dieses Films tragen den Titel *Stain Steel.*

A Serious Shock: Yes Madam '92
1992
mit Cynthia Khan, Moon Lee Choi-fung, Yukari Oshima, Waise Lee Chi-hung, Lawrence Ng
Regie: Stanley Wing Siu

Während der Titelvorspann läuft, üben die Polizistinnen Wan Chin (Cynthia Khan) und May (Moon Lee) ihre Techniken zur Verbrechensbekämpfung. Sie packen sich Neun-Millimeter-Kanonen, verschiedene Bomben, machen sich an vorgeblich böse Jungs heran und bestätigen sich generell ihre gemeinsame weibliche Durchschlagskraft, während der Ausbilder Wilson (Lawrence Ng, bekannt aus *Sex and Zen)* anerkennend zuschaut. Wan Chin und Wilson, das glückliche Polizistenpaar, bereiten sich auf ihre bevorstehende Hochzeit vor. Wilsons Exfreundin May kocht jedoch über vor Eifersucht. Stocksauer und wütend prügelt sie ihren ahnungslosen Sparringspartner während einer Kampfsportübung blutig. Unbefriedigt folgt sie Wilson in die Herren-Umkleidekabinen, schreit ihm Schimpfworte zu und rammt ihm ihr Knie dahin, wo es richtig weh tut.
Wan Chin ist sich der Gereiztheit von May nicht bewußt und bietet ihrer Freundin eine Mitfahrgelegenheit an. Doch als sie

zum Auto gelangen, bemerken sie, daß es gerade von der dreisten Kriminellen Sister Coco (Yukari Oshima in einer ihrer besseren Rollen) geklaut wird. Die Polizistinnen jagen und stellen Coco mit gezogenen Waffen. Doch als sie zur Polizeiwache gebracht wird, holt Brother Boy (Waise Lee) sie gegen Kaution gleich wieder heraus. Die beiden Kleingangster stürzen sich anschließend in eine von ihrer Motorrad-Gang gesponserte Entfesselungsshow. Nach einer exzellenten Kampfszene ziehen sich Coco und eine *gwailo*-Frau aus, binden sich dicke Ketten um die Knöchel und tauchen in einen riesigen Wassertank. Natürlich liegt der Schlüssel am Grund. Die Männer toben und wetten auf die Siegerin (wer schon?).

May findet heraus, daß Wan Chin und Wilson vorhaben, nach London auszuwandern. Aber sie versucht alles, um zu verhindern, ihren Geliebten aus den Händen zu verlieren. Sie takelt sich mit einem schwarzen Minikleid und einem roten Top auf und sucht ihn in seinem Appartement auf, um ihn auf ihre Seite zu bringen. Natürlich hat Wilson seine Wahl bereits getroffen, und May nimmt ihre Waffen zu Hilfe. Die kleine, kindergesichtige Schauspielerin knallt ihre kniehohen Lederstiefel immer wieder in Wilsons Weichteile und brüllt dabei: »Ich hasse diejenigen, die mich betrügen!«

Wan Chin taucht auf und schießt mit ihrem Revolver in die Luft. Doch May kann ihr das kleine Schießeisen entwenden und sie mit Handschellen an ein Geländer fesseln. Sie fährt fort, Wilson fertigzumachen, der kurz darauf abkratzt. Das ist gewiß ein großer Schock! May rennt zu dem befreundeten Polizisten Ken, der ein Auge auf sie geworfen hat. Sie beschuldigen gemeinsam Wan Chin des Mordes. Jetzt auf der Flucht, die Asche ihres Exverlobten in einer Urne, tut sich Wan Chin mit Sister Coco zusammen. Das Trio bewegt sich in sehr ungradliniger Form auf den unvermeidlichen Schlußkampf zu (offensichtlich sind einige erklärende Szenen auf dem Boden des Schneideraums verlorengegangen), aber es gibt genug Möglichkeiten für die Frauen, ihre Kampfsportarten auszuleben. May wird immer bösartiger. Im letzten Gefecht versieht sie Cocos süßes Söhnchen mit einem Rucksack voller Sprengstoff. Kein Zuschauer möchte May überleben sehen, und alle verlassen das Kino voller Genugtuung.

She Shoots Straight (Lethal Lady)
1990
mit Joyce Godenzi, Carina Lau Kar-ling, Tony Leung Kar-fai,
Yuen Wah, Agnes Aurelio, Sammo Hung Kam-bo, Sandra Ng
Regie: Corey Yuen Kwai

She Shoots Straight beginnt mit der Hochzeit der Polizistin Mina Kao (Joyce Godenzi). Minas Gatte Tsung-pao (Tony Leung)
ist auch bei der Polizei beschäftigt. Bei Minas nächstem Einsatz
vereitelt sie eine geplante Entführung während einer Modenschau, dabei springt sie über Autodächer und organisiert sich
gleichzeitig Geländemotorräder. Minas sportliche Tapferkeit
bringt ihr eine Medaille ein. Aber Tsung-paos Schwester Ling
ist unglücklich. Es scheint, als ob Tsung-pao der einzige männliche Erbe in seiner Familie ist, eine Position, die in der patriar-
chalischen Gesellschaft Chinas von gravierender Bedeutung
ist. Die anderen Familienmitglieder sind allesamt Polizistinnen
(darunter auch Ling), und sie alle fürchten, daß durch Minas
Erfolg der einzige Mann unter all den Mädels sein Gesicht
verliert!
Als die Gesetzeshüter davon Wind bekommen, daß der protzi-
ge New-World-Nachtclub überfallen werden soll, werden die
Polizistinnen dort undercover in Gestalt von Serviererinnen beschäftigt. Sie kommen jedoch in Bedrängnis, als ein ruchloser
Dissident aus Vietnam (Yuen Wah) mit seiner Gang den Strom
absperrt und mittels Nachtsichtgeräten den ganzen verdunkel-
ten Club niedermetzelt. Der Angriff wird von Mina und ihren
Mädels erwidert, die einen von den Mitstreitern des Vietnamesen töten. Die verbleibenden Gangster verdrücken sich, schwö-
ren jedoch Rache.
Sie erlangen sie auch, indem sie Mina, den fetten Ling und
Tsung-pao in einer Waldlichtung als Köder benutzen, wo sie wie
im Vietnamkrieg alle möglichen Fallen vorbereitet haben: Net-
ze, Bambusspeere, Fallschlingen. Zum Grauen der Frauen wird
Tsung-pao vor ihren Augen von einem Bündel von Speeren
durchbohrt und stirbt auf der Stelle. Ihr Unglück wird noch be-
stärkt, als sie an einer Familienfeier mit dem Rest seiner Familie teilnehmen müssen und dabei so tun, als wäre alles in Ordnung. Sie müssen ihre Tränen zurückhalten, während die ande-

ren Tsung-paos Verdienste hervorheben und begeistert in die Zukunft schauen. Erst als Tsung-paos Mutter die Nachricht seines Todes über den Fernseher mitbekommt, bricht die Gruppe zusammen, schwört aber unter Tränen gemeinsam Rache. Diese ausdrucksvolle Szene – voller Emotion, die selten in einem »feministischen« Film zu sehen ist – gibt dem daraus resultierenden Aufruhr eine besondere Härte.

Mina und Ling führen die Vietnamesen zu einem Versteck an Bord eines Schiffes und vermöbeln sie lautstark mit Ketten, Macheten und erschießen sie mit 357er Magnum-Patronen. Die letzte Konfrontation ergibt sich, als Wahs Freundin (Agnes Aurelio) ihn vor den Augen der Polizistinnen entführt. Mina verfolgt sie auf einem Polizeimotorrad und macht ihm den Garaus, was seine Freundin auf die Palme bringt. Sie reißt sich die Klamotten vom Leib und entblößt einen durch unendliche Kraftarbeit gestählten Körper. Da jeder den Freund der anderen getötet hat, ist ihr Duell wild und unerbittlich. Die starke Vietnamesin schleudert Mina wie einen Kreisel um sich herum und tritt ihr in den Unterleib. Mina revanchiert sich mit einem rechten Haken an ihr Kinn (wie Jake LaMotta in *Raging Bull/Wie ein wilder Stier)* und tritt der Bodybuilderin gegen die Brust, was diese zur Aufgabe zwingt. Dieser Schlußkampf ist viel machomäßiger als alles, was Steven Segal oder Chuck Norris je gedreht haben.

Eine Warnung: Einige Videokopien von *She Shoots Straight* sind nicht untertitelt, so daß es sich bezahlt macht, es vorher zu überprüfen, bevor man die Leihgebühr zum Fenster hinausschmeißt.

KURZBESPRECHUNGEN

ANGEL
1987
Der erste MMP-Film *(Mädchen mit Pistolen),* der half, die Karrieren von Moon Lee und Yukari Oshima in Schwung zu bringen, ganz davon zu schweigen, daß ihm auch ungefähr ein Dutzend Filme folgten, in deren Titel irgendwo das Wort »Angel« auftauchte. Es ist ein geradliniger Action-Film mit Moon als Polizistin, die versucht, ein panasiatisches Verbrechersyndikat auffliegen zu lassen. Die Produzentin und Regisseurin Teresa Woo spart nicht mit Faustkämpfen und Schießereien, setzt den

Schönling Hideki Saijo (die japanische Variante von Brian Ferry) gut in Szene und besetzt Yukari Oshima als Schurkin.

ANGEL 2
1988
Regisseur Ray Leung zeigt uns wieder Moon Lee und Elaine Lui als gnadenlose Polizistinnen, die sich einmal erholen wollen. Ein Urlaub auf Malaysia geht aber den Bach runter, als Elaine sich in den dort lebenden Peter verliebt. Unglücklicherweise stellt sich heraus, daß Peter ein besessener Nazi ist und eine paramilitärische Dschungelbrigade zusammengestellt hat, die ihm helfen soll, die Welt zu erobern. Diese delikaten individuellen Konflikte können nur durch ungezügelten Schußwaffengebrauch geklärt werden.

BLACK CAT 2: ASSASSINATION OF PRESIDENT YELTSIN
(BLACK CAT 2 – CODENAME COBRA)
1992
Jade Leung nimmt ihre Rolle als technologisch manipulierte Blutbadgöttin wieder auf: Erica – genannt Black Cat. Sie zieht mit einem implantierten Mikrochip im Hirn umher, der ihr ein terminatorartiges visuelles Display liefert. Sie versucht, die Pläne der gefürchteten AYO (Anti-Yeltsin Organization) zu durchkreuzen, die Rußlands »furchtlosen Leiter« umbringen will. Als ihre CIA-Auftraggeber herausfinden, daß sich die AYO-Schergen mit leistungssteigernden radioaktiven Isotopen dopen, injiziert man auch Erica diesen Stoff, damit sie an die Schurken herankommen kann. Die schwarze Techno-Katze rennt in ein Einkaufszentrum, wo sie einen falschen Eindruck von einer alten Dame gewinnt. Sie zieht eine stahlblaue 44er Magnum Desert Eagle Automatik hervor und ballert der Oma genau zwischen die Augen. Deren Blut spritzt auf einen schockierten Clown, der im Einkaufszentrum auftritt. War die Oma eine verkleidete Jelzin-Gegnerin? Nein, eine richtige Großmutter, die gerade von einer Strahlenbehandlung gegen eine Krebserkrankung kam! Trotz dieser Dusseligkeit wird Black Cat nach Moskau geschickt, um die nervtötenden Widerständler zu jagen.

BLONDE FURY (BORN TO FIGHT)
1989
Cynthia Rothrock – die rasanteste Blondine aus ganz Pennsylvania – deckt die Korruption in Hongkongs Rechtssystem auf und bekämpft sie mit verschiedenen Waffen, darunter einer tödlichen: ihrem spitzen Schuhabsatz! Der Schlußkampf ist

großartig, wenn Rothrock gegen einen weiteren *gwailo*-Kämpfer, Jeff Falcon, an einem spinnwebenartigen Seilkomplex antritt. Aber die wirkliche »blonde fury« (blonde Raserei/blonde Furie) sind Cynthias Haare, deren Länge sich von Szene zu Szene verändert.

DREAMING THE REALITY
1991
Moon Lee und Yukari Oshima (mit kindlichem Haarschnitt) werden von dem gnadenlosen Mr. Fox (Eddie Ko) zu durchtrainierten Killern ausgebildet. Aber sie bilden kein Team, sondern jeder macht auf seinem Gebiet Karriere. Doch bei einem Einsatz in Thailand verliert Moon ihr Gedächtnis. Die fette, biersaufende, zigarrenpaffende Sister Lan (Sibelle Hu) und deren Bruder Rocky, ein ehrgeiziger junger Kickboxer, nehmen sie auf. Sie gewinnt ihre Erinnerung zurück, doch in der Zwischenzeit hat Fox seinen Kumpan Scorpion losgeschickt, um seine Kämpferinnen aufzuspüren und auszulöschen, weil er jetzt an deren Loyalität zweifelt. Moon und Sister Lan müssen gegen Fox und seine Leute antreten, präparieren ein Lager im Wald mit lauter Fallen und schmeißen diverse Dynamitstangen. Sie lehnen Fox' rücksichtslosen Kodex ab und lassen ihn verkrüppelt, aber lebendig zurück – das Schlimmste, was einem Bösewicht in einem Film aus Hongkong passieren kann.

KICKBOXER'S TEARS
1993
Johnny Lo, ein Kickboxer aus Hongkong, wird bei einem heftigen Kampf getötet. Er wird durch seine Schwester (Moon Lee) gerächt, die sich mit dem Boxer, der ihn getötet hat, Billy Chow, messen will. Trotz Chows unfairer Taktik (er reibt seine Boxhandschuhe mit einem irritierenden Öl ein) bricht sie ihm das Rückgrat und macht ihn zum Krüppel. Sein Gangsterboß ist gar nicht unzufrieden damit, schließlich hatte der Boxer eine Affäre mit seiner Frau (Yukari Oshima). Doch Oshima ist böse und fordert Moon zu einem Kampf auf Leben und Tod heraus. Obwohl dieses wilde, üble Duell nicht den Schluß des Films darstellt, ist es doch der Höhepunkt von *Kickboxer's Tears*. Fans von Moon und Yukari werden auf keinen Fall enttäuscht sein.

MISSION OF JUSTICE
1992
Dieser Action-Film wurde in Thailand gedreht und zeigt, wie

... two tough ladies out to bust the drug syndicate

MISSION
OF
JUSTICE

BURMA LAOS
THAILAND

... in the Golden Triangle you don't even trust yourself

JS PRODUCTION present Moon Lee, Cynthia Luster, Karrie Ng in MISSION OF JUSTICE
producer Joe Siu executive producer Steven Siu director Wong Chun Yeung action director Yuen Po

Yukari Oshima (links) und Moon Lee (rechts) auf dem Original-Filmplakat

Moon und Yukari ein Drogensyndikat auffliegen lassen. Die Drehorte im Dschungel sind lustig, und an Tritten gegen Köpfe und Maschinengewehrangriffen wird nicht gespart. Das Beste ist, daß Carrie Ng als eine dominante Polizistin auftritt, die in schicken paramilitärischen Klamotten umherstiefelt und die ihr untergebenen Jung-Bullen herumkommandiert wie rückgratlose Würmer.

PRINCESS MADAM
1989
Dies ist ein Film über die Freundschaft von zwei Polizistinnen (Moon Lee und der maskulin gestylten Sharon Yeung), die den Schurken eins überbraten. Die Männer in diesem Film sind armselige Hosenscheißer, die von unseren mutigen Heldinnen entweder beschützt oder erschossen werden müssen. Als Moon den Ehemann der Schurkin Michiko Nishiwaki bei einem vermurksten Attentat umbringt, wird ihr armer Mann von Nishiwaki gejagt, verführt und gequält. »Ich habe höllische Angst vor dir!« schreit er ins Telefon, während er sich die Bißwunden reibt, die sie an seiner Schulter hinterlassen hat. Am anderen Ende der Leitung räkelt sie sich vor dem Poster einer knurrenden Katze und wirft Dartpfeile auf ein Foto von Moon. Michiko entführt das Paar und fesselt die Polizistin mit gespreizten Armen und Beinen, zwei Meter über dem Boden. So muß diese hilflos mit ansehen, wie Michiko ihrem Mann noch mehr schmerzhafte Bisse verpaßt und Schnapsflaschen an seinen Kniescheiben zertrümmert. »Traust du dich, mit mir zu kämpfen?« ruft Moon. »Ich bin nicht in der Stimmung dazu«, antwortet Frau Nishiwaki.
Frauen. Wer kann sich auf sie schon einen Reim machen? Aber nach einiger Zeit triumphiert doch noch die Gerechtigkeit.

STORY OF A GUN
1991
Ein Waffenschmuggel-Thriller, in dem Philip Koo den großen Gangsterboß spielt und Gordon Liu den Polizisten, der versucht, den Gangsterring zu sprengen, unterstützt von der *gwailo*-Polizistin Sophia Crawford. Mark Cheng und Yukari Oshima spielen ein Pärchen auf der anderen Seite des Gesetzes, das versucht, mit tödlichem Metall einige Dollar zu verdienen. Während der Dreharbeiten brach sich Crawford bei einem halsbrecherischen Stunt-Sprung ihren Fuß. Natürlich mußte die Show weitergehen, und als man merkte, daß sie während der weiteren Action-Szenen humpelte, wurde von den geistreichen Filmemachern die Geschichte einfach umgeschrieben, so daß ihr ins Bein geschossen wird.

WIDOW WARRIORS
1989
Selbst die Zuschauer, die nur gelegentlich einen Film aus
Hongkong anschauen, wissen, daß Frauen, deren Männer als
Fischfutter enden, extrem launisch werden. Das ist in *Widow
Warriors* mit Sicherheit der Fall. Elizabeth Lee und Tien Niu
(die nicht für ihre Kampfsportfähigkeiten bekannt sind) bilden
ein Team mit Kara Hui Ying-hung und Michiko Nishiwaki (die
dafür bekannt sind). Ein trostloser und gewalttätiger Blick auf
das Überleben in der männerdominierten Welt der Triaden.

FALSCHE IRRTÜMER

Filme aus Hongkong werden in der Regel sowohl chinesisch
als auch englisch untertitelt. Chinesisch für Mandarin sprechen-
de Chinesen, die den im Film gesprochenen kantonesischen
Dialekt nicht verstehen. Die englischen Untertitel wurden
eingefügt, weil Hongkong bis 1997 eine britische Kronkolonie
war und das britische Gesetz es vorschrieb.
Die Übersetzung des Chinesischen in die englische Sprache
ist jedoch alles andere als einfach. Tritte in zahllose Fettnäpf-
chen sind die unvermeidliche Folge davon. Besonders wenn
einem die kostenorientierten Produzenten aus Hongkong mit
ihrem Termindruck im Nacken sitzen. Regisseur Tsui Hark
behauptet, daß sein Film *Peking Opera Blues* für weniger als
100 Dollar innerhalb von zwei Tagen untertitelt wurde.
Dieses Zerhacken der gepflegten britischen Sprache fügt den Filmen – wenn auch unabsichtlich – einen weiteren Unterhaltungs-
wert bei, zumal man ohnehin nicht weiß, wovon bei dem rapide
gesprochenen Kantonesisch die Rede ist. Wir haben unsere beliebtesten Fehlübersetzungen gesammelt und sie in verschiedenen
Kategorien über dieses ganze Buch verteilt zusammengestellt.
Wenn Sie unserer Gesinnung sind, werden Sie diese Schnitzer
so schnell nicht vergessen und sich immer wieder in den ver-
rücktesten Situationen daran erinnern. Sie müssen nur eine
Tasse Kaffee verschlabbern, und schon entfährt Ihnen ein »Sei
verflucht, Stinkmann!« *(Caged Beauties);* wenn Sie im Straßenverkehr geschnitten werden, geben Sie »Du Bastard, versuch
diese Melone!« *(Gunmen)* von sich. Und manchmal werden
Sie völlig grundlos vor sich hin flüstern: »Lutsch jetzt die Sarg-
pilze!« *(The Ultimate Vampire).*

Die ursprüngliche Zeichensetzung, Groß- und Kleinschreibung wurde beibehalten. Wir wollen Sie ja nicht verkohlen. (Die deutsche Übersetzung kann die Komik manchmal allerdings nur bedingt wiedergeben.)

DER KRIEG DER GESCHLECHTER

Dammit it! You are crazy for sex! Why should I be the exception? *(Lewd Lizard)* (Verdammt, du bist verrückt nach Sex! Warum soll ich die Ausnahme sein?)

I know it, he is not an idiot, he is sexual detour. *(Black Panther Warriors)* (Ich weiß schon, er ist kein Idiot, er ist eine sexuelle Umleitung.)

Same old rules, no eyes, no groin. *(Bloody Mary Killer)* (Die alten Regeln, keine Augen, kein Gemächt.)

Sex fiend, you'll never get reincarnated!. *(Banana Split).* (Du Sexbestie wirst niemals wiedergeboren!)

He's Big Head Man, he is lousing around. *(Close Escape)* (Er ist Großer-Kopf-Mann, er laust herum.)

Catherine is a nasbian! *(Passionate Killing in the Dream)* (Catherine ist eine Nasbierin.)

Men are somehow abnormal. *(Call Girl 92)* (Männer sind irgendwie abnorm.)

You're bad. You make my busts up and down. *(The Love That Is Wrong)* (Du bist mies. Du machst meine Brust rauf und runter.)

Don't shout. Balls are not broken yet. – Yeah? My iron balls are like marshmallows now! *(Devil Cat)* (Schrei nicht. Deine Eier sind noch nicht kaputt. – Ja? Meine eisernen Eier sind jetzt wie Marshmallows [i.e. weiches Zuckerwerk]!)

I have piles. You won't be comfortable. *(Ghostly Vixen)* (Ich habe Hämorrhoiden. Du wirst dich nicht wohl fühlen.)

Apparently, sex makes him mad. *(Robotrix)* (Offensichtlich macht ihn Sex wütend.)

I've told you, men with beard are anxious in sex. *(Girls in the Hood, Part 1)* (Ich habe dir gesagt, Männer mit Bart sind bange beim Sex.)

She's adulterated and cuckolds me. *(Flirting)* (Sie hat mich betrogen und hahnreit mich.)

What you need is a canned woman. *(To Hell With the Devil)* (Was du brauchst, ist eine eingemachte Frau.)

Got it, love machine! *(Dreaming the Reality)* (Kapiert, Liebesmaschine!)

For him, every day is a moral holiday. *(The Missed Date)* (Für ihn ist jeder Tag moralischer Urlaub.)

I'll jelled if you ask me out. *(Ghostly Love)* (Ich hätte gebrüllt, wenn du mich herausgefragt hättest.)

Nicknamed Little-bun, also named Bitchy-bun. *(It's Now or Never)* (Mit dem Spitznamen Kleines Brötchen, aber auch Böses Brötchen.)

All men are sex maniac they deserve death. *(Spiritual Love)* (Alle Männer sind sexbesessen und sie verdienen den Tod.)

No, it's bad if she's seriously twisted. *(Kickboxer's Tears)* (Nein, es ist übel, wenn sie ernstlich verdreht ist.)

She's terrific. I can't stand her. *(Rouge)* (Sie ist phantastisch. Ich kann sie nicht ausstehen.)

From your tiny eyes, I can tell you won't be lazy in bed. *(Holy Weapon)* (Deine kleinen Augen sagen mir, daß du im Bett nicht faul sein wirst.)

I've checked, you are suffered from »Big Penis«. *(Ghostly Vixen)* (Ich habe es überprüft, du leidest unter »Großem Schwanz«.)

Don't do anything perverted, we are in a hurry. *(Holy Weapon)* (Tu nichts Abartiges, wir sind in Eile!)

4. Tsui Hark

Der Produzent und Regisseur Tsui Hark (der Name wird ausgesprochen »Choy Hok«) ist einer der führenden und wegbereitenden modernen Filmemacher des Hongkong-Kinos. Tsui
wurde in Vietnam geboren und zog als Teenager nach Hongkong. Sein Weg führte ihn später an die Universität von Texas,
wo er Film studierte. Nach seinem Studienabschluß verbrachte
er einige Zeit in New York, bevor er wieder nach Hongkong
zurückkehrte.

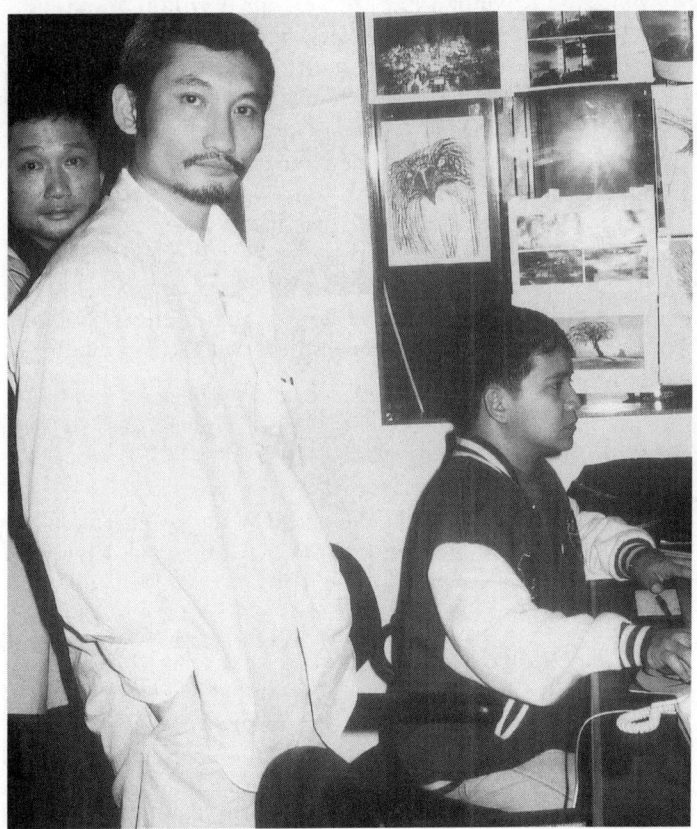

Tsui Hark in seinem »Film Workshop«

Zu: Warriors from the Magic Mountain (1983) war der erste Film, der den phantastischen und irre temporeichen Hark-Look und das Hark-Feeling präsentierte. Als Tsui in gestalterische Konflikte mit der Produktionsgesellschaft Cinema City geriet, war das der Anlaß für ihn, seine eigene Firma zu gründen: »Film Workshop«. »Film Workshop« war auch dazu gedacht, junge Filmemacher zu unterstützen und ihren Vorstellungen freien Lauf zu lassen. Diese Aufgabe wurde sehr zufriedenstellend erfüllt. Tsui, der mehr als nur ein bißchen besessen von seiner Arbeit ist, kümmert sich um jeden Aspekt seiner Produktionen. Seine Stammregisseure (darunter Ching Siu-tung und Raymond Lee) führen die Tradition des innovativen Filmschaffens im »Film Workshop« weiter.

Nach *Zu* setzte Tsui seine Arbeit fort, indem er den Film *A Better Tomorrow* (1986) von Regisseur John Woo produzierte und 1987 Ching Siu-tungs *A Chinese Ghost Story*. Dies sind zwei der einflußreichsten Filme der Nouvelle Vague des Films in Hongkong aus den achtziger Jahren. Nachdem Tsui den Film *The Killer* (1989) von John Woo produziert hatte, ging Woo seine eigenen Wege und gründete selbst eine Produktionsgesellschaft. Die Serie *Once Upon a Time in China* von Tsui, mit der auch die Gestalt des Wong Fei-hong einem breiten Publikum wieder ins Gedächtnis gerufen wurde, erwies sich ebenfalls als außerordentlich beliebt.

Dragon Inn

1992
mit Brigitte Lin Chin-hsia, Maggie Cheung Man-yuk, Tony Leung Kar-fei, Donnie Yen Chi-tan, Lawrence Ng, Elvis Tsui Kam-kong
Regie: Raymond Lee

Durch die Erfolge der Tsui-Hark-Produktionen *Once Upon a Time in China* und *Swordsman II* ermutigt, reagierten Filmemacher aus Hongkong mit einer Lawine von Kostümfilmen. Diese Filme – meistens glitzerndere, aufgeblasene Versionen von klassischen alten Kampfkunstfilmen – haben viel dazu beigetragen, daß die derzeitige weltweite Beliebtheit des zeitgenössischen Films aus Hongkong erhalten bleibt, sogar weit

Tony Leung als Schwertkämpfer (rechts) und Maggie Cheung als mörderische Gastwirtin (unten) in ›Dragon Inn‹

über den Rahmen von John Woos Gangsterfilmen hinaus. *Dragon Inn* ist eine Wiederverfilmung des 1966 von King Hu gedrehten Films *Dragon Gate Inn*. Aber es wurde auf beeindruckende Weise versucht, sich aus dessen Schatten zu lösen. Es ist eine kluge Aufarbeitung von Hus Film. Die Grundgeschichte wurde zwar übernommen, aber die Charaktere wurden vertieft und gleichzeitig die Möglichkeiten der Story genutzt, viele klassische Schwertkämpfe einzubauen.

Der Film bezieht seinen Titel von einem einsam gelegenen Gasthaus in der Mitte einer öden Wüste. Das Geschäft läuft aber erstaunlich gut aus Sicht der geschäftstüchtigen Besitzerin Jade (Maggie Cheung), die sich noch ein wenig Taschengeld zusätzlich verdient, indem sie geile Banditen mit dem Versprechen auf Sex in ihre Räumlichkeiten lockt. Bevor die armen Hunde jedoch ihre Klamotten abstreifen können, liegen sie schon abgeschlachtet auf dem Boden, eine scharfe Klinge in ihrer Stirn, während Jade ihre Brieftasche durchstöbert. Ohne sich ein Geschäft entgehen oder Frischfleisch verkommen zu lassen, schickt Jade die noch warmen Leichname in den Keller, wo ihr enthusiastischer Koch sie zu der Spezialität des Hauses verarbeitet: pikantem Gulasch. Das erinnert an das Musical *Sweeney Todd* (USA 1979).

Jades sorglose und isolierte Existenz wird jedoch gestört, als ihre Herberge zum Treffpunkt eines ehrenhaften Regierungsbeamten namens Chau Wai-on (Tony Leung) und seiner Freundin, der Schwertkämpferin Yau Mo-yin (Brigitte Lin), die sich als Mann verkleidet hat, wird. Beide sind auf der Flucht vor einem machtbesessenen Eunuchen (Donnie Yen), der sie umbringen will. Als die mordbereiten Untergebenen des Eunuchen unvermittelt in der Herberge auftauchen, sind die Fluchtpläne des Paares hinfällig. Aber die Killer sind sich nicht sicher, wie ihr Opfer überhaupt aussieht. Daher sind sie gezwungen, mit Vorsicht vorzugehen, während sie versuchen, ihr Opfer ausfindig zu machen. Da alle wegen eines Regensturms in der Herberge festsitzen, entwickelt sich ein spannendes Katz-und-Maus-Spiel. Jade zieht Vorteile aus der Situation, indem sie wie ein Tennisball zwischen den den Gegnern hin und her wechselt und munter Bestechungsgeld für leere Versprechungen kassiert. Maggie Cheung hat hier die saftigste Rolle, spielt Jade mit einem ständigen Zwinkern in den Augen. Effektiv verbindet sie den skrupellosen Materialismus und die raffinierte Sexualität der Figur mit einem langsam zunehmenden schlechten Gewissen. Maggie liefert hier eine ihrer farbigsten Darstellungen, voller Spontaneität und verhaltenem Humor. Eine Szene, in der die mißtrauische Jade und Yau Mo-yin sehr akrobatisch versuchen, sich gegenseitig die Klamotten vom Leib zu reißen, ist einer der Höhepunkte des Films.

Die Action-Szenen sind technisch hervorragend gestaltet, besonders die perfekt choreographierten Schwertkämpfe und die spektakulären Szenen mit Drähten, die es den Schauspielerinnen und Schauspielern ermöglichen, einige Meter in die Höhe zu hüpfen oder Saltos auszuführen oder von einer Klippe zu springen, um die darunter stehenden Schwertkämpfer niederzumetzeln. Das abschließende Duell wird inmitten eines Sandsturms ausgetragen, in dem die Kämpfenden fast begraben werden.

Am Ende erhält der Bösewicht seine Quittung, als sein Arm und sein Bein bis auf die Knochen tranchiert werden.   *RAA*

Green Snake
1993
mit Joey Wong Tso-yin, Maggie Cheung Man-yuk, Wu Kuo-chin, Zhao Wen Zhou
Regie: Tsui Hark

Diese großartige Produktion von Tsui Hark basiert auf einem der bekanntesten chinesischen Volksmärchen: *Madam White Snake*. Diese Sage von zwei weiblichen Schlangen, die nach Jahrhunderten der Übung die Fähigkeit erlangt haben, sich in Menschen zu verwandeln, ist unwiderstehlich und wurde vorher schon mehrere Male auf chinesische Leinwände gebracht. Die jüngste Version bringt einige fesselnde Dinge in Sachen Menschlichkeit, Religion und Sexualität und bietet Hark die Grundlage für seinen funkelnden visuellen Stil, der hier auch eine verführerische Erotik aufweist, was für seine Filme sonst nicht gerade typisch ist.

Die ältere Schwester der beiden Schlangen, die gerne Frauen werden möchten, White (Joey Wong), ist die Fortgeschrittenere: Ihre Ausbildung hat zehn Jahrhunderte angedauert. Die jüngere Schwester Green (Maggie Cheung) ist hemmungslos neugierig auf Menschen, so wie ein Teenager seinem ersten Rendezvous entgegenfiebert. Aber Green hat nur fünf Jahrhunderte lang geübt, landet immer wieder flach auf dem Boden und schleicht auf der Suche nach saftigen Käfern immer noch um die Ecken. Trotz Whites beharrlicher Ermahnungen erliegt Green immer wieder einem Mangel an Konzentration, und ihre Beine entwickeln sich ständig wieder zum Schwanz einer Schlange zurück.

Die beiden Kreaturen leben in einer gespenstischen Villa am Rand der Stadt, in die sie schleichen, um menschliches Verhalten zu beobachten, wenn ihnen danach ist. Da White der Idee, als Mensch zu leben, stärker verpflichtet ist und sie besser in der Lage ist, ihre menschliche Erscheinung beizubehalten, verführt und heiratet sie einen jungen Mann namens Hsui Xien (Wu Kuo-chin), in den sie sich verliebt hat. Die nervtötende und neugierige Green trottet mit dem Pärchen herum, weil sie so neugierig ist, herauszufinden, warum ihre Schwester so besessen davon ist, ein Mensch zu sein. Unglücklicherweise wird die Romanze zwischen White und Hsui nur in einer kurz geschnittenen Montage gezeigt, die dem voyeuristischen Zuschauer reptilophile Aufnahmen von Joey Wongs atemberaubend schuppiger Haut oder dem Zucken ihrer Schwanzrassel vorenthält.

Ihr Schicksal begegnet ihr in Gestalt eines selbstgerechten, sexuell verklemmten Mönchs (Kampfsportartist Zhao Wen Zhou), der seine Fassung verliert bei dem Gedanken, daß Schlangen es mit Menschen treiben. Der Mönch versucht Hsui klarzumachen, daß seine hübsche neue Braut in Wirklichkeit ein Monster ist. Aber er findet bei ihm kein Gehör. Green treibt mit dem frommen Prälaten lüstern ihren Jux, indem sie ihn gnadenlos neckt. Eifersucht blitzt auf, als Green versucht, Whites naiven Mann zu verführen (um Erfahrungen in der Liebe zu sammeln), aber schließlich treten die schlangenförmigen Schwestern gemeinsam zum Kampf gegen den verärgerten Mönch an.

Green Snake kann sich eines herausragenden musikalischen Soundtracks rühmen, der alles beinhaltet vom hinduistisch beeinflußten Rock und Pop bis hin zu New-Age-Klängen. Der

größte Schwachpunkt des Films sind seine billigen Spezialeffekte, die einen irritierenden Kontrast bilden zu der nahtlos phantastischen Landschaft des Films als Ganzes. Die Zuschauer, die sich vom wellenförmigen Groove von Harks
großer, böser *Snake* mitreißen lassen, werden dies kaum bemerken.   *RAA*

Once Upon a Time in China (Once Upon a Time in China)
1991
mit Jet Li, Rosamund Kwan Chi-lin, Jacky Cheung Hak-yow,
Yuen Biao, Kent Cheng
Regie: Tsui Hark

Tsui Harks *Once Upon a Time in China* gehört zu den seltenen
Produktionen, die das latente Interesse an einem klassischen
Thema wecken und es geschickt vermarkten. Ziemlich schnell
entstanden sechs Fortsetzungen und zahllose Imitationen. Der
Film wurde auch in vielen Komödien parodiert. *Once Upon a
Time in China* ist allerdings nicht der erste Film, der die Aben-
teuer des legendären Kampfkünstlers Wong Fei-hong aus der
Zeit der Ching-Dynastie am Ende des 19. Jahrhunderts wider-
spiegelt. Wong ist eine authentische Figur, deren Geschichte
Bestandteil der kulturellen Folklore Hongkongs wurde.
Tsui Harks bedeutendster Beitrag war die Besetzung von Jet
Li als Wong Fei-hong. Li wurde in Peking geboren und schon
in der Jugend ein Kampfsportler. Ersten Ruhm erntete er An-
fang der achtziger Jahre durch eine Reihe von *Shaolin Temple*-
Filmen. Jets ansteckendes Grinsen und seine blendende
Kampftechnik machten ihn zum idealen Darsteller, um die Legende wiederzubeleben. Obwohl Li auch viele andere Hauptrollen spielte – darunter den Wong ähnlichen Volkshelden
Fong Sai-yuk –, verbinden ihn die meisten seiner Fans immer
noch mit dem tugendhaften Wong.
In *Once Upon a Time in China* betreibt unser Held eine Kräu-
terklinik zusammen mit seinen Partnern Porky (Kent Cheng)
und Buck Tooth Sol (Jacky Cheung). Yeun Biao spielt Wongs
Kumpel Leung Fun und Rosamund Kwan seine Tante Yee. Wie
in allen Wong-Fei-hong-Filmen geht es um korrupte örtliche

Jet Li und Rosamund Kwan in ›Once Upon a Time in China‹

Beamte und die nachteiligen Auswirkungen des Vordringens der westlichen Kultur in China.

Wie auch die Fortsetzungen (und viele andere Filme aus Hongkong) ist *Once Upon a Time in China* durchsetzt von einer antieuropäischen Einstellung. Englische, französische und amerikanische Truppen sind in China einmarschiert und werden als dumme, selbstherrliche Imperialisten dargestellt, die sich selbst, ihre Anschauungen und ihre Technologie den Chinesen aufzwingen, ohne Rücksicht darauf, welche Auswirkungen das auf die einheimische Kultur haben könnte.

Dennoch ist der Film auch von einer christlichen Einstellung geprägt. Der einzige *gwailo*, der Wong und seinen Leuten zu

Hilfe kommt, ist ein amerikanischer Priester. Ein junger Bewunderer Wongs spielt den Judas, indem er abtrünnig wird und sich »Iron Robe« Yim anschließt, einer fast unschlagbaren Figur, die geschworen hat, Wong zu besiegen. In einem David-und-Goliath-Kampf schnippt Wong eine Kugel mit seinem Finger auf einen bösen Amerikaner, die in dessen Stirn einschlägt und ihn sofort tötet.

Das Geschehen ist so rasant, daß es manchmal zu schnell ist, um ihm zu folgen, selbst bei Aufnahmen in Zeitlupe. Wie bei den meisten Martial-Arts-Filmen sind Kämpfe die Losung des Tages, und die Kampfszenen sind sehr einfallsreich. Bei einem Kampf ist Jet Li nur mit einem Regenschirm ausgestattet, aber er besiegt ein Dutzend Gegner. Er verwendet den Regenschirm in jeder nur vorstellbaren Art: Er benutzt den Griff als Haken, sticht mit der Spitze und öffnet den Schirm, um sich vor Schüssen zu schützen. Es wirkt wie eine Mischung aus *Enter the Dragon* und *Singing in the Rain/Du sollst mein Glücksstern sein*. Das abschließende Duell zwischen Wong und Yim zeigt, wie die beiden Widersacher sich auf hohen Leitern bekämpfen, gegen Wände springen und schwingenden Lasten ausweichen. Natürlich bleibt Wong Fei-hong siegreich und ist somit für weitere Fortsetzungen der Filmserie kampfbereit. *JM*

Peking Opera Blues (Peking Opera Blues)
1986
mit Cherie Chung Chor-hung, Brigitte Lin Ching-hsia, Sally Yeh, Mark Cheng, K. K. Cheung, Wu Ma, Ku Feng
Regie: Tsui Hark

Für viele amerikanische Zuschauer brachte *Peking Opera Blues* die erste Begegnung mit der explosiven cineastischen »Neuen Welle« des Kinos aus Hongkong. Während man die erstaunliche Kombination von schwereloser Akrobatik, ausgelassener Komik, entsetzlichen Folterszenen und dreistem Heldentum der starken weiblichen Charaktere sieht, glaubt man einen der alten Kampfsportfilme zu betrachten – durch ein Kaleidoskop.

Der Film ist im Jahre 1913 angesiedelt, einer politisch chaotischen Zeit, als rivalisierende Kriegsherren mit Hilfe ausländischer Regierungen um die Macht in der neugegründeten Republik China rangelten. Als der korrupte General Tun sich entschließt, seine Spielverluste dadurch wieder einzutreiben, daß er keinen Sold an seine Soldaten mehr bezahlt, wird er entlassen. Sein Nachfolger, General Tsao, unterschreibt ein Geheimdokument mit ränkeschmiedenden Ausländern, das er in einem Wandsafe versteckt. Pech für Tsao ist es, daß seine Tochter Wan (Brigitte Lin) eine besessene Revolutionärin ist (die eine sportliche männliche Kurzhaarfrisur trägt, die ihrem militärischen Outfit entspricht), die ihren Idealismus vor ihrem Vater verheimlichen muß.

In dieses Netz politischer Intrigen ist auch Pat Neil (Sally Yeh) verwickelt, eine Bühnenarbeiterin am väterlichen Peking-Oper-Theater, die sich danach sehnt, dort aufzutreten, aber durch die strenge Tradition, daß Frauen nicht auf die Bühne dürfen, daran gehindert wird. Sheung Hung (Cherie Chung) ist eine arbeitslose Bedienstete, die nach einer gestohlenen Schmuckkassette sucht, obwohl ihr gieriger Materialismus in der Hitze des Gefechts nach und nach substantielleren Dingen weicht. Dieses ungleiche Frauentrio findet sich zusammen, um der entstehenden Republik nicht nur gegen abtrünnige Militärs und gemeine Ausländer beizustehen, sondern auch gegen örtliche Beamte, eine Geheimpolizei mit der kryptischen Bezeichnung »Kartenbüro« (»Ticketing Office«).

Während der Spielzeit von *Peking Opera Blues* (die am besten mit »120 Minuten auf 90 komprimiert« beschrieben wird), werden Personen verwechselt, Geschlechtszugehörigkeiten vertauscht und die Gesetze der Schwerkraft andauernd außer Kraft gesetzt. Die Action-Szenen sind meisterhaft choreographiert, aber auch die witzigen Szenen. Zusammen bilden sie ein schwindelerregendes, unglaubliches Erlebnis.

Regisseur Tsui Hark hat in seinen Filmen immer gerne starke Frauen besetzt, und *Peking Opera Blues* weist ein wunderbares Trio von Hongkongs Besten auf. Cherie Chung läßt trotz ihrer wohldosierten Erotik, Unreife und Leidenschaftlichkeit ihre komische Ader erkennen, während die großäugige Sally Yeh eine dreistes, aber liebenswertes Vorbild für alle unterdrückten Frauen ist. Brigitte Lins Darstellung von Tsao Wan ist das emotionale Zentrum des Films und stellt den Konflikt zwischen menschlichen Erwägungen und politischen Erfordernissen

Sally Yeh (links) in ›Peking Opera Blues‹

dar. Sie ist zwischen der Verpflichtung ihrem Land gegenüber und der Liebe zu ihrem Vater hin- und hergerissen. Ein Dilemma, das in einer Szene perfekt verdeutlicht wird: Sie umarmt ihn unter Tränen, während seine Jacke langsam von einem Stuhl herabrutscht, wobei der Schlüssel zu seinem Safe, in dem die Dokumente verborgen sind, die sie braucht, um ihn bloßzustellen, aus der Tasche fällt. Lins kraftvolle Darstellung verleiht dem Film viel seines dramatischen Gewichts. Besonders dann, wenn diese mutige und unnachgiebige Frau langsam sanfter wird, als sie erkennt, welche Auswirkungen ihre Handlungen auf sie selbst und die Menschen um sie herum haben.

RAA

Swordsman II (China Swordsman)
1992
mit Brigitte Lin Ching-hsia, Jet Li, Rosamund Kwan Chi-lin,
Michelle Reis (Lee Kar-yan), Lau Shin, Fennie Yuen Kit-ying,
Waise Lee Chi-hung
Regie: Ching Siu-tung

Swordsman II macht aus einer verzwickten Handlung ein ver-
gnügtes wildes Spektakel mit schwindelerregenden Schwertge-
fechten. *Swordsman II* ist vollgepackt mit explodierenden
Körpern und Kampfszenen, in denen sich die Gegner mit Peit-
schen, Schwertern, großen Haken und anderen exotischen
Waffen gegenseitig zerstückeln. Diejenigen, die sich mit der
Geschichte Chinas und der Philosophie der Kampfsportarten
gut auskennen, können versuchen, der halsbrecherischen
Handlung zu folgen. Alle anderen sollten einfach nur das
Spektakel genießen.

In der Eröffnungsszene dreht der Protagonist, den man als Asia,
den Unbezwinglichen, vorgestellt bekommt, einem mächtigen
Gegner den Hals um. Doch für einen kräftigen Macho-Krieger
wirkt Asia überraschend feminin. Obwohl man die Details erst
später erfährt, stellt sich heraus, daß Asia aus einer heiligen
Schriftrolle erfahren hat, daß der Weg zu ungeheurer übernatürlicher Kraft über die Kastration führt. Um seiner mysteriösen Sonne-Mond-Sekte zur Allmacht zu verhelfen, hat er
dieses so persönliche Opfer gebracht: Er verwandelt sich allmählich in eine Frau, während seine Kräfte anwachsen. Asia
wird von der beeindruckenden Brigitte Lin verkörpert.

Dann treffen wir auf den hübschen Wildfang Kiddo (Michelle
Reis) und den sorglosen Säufer Ling (Jet Li), zwei Kampf-
sport-Eleven der Wah Mountain School. Das Paar trifft auf
frühere Mitstreiter mit Namen wie Smart Ass (Klugscheißer)
und Scum Bag (Mülltüte), und sie wollen sich als Gruppe aus
der Welt zurückziehen und dem Kampfsport abschwören. Kiddo hat ein Auge auf Ling geworfen und versucht ständig, ihn
auf sich aufmerksam zu machen, damit er sie bemerkt. Doch
sie ist beim Schwertkampf besser als in der Verführungskunst.
Es bringt nichts; der hedonistische Ling denkt nur an Asias
Nichte, das Mädchen Ying (Rosamund Kwan) aus den Bergen.

Yings Vater Wu (Lau Shin) ist der legitime Anführer der Sekte der Bergbewohner, doch er wurde von seinem ehrgeizigen Bruder Asia, der sich langsam in eine Schwester verwandelt, gefangengenommen.

Als Ying und ihr Helfer Blue Phoenix (Fennie Yuen) in einer Berghütte auf Ling warten, werden sie von einer japanischen Kampftruppe angegriffen, die sich im Bergland in diesem Teil Chinas versteckt hat. Die Ninja-Attentäter schleudern lebende Skorpione durch die Fenster und wirbeln auf rotierenden Klingen herein. Blue Phoenix spielt auf seiner Flöte, woraufhin körbeweise Giftschlangen auftauchen. Doch Yings Wächter werden hingemetzelt, und Ying und Blue Phoenix sind gezwungen zu fliehen.

Ling macht sich auf die Suche nach der bedrängten Ying, aber er findet statt dessen Asia, in einem See badend. Obwohl ihre Gestalt weiblich ist, hat sich ihre Stimme nicht verändert, deshalb bleibt sie stumm und lächelt nur süßlich. Sie kann sich jedoch noch wie ein Mann betrinken. Die Weinflasche, die sie

Jet Li in ›Swordsman II‹

anbietet, bringt Ling dazu, hysterisch vor Freude aus dem Wasser zu hüpfen. Er ist hingerissen.

Ling greift alleine Asias Lager an, doch er wird überwältigt und in einen Kerker gesteckt. Der Mitgefangene Wu ist durch große Haken in seinen Schultern außer Gefecht gesetzt. Aber Ling befreit Wu von den Haken, und beide können fliehen. Wu erreicht seine alte Stärke wieder, indem er den Wächtern die Lebenskraft aussaugt mit seinem essenzabsorbierenden Kung-Fu.

Die Zeit im Kerker scheint Wunden bei Wu hinterlassen zu haben, denn er ist von dem Wunsch nach blutiger Rache besessen. Asia verwirrt Ling, indem sie ihre treue Freundin stellvertretend und als Asia verkleidet in ein abgedunkeltes Zimmer schickt, um Ling zu verführen. Dann bringt sie alle Verbündeten Lings von den Wah-Bergen um, mit Ausnahme von Kiddo. Bei der letzten Auseinandersetzung greifen Ying, Kiddo, Ling und Wu Asia an, die nun vollkommen zur Frau geworden ist, denn sie setzt sich mit Nähnadel-Kung-Fu zur Wehr. Die verruchte Frau wird schließlich von Ling vernichtet, doch als der Film endet, setzt Wu – jetzt sichtlich total verrückt – den blutigen Weg dort fort, wo Asia aufgehört hatte. *AK*

Zu: Warriors from the Magic Mountain
1983
mit Adam Cheng Siu-chau, Brigitte Lin Ching-hsia, Yuen Biao, Sammo Hung Kam-bo, Moon Lee Choi-fung, Meng Hoi, Tsui Siu-keung, Judy Ong
Regie: Tsui Hark

Tsui Harks rasanter, irrer und phantasiereicher Film *Zu: Warriors from the Magic Mountain* ebnete den Weg für einen regelrechten Boom in den achtziger Jahren von Gespenster-Filmen aus Hongkong. *Zu* war eine Verbindung zwischen den Fantasy-Filmen der besessenen Shaw-Brüder aus der gleichen Zeit und der mehr an westlichen Maßstäben orientierten *Chinese Ghost Story*-Serie von Tsui Hark.

Im zehnten Jahrhundert geraten bewaffnete Männer grundlos in einen der zahllosen Stammeskämpfe. Der junge Krieger Ti (Yuen Biao) entflieht in eine Höhle, um sich dem Gemetzel zu

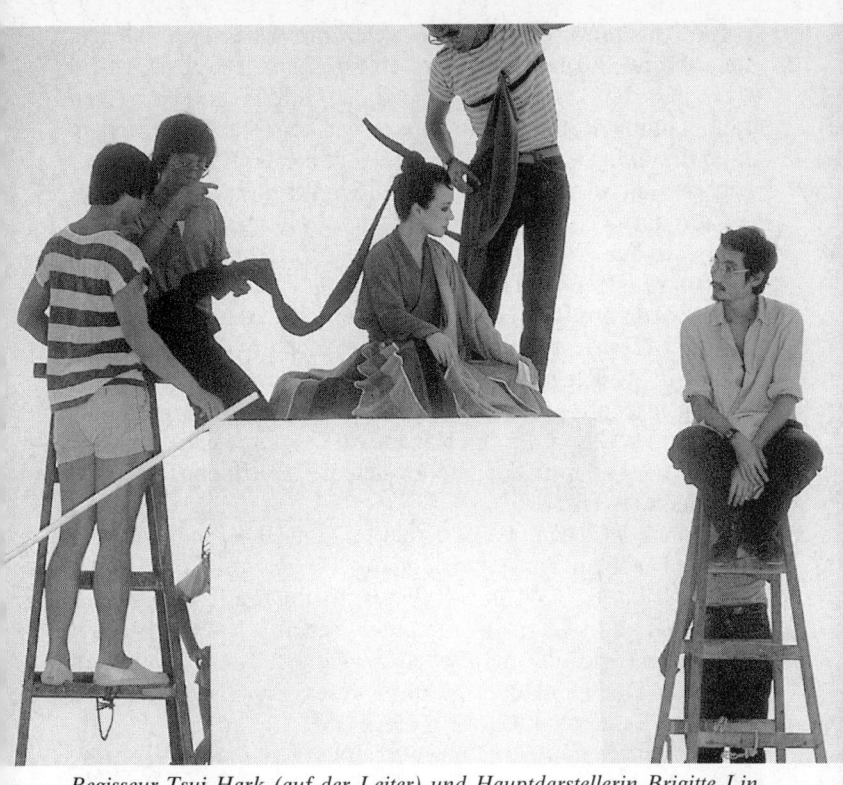

Regisseur Tsui Hark (auf der Leiter) und Hauptdarstellerin Brigitte Lin (auf dem Podest) bei den Dreharbeiten zu ›Zu: Warriors from the Magic Mountain‹

entziehen, wird aber sofort von höllischen Wesen mit glühendem Blick bedrängt. Sein Hintern wird von dem *sifu* Ting Yen (Adam Cheng) gerettet, der die Monster mit einer stolzen Anzahl von magischen Schwertern bekämpft, die aus einer Scheide, die um seinen Rücken geschlungen ist, hervorschießen. Ti, der dankbar dafür ist, wohlerhalten geblieben zu sein, bietet sich an, Tings Schüler zu werden.

Der einzelgängerische *sifu* bricht jedoch zu einer anderen vom Bösen beherrschten Höhle auf. Doch Ti will seine Courage unter Beweis stellen und begleitet den mit Ting rivalisierenden *sifu* Hsiao und Hsiaos Schüler I-Chen, um gegen die »Jünger des Bösen« zu kämpfen. Was sind das für Typen, diese surreale

Truppe aus teuflischen Scherzkeksen mit weißen Gesichtern, die auf ihrer Stirn mit einem roten Dreizack geziert sind?

»Das sind die Bösen, und wir sind die Guten«, erklärt I-Chen dem Neuling Ti, und mehr müssen wir auch gar nicht wissen, denn die Leinwand detoniert zu einem ultrakinetischen Kinoerlebnis mit rasiermesserscharfen Schnittfolgen von Kampfszenen, garniert mit blauen Blitzen, gewaltigen flammenden Zauberstäben, konzentrischen Kreisen rotierender Stahl-Frisbees und rasanter Videospiel-Action.

Hsiao wird vom Blutmonster vergiftet (das lediglich durch die Augenbrauen des passend titulierten Wächters »Dicke Augenbraue« in Schach gehalten wird) und muß zur Heilung zur Eisfestung geschafft werden, um sich von der Gräfin (Brigitte Lin) kurieren zu lassen. In einer Szene, die einem asexuellen Orgasmus nahekommt, bekämpfen sich die Gräfin und Ting, und dann heilt sie Hsiao.

Aber dann wird Ting besessen und nimmt dabei eine gruselig silbrige Farbe an. Da sie noch genug Kräfte zu seiner Heilung besitzt, friert die Gräfin mit einem Eisfluch alle ein, und so können Ti und I-Chen auf den himmlischen Schwertberggipfel klettern, wo sie die mythischen Zwillingsschwerter vereinen und zum Duell mit dem greulich besessenen Ting antreten. Kommen Sie noch mit?

Völlig egal. *Zu: Warriors from the Magic Mountain* ist Fantasy – Hark bannt auf Zelluloid, was Georges Méliès, der Vater der filmischen Tricks, getan hätte, wenn es damals schon möglich gewesen wäre. Aber es geht auch um Leidenschaft, Loyalität, Selbstaufopferung und darum, die Welt vor den Kräften des Bösen zu retten. Wenige Filme sind so vollgepackt, aber *Zu: Warriors from the Magic Mountain* wird dem gerecht, besonders weil der Film optisch so atemberaubend gemacht ist und Brigitte Lin Chin-hsias finsterer Blick voller Konzentration einen tatsächlich daran glauben läßt, daß es Eisflüche gibt und dämonische Besatzer aus menschlichen Körpern geblasen werden können.

VON KEINEM SCHATTEN ZUM ELEKTRISCHEN SCHATTEN: DIE WAHRE GESCHICHTE VON WONG FEI-HONG

Jet Li springt in einem am Hafen gelegenen Warenhaus von einer Leiter zur nächsten, ein ständiges schnelles Ausweichen vor den tödlichen Attacken Dutzender Angreifer. Das Publikum ist gefesselt und kann kaum noch Atem holen, während er über die Dächer springt, herumwirbelt und dann hinabspringt und seine Widersacher aus dem Weg räumt.

Diese Szene ist aus *Once Upon a Time in China* von Tsui Hark, und Jet Li ist der Star des Films. Aber man darf das nicht mißverstehen. Das Publikum kommt nicht zum »elektrischen Schatten« (die wörtliche Übersetzung der chinesischen Schriftzeichen für »Film«), um Jet Li zu sehen, sondern es will die Figur sehen, die er auf der Leinwand verkörpert: den legendären Wong Fei-hong. Seit mehr als 40 Jahren hat keine einzige Persönlichkeit die Geschichte, Ethik und Kultur der chinesischen Kampfsportkunst mehr beeinflußt als Wong Fei-hong.

Man kann sich ihn als Wyatt Earp vorstellen. Beide haben wirklich gelebt und erlangten Ruhm als Draufgänger in einer Zeit des Wandels und der Umwälzungen: Earp während der letzten Tage des Wilden Westens, Fei-hong in der Zeit des verglimmenden Glanzes des chinesischen Kaiserreiches. Und beide wurden zum Mythos weit jenseits ihrer tatsächlichen Taten – zunächst durch Sensationsreporter, dann durch Drehbuchautoren.

Die Legende von Wong Fei-hong hat jedoch im Vergleich zu der von Wyatt Earp eine viel direktere Verbindung zur Welt des Kinos und dem heutigen politischen Zustand. Wong Fei-hong ist weitaus mehr als ein manisch rachsüchtiger Prügler und Zerstörer oder hochfliegender Held. Er verkörpert den Geist des Kung-Fu in der realen Welt als Student des Kampfsports, durchdrungen von Selbstbeherrschung und Respekt, und er bekämpft die Mächte, die die chinesische Bevölkerung unterdrücken.

Der wirkliche Wong Fei-hong lebte von 1847 bis 1924. Er war ein Meister der Kung-Fu-Techniken des »schattenlosen Schlags«, des »trunkenen Boxens«, der »Hong-(Blumen-)Faust« und des »Löwentanzes«. Er hat seine Fähigkeiten von seinem Vater Wong Kei-ying erlernt, der einer der »Zehn kämpfenden Tiger von Kwantung« war. Tatsächlich gibt es eine ununterbrochene Linie der *sifus* und ihrer Studenten von der Gründung des südlichen Shaolin-Tempels bis hin zu den aktuellen Kung-Fu-Stars der Filmszene in Hongkong.

Einer von Wong Fei-hongs meistgeliebten Schülern war Lam Sai Wing, ein schwergewichtiger Fleischverkäufer, der als der »mächtige Metzger« bekannt war. Lam unterrichtete schließlich seine eigenen Schüler, und sein bevorzugter Schüler Liu Chan zog nach Hongkong und wurde schließlich beim Film beschäftigt. Nach dem Zweiten Weltkrieg war die Filmindustrie in Hongkong auf der Suche nach neuen Filmstoffen und orientierte sich an den beliebten Schundromanen und Zeitschriftenserien, in denen man Geschichten über Wong Fei-hong zuhauf fand. 1949 bekam dann Liu Chan die Rolle des »mächtigen Metzgers« in seinem ersten Wong-Fei-hong-Film an der Seite von Kwan Tak-hing als Wong Fei-hong.

In den nächsten Jahrzehnten folgten zahlreiche weitere Filme über Wong Fei-hong: rund 100 insgesamt, viele mit Kwan und viele von Wu Pang inszeniert. Meist wurden die gleichen Schauspieler engagiert (die sogar »Wongs Truppe« genannt wurden), zu der auch Liu Chans Söhne gehörten. Zwei von ihnen, Liu Chia-liang und Liu Chia-yung, konnten eine erfolgreiche Filmkarriere aufbauen. Sie waren zunächst für das Shaw-Brothers-Studio tätig (siehe Kapitel 12 über die produktiven Shaw-Brüder) und später als Freischaffende.

Liu Chia-liang (auch als Lau Kar-leung bekannt) hat ebenfalls ab 1976 seine eigenen Filme über Wong Fei-hong inszeniert. Die jüngeren Anhänger der Filme aus Hongkong haben bestimmt seinen Film *Drunken Master II* (1994) mit Jackie Chan als Wong Fei-hong gesehen, aber wenige wissen es zu würdigen, daß Liu selbst mit Chan auf Schienen, auch noch unter einem Zug, kämpft und daß sie, die Zuschauer, damit Zeugen einer lebenden, atmenden Verbindung zu Chinas Martial-Arts-Vergangenheit werden.

Die Filme über Wong Fei-hong wurden Mitte der achtziger Jahre immer seltener, denn blutrünstige Killer der Neuzeit dominierten die Leinwand; kriminelle Schlachtorgien verdrängten die Kostümfilme. Als Tsui Hark 1991 einen neuen Wong-Fei-hong-Film drehte *(Once Upon a Time in China)*, hatte niemand dessen phänomenalen Erfolg vorhergesehen. Es wäre ein Fehler, anzunehmen, daß der Erfolg von *Once Upon a Time in China* einfach nur ein Resultat der Bewunderung für die weiterbestehende Tradition des Kampfsports ist, obwohl die haarsträubenden Stunts sicher dazu beitragen. Aber nach den monumentalen politischen Veränderungen im Jahre 1997 könnten Fans der Filme aus Hongkong möglicherweise weitere Wong-Fei-hong-Filme sehen, in denen es um dessen heldenhaften Kampf gegen den Kolonialismus geht.   KAT

Nichts, aber auch gar nichts hat uns so viele Probleme beim Katalogisieren und Besprechen der Filme bereitet wie die Namen der Schauspielerinnen und Schauspieler. Chinesische Namen lassen sich nicht leicht in eine andere Sprache übertragen. Chinesische Namen klingen in Kantonesisch ganz anders als in Mandarin. Manchmal ändern die Leute einfach ihre Namen. Es ist verwirrend, kompliziert und frustrierend.

Nehmen wir z. B. Joey Wong Tso-yin *(A Chinese Ghost Story* und *Green Snake).* »Joey Wong« – wie sie oft aufgeführt wird – ist eine anglisierte Version ihres chinesischen Namens Wong Yo Yin. »Wong« ist der Familienname, der traditionellerweise zuerst genannt wird, da er grundsätzlich eine größere Bedeutung hat als der Eigenname einer Person. Nach den westlichen Konventionen wäre »Wong« nachgestellt, da »Jo-yin« ungefähr so etwas wie der Vorname ist. So weit, so gut. Aber wir haben den Namen dieser Schauspielerin auch folgendermaßen aufgefunden: Joi Wong, Wang Chu Hsien, Joey Wang, Aemy Wong, Wang Zu Xian und Wong Tso Hsien. Diese Verwirrung entsteht dadurch, daß man versucht, das gesprochene Kantonesisch oder Mandarin lautmalerisch mit lateinischen Buchstaben zu reproduzieren.

Die geschriebene chinesische Sprache ist sehr komplex, aber auf eine bestimmte Form festgelegt. Doch beim gesprochenen Chinesisch handelt es sich um etwas völlig anderes. Es gibt Hunderte von Dialekten. Grundsätzlich gibt es die beiden Hauptsprachrichtungen: Kantonesisch und Mandarin. Mandarin wird offiziell als chinesische Landes- und Amtssprache angesehen (und wird weitgehend auch in Taiwan, Singapur und auf Chinas Festland gesprochen). Der Hauptdialekt, der im Süden Chinas, auch in Hongkong, gesprochen wird, ist hingegen Kantonesisch. Das ist das größte Problem beim Zuordnen von englischen Namen zu Filmleuten aus Hongkong.

Einige Schauspieler legen sich einfach genau aus diesem Grunde einen englischen Vornamen zu. Brigitte Lin Chin-hsia kann von ihren englischsprachigen Fans leicht als Brigitte Lin erkannt werden. Aber wer weiß denn schon, warum Benny Mok Siu-chung gelegentlich auch als Max Mok auftaucht oder warum Michelle Li in der Hälfte ihrer Filme Michelle Reis heißt? Was einen weiteren Verdunkelungsfaktor darstellt, ist die Tatsache, daß Regisseure dazu neigen, die Rollen ihrer Figuren nach den Namen der Darsteller zu benennen (falls es überhaupt Rollennamen gibt).

Für uns war klar, für eine Person in diesem Buch immer nur einen Namen zu benutzen. Wir führen den vollständigen Namen in den Credits-Angaben zu den Filmen auf und verwenden dann nur noch die abgekürzte englische Fassung in der Besprechung. Schicken Sie uns also bitte keine Beschwerdebriefe, warum wir etwa Leslie Cheung Kwok-wing nicht als Leslie Cheung Kuo-hweng aufgeführt haben. Uns ist das bewußt.

FALSCHE IRRTÜMER – FLÜCHE UND BELEIDIGUNGEN

Weitere verunglückte englische Untertitel aus den besten Hongkong-Filmen (vergleiche Kapitel 3 für eine komplette Erklärung).

Nudeln? Vergiß es! Probier mal meine Faust! *(Final Victory)*

Hör auf meinen Rat oder ich werde dir den Hintern ohne Hosen versohlen. *(The Seventh Curse)*

Schlag ihn aus seiner erkennbaren Gestalt raus! *(Police Story 2)*

Sei verflucht, Stinkmann! *(Caged Beauties)*

Na gut, onaniere in der Hölle! *(Full Contact)*

Paß auf! Deine Knochen werden gleich getrennt. *(Saviour of the Soul)*

Du waghalsiger Miesling! *(Satyr Monks)*

Ich schneide dir deinen Speck raus, glaubst du das? *(It's Now or Never)*

Du bist Fleck! *(Taxi Hunter)*

Stoß ihn tot! *(Police Story 3: Supercop)*

Du wirst nicht in einem Stück sterben. *(Eastern Condors)*

Verdammt, ich brate dich zu einem Barbecue-Hähnchen. *(Pedicab Driver)*

Du Bastard, versuch diese Melone! *(Gunmen)*

Dein Vater ist ein eisernes Wunder, deine Mutter verkauft Bohnen. *(Legend of the Liquid Sword)*

A BETTER TOMORROW 3: LOVE AND DEATH IN SAIGON
(HEXENKESSEL SAIGON) 1989

Trotz des Titels und der Mitwirkung von Chow Yun Fat ist dieser Film nicht von John Woo. Es ist ein romantischer Action-Film, der als Vorläufer zu *A Better Tomorrow (City Wolf)* dienen sollte und die Abenteuer von Mark (Chow Yun Fat) in Vietnam beschreibt. Er reist nach Saigon, um seinen Freund Mun (Tony Leung) zu treffen, der gerade aus dem Gefängnis entlassen wird. Die beiden spielen sich als Waffenhändler auf,

Tony Leung, Chow Yun Fat und Anita Mui in ›A Better Tomorrow 3‹

doch sie sind auf die Zusammenarbeit mit der eiskalten Kit (nicht Leslie Chung aus *A Better Tomorrow*, sondern Anita Mui) angewiesen, die eine bevorstehende Transaktion mit dem korrupten General Bong erwartet.
Das große Geschäft steigt aber nicht, und in Zeitlupe schießt Kit zweihändig, während Mike mit einem amerikanischen M-16-Gewehr hantiert. Tsui ist immer angetan von kräftigen und kompetenten weiblichen Figuren – so kommt es zu einer Szene, in der Kit Mark zeigt, wie man haargenau schießt!

Mun, Mark und Muns ältlicher Vater verlassen das kriegsge-
plagte Saigon, um nach Hongkong überzusiedeln, wo sie eine
eigene Autoreparaturwerkstatt eröffnen. Kit hat sich in Mark
verliebt und folgt dem Trio nach Hongkong, aber die Dinge
werden kompliziert, als Kits früherer Liebhaber, ein erbar-
mungsloser Gangster namens Ho (Tokito Saburo), daran An-
stoß nimmt und eine Blumenbombe in die Werkstatt schickt,
wobei Muns Vater umkommt. Nach vielen Wirrungen und
Wendungen der Handlung bringt Ho Kit zurück nach Vietnam,
was Mun und Mark dazu zwingt, nach Saigon zurückzukehren,
um Rache an Ho zu nehmen. Aber sie müssen sich auch noch
mit dem üblen Bong auseinandersetzen, der unsere Helden mit
einem Panzer jagt.

THE EAST IS RED (auch: SWORDSMAN III)
(CHINA SWORDSMAN 2)
1993
Man nimmt an, daß es sich um die Fortsetzung von *Swordsman
II* handelt, aber es ist nur der Versuch, die Gelegenheit wahr-
zunehmen, die faszinierende Figur der »unbesiegbaren Asia«
(*Asia the Invicible*/Brigitte Lin) wiederzubeleben. Sie stellt einen mächtigen Kung-Fu-Meister dar, der sich selbst kastriert
hat, um die gesamte mystische Kraft der heiligen Schriftrolle
zu erlangen, wobei er bei diesem Prozeß zur Frau wird. Lins fa-
cettenreiche Darstellung verbindet machohaftes Benehmen
mit weiblicher Mystik, kombiniert sozusagen die Launen eines
verwöhnten Kindes mit den zerstörerischen Kräften eines
rachsüchtigen Gottes.
The East Is Red ist die Chronik von Asias Suche nach ihrer
Identität vor dem Hintergrund von Auseinandersetzungen zwischen japanischen und spanischen Besatzern, die gegen chinesische Kriegsschiffe ankämpfen. Nichts ist so, wie es den Anschein hat: Ein waffenstrotzender japanischer General wird
von Asia als Mini-Ninja enttarnt, während Asias verflossene
Geliebte Snow (Joey Wong) die Identität ihres männlichen
Meisters angenommen hat und von einem verkleideten japanischen Kämpfer angegriffen wird.
Während der Pausen zwischen den Kämpfen – zu denen eine
Menge der Schwerkraft trotzenden Kampfsporttechniken
gehören, schwebende Kriegsschiffe, düsenbetriebene Stiefel,
tödliche Nadeln und Fäden sowie Ninjas, die wie Raubvögel
durch die Gegend fliegen – begeben sich Asia und Snow in einer sinnlichen quasilesbischen Liebesszene zu Bett. Die sexuel-

len Identitäten implodieren, als die frustrierte Asia die masochistisch treue Snow beinahe zu Tode prügelt, wobei sie zu spät bemerkt, daß ihre Erlösung in der Reinheit von Snows ungebrochener Liebe liegt.

I LOVE MARIA (ROBOFORCE)
1988
Die sogenannte »Heldengang«, angeführt von einem ruchlosen Cyborg namens Saviour (»Erlöser«) und seiner teuflischen Freundin Maria (Sally Yeh), versucht Hongkong mit Hilfe eines gigantischen Roboters namens Pioneer I zu erobern. Ihre Pläne werden von einem Trio von unbeholfenen Verlierern durchkreuzt: Whiskey (Tsui Hark), Curly (John Sham) und

Titelheldin Sally Yeh in ›I Love Maria‹

115

einem ungeschickten Fotografen. Der Cyborg meint, menschliches Fleisch sei unperfekt, und nur Maschinen könnten ihren Auftrag erfüllen, da sie das Potential hätten, ewig zu existieren. Um seine Liebe zu Maria zu beweisen, baut Saviour eine Roboterversion von ihr namens Pioneer II. Als dieser Roboter demoliert worden ist, wird er von Curly, dem ursprünglichen Erfinder, repariert und in den Kampf gegen Pioneer I geschickt. Whiskey sehnt sich nach der menschlichen Maria und hat Schwierigkeiten damit, die Tatsache zu akzeptieren, daß sie ihn töten will. Selbst noch nach einer beeindruckenden Verfolgungsjagd im Freien, bei der die böse Heldengang sich auf der Jagd nach Whiskey mit Kabeln durch einen Wald hangelt, während Whiskey an Lianen schwingt und wie Tarzan jodelt. Saviour erinnert an den verrückten Wissenschaftler Rotwang aus dem Film *Metropolis*, und der Maria-Roboter hat einiges von der Maria aus *Metropolis*, aber der Film bezieht sich mehr auf irre Werke wie *Infra-Man* als auf Fritz Langs Klassiker.

Once Upon a Time in China II (Last Hero)
1992
Once Upon a Time in China II ist genauso unterhaltsam wie sein Vorgänger. Max Mok hat die Rolle von Yuen Biao als Wongs aufsehenerregender Kumpel Leung Fu übernommen, Rosie Kwan taucht wieder als Tante Yee auf und Jet Li in der Gestalt von Wong Fei-hong.
Der fanatisch fremdenfeindliche Anführer der White-Lotus-Sekte, angeführt von dem scheinbar übernatürlichen Master Kung, stachelt die örtliche Bevölkerung dazu auf, all ihre ausländischen Mitbewohner umzubringen. Gleichzeitig hat sich eine noble Widerstandsbewegung (angeführt von Dr. Sun Yat-sen) entwickelt in der Hoffnung, das chinesische Kaiserreich durch eine Republik ersetzen zu können. Als Wongs Gefolgschaft in Kanton zu einer Ost-West-Medizinkonferenz auftaucht, wird Aunt Yee durch Anhänger von White Lotus verletzt, die aus ihrer westlichen Kluft fälschlicherweise schließen, sie sei Ausländerin. Zum Glück taucht ein freundlicher Fremder zum Dolmetschen auf. Er entpuppt sich als Sun Yat-sen. Wong überrascht die *gwailos* bei der Medizinkonferenz durch seine Akupunkturtechniken, aber die White-Lotus-Gang schlägt noch einmal zu, brennt die Fremdsprachenschule nieder und massakriert alle Lehrerinnen und Lehrer. Als der örtliche Kommandant Lan (Donnie Yen) sich weigert, die obdachlosen Schüler unterzubringen, transportiert Wrong sie zum

Jet Li in heftiger Aktion in ›Once Upon a Time in China II‹

britischen Konsulat, wo er sich mit Sun Yat-sen und dessen
revolutionärem Freund Luke (David Chiang) verbündet.
Schließlich landen Wong und Luke im White-Lotus-Tempel,
wo Wong sich mit Meister Kung auf einem schwankenden Ar-
rangement von unsicher ausbalancierten Stühlen duelliert und
ihn als Betrüger entblößt. Doch es ist noch nicht vorüber, liebe
Kampffreunde. Es muß noch mit dem verbrecherischen Lan
abgerechnet werden!

ONCE UPON A TIME IN CHINA III
1993
Tsui Harks drittes Wong-Fei-hong-Epos konzentriert sich
hauptsächlich auf die Kampfsportart des Löwentanzes. Die
Idee, daß der Osten und der Westen lernen müssen, ihre jeweiligen Kulturen einander anzupassen, wird in *Once Upon a Time
in China III* noch stärker betont; die sozialpolitischen Aspekte
werden heruntergespielt. Die Witwe des Kaisers entscheidet,
daß ein Löwentanz-Wettbewerb durchgeführt werden soll, um

mehr Reibungen zwischen den in China anwesenden Ausländern herzustellen. Unglücklicherweise führt das aber zu noch
größerem Unfrieden unter den verschiedenen chinesischen
Gruppierungen! Als Wong Fei-hong nach Peking reist, um seinen Vater Wong Kei-ying zu besuchen, kämpft der bereits mit
seinem Feind, dem bösen Chiu Tin Bai, der entschlossen ist,
den Preis zu gewinnen.

Yee (inzwischen Wongs Verlobte) trifft Tomansky, einen Russen, der sich schon während ihrer gemeinsamen Schulzeit in sie
verliebt hat. Er schenkt ihre eine dieser neumodischen Filmka-
meras, was Wong fürchterlich eifersüchtig macht. Nachdem er
sich wieder beruhigt hat, führt er vor laufender Kamera einige
Kampfsport-Demonstrationen vor, derweil Fu ihm durch ein
Megaphon Anweisungen zubrüllt. Später nimmt die Kamera
zufällig Material auf, das Tomansky als Spion entlarvt, der daran mitarbeitet, den von der Witwe eingesetzten Präsidenten Li
während des Löwentanz-Wettbewerbs zu ermorden.

Chius Männer versuchen, Wong außer Gefecht zu setzen, indem sie den Boden mit Öl verschmieren, um ihn aus seiner
sorgfältig ausgefeilten Balance zu bringen (die Übeltäter selbst
tragen Spikes). Wong schafft es trotzdem und nimmt an dem
Löwentanz-Wettbewerb teil, um die Krone zu gewinnen, Chiu
zu schlagen, die Mordpläne der Russen zu durchkreuzen, mehr
filmisches Beweismaterial gegen die Russen zu drehen und
Präsident Li davon zu überzeugen, daß seine Politik das Land
spaltet.

5. Das Übernatürliche

Es gibt zwei Sorten von Menschen auf dieser Welt: diejenigen, denen Filme gefallen, in denen eine Hexe ihren eigenen Kopf abreißt und ihn dem Zuschauer entgegenpfeffert, und solche, die das nicht sehen wollen. Wir gehören ganz sicherlich zu der ersten Gruppe. Und wir sind froh, berichten zu können, daß Hongkong einige der gruseligsten, sonderbarsten und sehenswertesten Filmwerke dieser Art hervorgebracht hat.

Die Inspirationen dazu stammen aus überlieferten chinesischen Legenden, in denen herumhüpfende Vampire an der Tagesordnung sind, deren Existenz ebenso toleriert wird wie ein Tief auf der Wetterkarte. Anstatt als raffinierte Osteuropäer in Abendgarderobe aufzutreten, die Damen zu bezirzen und an deren bleichen, unbefleckten Nacken zu knabbern, sind diese Untoten in Gewänder der Zeit der Ming-Dynastie gehüllt. Die *kyonsi* (»hüpfende Geister«) sind leichenstarr und angsterregend. Aber sie haben auch ihre niedliche und spielerische Seite. Und Kindervampire sind sowieso immer süß.

Aber Vampire sind oft nur das Fußvolk der viel mächtigeren Dämonen und Hexen. Diese Monster sind alles andere als liebenswert. Sie gebrauchen ihre mächtige Magie, um sich im unbändigen Bemühen, die Seelen der Sterblichen unter ihre Gewalt zu bringen, auf wundersame Weise in alle möglichen Spezies von klauentragenden rotäugigen Monstern zu verwandeln.

In ihren Weg stellt sich der taoistische Priester. Er trägt eine gelbe Robe und eine keilförmige Kopfbedeckung mit dem Yin/Yang-Symbol. Immer wieder baut er Altare auf, die er mit Kerzen und Weihrauchzweigen schmückt, mischt schwarze Tinte mit Blut, schreibt endlose Beschwörungen auf Papier, spielt mit Feuer und zeigt Lasertricks mit achtseitigen *feng shui*-Spiegeln. Wenn der Taoist gerade einmal nicht mit Kämpfen auf Leben und Tod gegen die gierige Unterwelt beschäftigt ist, muß er seine tumben Schüler aus prekären Situationen mit den Vampiren herausholen. Oft erklärt der Priester seinen Mitstreitern und dem Publikum die Regeln des Kampfes. Das hilft verwirrten *gwailos*. Nicht zu wissen, was als nächstes zu erwarten ist, gehört aber – wie bei der ersten Fahrt mit der Geisterbahn – unbedingt mit zum Vergnügen.

A Chinese Ghost Story II (A Chinese Ghost Story II)
1990
mit Leslie Cheung Kwok-wing, Joey Wong Jo-yin, Jacky Cheung Hak-yow, Michelle Reis (Lee Kar-yan), Waise Lee Chi-hung, Wu Ma, Ku Feng
Regie: Ching Siu-tung

Diese Fortsetzung beginnt mit einer Montage von Szenen des ersten *A Chinese Ghost Story*-Films (siehe Kapitel 1). Ning (Leslie Cheung, der erneut seine frühere Rolle verkörpert) wird wegen einer Verwechslung grundlos ins Gefängnis gesperrt. Seine Haftzeit dauert so lange, daß ihm ein mächtiger Bart wächst. Doch eines Abends bringen ihm die Aufseher eine Schale mit Reis, auf der ein saftiger Hühnerschenkel mit Sojasoße liegt – eine ungewöhnlich schmackhafte Gefängnisnahrung. Ning beißt eifrig in das Geflügel, doch sein Kohldampf vergeht ihm, als sein Zellengenosse (dessen Bart noch viel länger ist) ihm erklärt, daß man die Mahlzeit als »Geköpftes Huhn« bezeichnet, denn die Enthauptung wird dann am nächsten Tag vollzogen! Der Zellengenosse, Chu (Ku Feng), überreicht ihm ein glücksbringendes Medaillon und hilft ihm zu entkommen. Ning verkrümelt sich in eine verlassene Villa, in der acht Särge herumstehen. Doch nach Anbruch der Dunkelheit, als die Gespenster sich Luft verschaffen, haut Ning wieder ab. Er wird von den fliegenden weißgewandeten Gespenstern gejagt, aber der Mönch Autumn (Jacky Cheung), der ebenfalls in der Villa Zuflucht gefunden hatte, bringt sie mitten in der Luft zum Erstarren. Es stellt sich heraus, daß es nur falsche Geister sind. In Wirklichkeit gehören sie zu einer Gruppe von Patrioten, angeführt von Windy (Joey Wong) und Moon (Michelle Reis), die die Befreiung ihres Vaters, Lord Fu, geplant haben, der ungerechterweise von den Schergen des Kaisers in Gefangenschaft genommen wurde. Wegen des Medaillons halten die idealistischen jungen Patrioten Ning für den weisen Gelehrten »Alter Chu«, der immer noch glücklich an seinen Zellenwänden kratzt.

Waise Lee (oben) und Michelle Reis (rechts) in ›A Chinese Ghost Story II‹

121

Ning bestreitet, daß er Chu sei, doch seine Proteste werden als weise Rätsel interpretiert. Jedem seiner Worte wird enorme Bedeutung beigemessen, und sie verstehen ein Gedicht über Sian, seine geisterhafte Geliebte aus *A Chinese Ghost Story*, als Hinweis darauf, daß sie die Widersacher von Lord Fu beim Ten Mile Pavilion angreifen sollen. Da Ning von Windy hingerissen ist, die genauso aussieht wie seine Geistergeliebte, geht auch er zum Pavillon. Unglücklicherweise ist der Ort verflucht. Autumn erklärt ihm die Beschwörungsformel für den Scheintod, doch bevor er ihm sagen kann, wie er diesen wieder aufheben kann, bringt ihn Ning versehentlich zum Erstarren. Ning versucht herauszufinden, welcher Spruch der richtige zum Wiederbeleben ist, ohne zu merken, daß ein aufgewachtes dreieinhalb Meter großes Monster hinter ihm steht. Der frustrierte Ning schleift den erstarrten, schwitzenden Autumn im Pavillon herum, derweil das Monster erstarrt und wieder aufwacht, je nachdem welchen Spruch Ning losläßt, um die Beschwörungsformel herauszufinden.

Windy und ihre Gefolgschaft treffen ein, aber als das Riesenmonster wieder auftaucht, flüchten sie. Sie rennen direkt in die Arme von Hu (Waise Lee), dem Krieger, der Windys Vater zurück zum Gericht begleitet. Hu zerstückelt das Monster bei diesem Unternehmen, aber Windy wird von bösen Geistern in Beschlag genommen, was zu einem Fluchen und Erbrechen wie bei Linda Blair in *Der Exorzist* führt. Sie verwandelt sich in ein Ungeheuer, aber Ning befreit sie davon durch einen yangeinflößenden Kuß (aaahhhhhh ...). Hu sucht daraufhin die Hilfe des Hohenpriesters auf, um die bösen Geister zu besiegen.

Der Hohepriester stellt sich jedoch als übler Betrüger heraus. Er hat eine Frauenstimme, die ihn nach den Gesetzen der Hongkong-Filme schon längst hätte entlarven müssen. Er ist der Verursacher aller Differenzen und des Chaos im Kaiserreich. Seine einschmeichelnde Stimme hypnotisiert jeden außer Autumn, der seine Ohren zustopft und die anderen rettet. Nach einem romantischen Intermezzo mit Windy zieht Ning los, um den Schwertkämfer Yen (Wu Ma) aufzusuchen, einen misanthropischen, aber liebenswerten Mönch, der ihn im ersten Teil von *A Chinese Ghost Story* gerettet hatte. Hu (der jetzt begriffen hat, daß Lord Fu ein Opfer des Verrates des Ho-

henpriesters geworden ist), Autumn, Yen und die anderen müssen den üblen Priester, der in verschiedenen Gestalten erscheint, auch als übergroßer Tausendfüßler, vernichten.
Nachdem sie ihm durch einen flotten Flug auf fliegenden Schwertern zunächst entkommen sind, werden Autumn und Yen doch von dem übergroßen Typ verspeist. Um zu überleben, müssen sie kurzfristig ihre leibliche Hülle verlassen. Nachdem das Monster gekillt ist, erhält Yen wieder seine menschliche Gestalt, aber Autumns Seele findet seinen Körper nicht und schwebt ab in den Himmel. Aber keine Angst – Jacky Cheung sieht man im dritten Teil wieder.

A Chinese Ghost Story III (A Chinese Ghost Story III)
1991
mit Tony Leung Chiu-wai, Joey Wong Jo-yin, Jacky Cheung Hak-yow, Nina Li Chi
Regie: Ching Siu-tung

In der dritten und letzten Folge der *A Chinese Ghost Story*-Serie entfällt Leslie Cheungs Rolle, statt dessen tritt ein unreifer Mönch namens Fong (Tony Leung, kahl wie ein Fußball) auf. Fong und sein *sifu* werden von Dieben verfolgt, die einer goldenen Buddhastatue nachjagen. Das bedrängte Duo flüchtet in den verlassenen Orchid-Tempel, ohne sich um irgendwelche fürchterlichen Geister Gedanken zu machen. Sie sind ja schließlich Mönche.
Überflüssig zu erwähnen, daß in den Tempeln wunderschöne weibliche Geister hausen. Lotus (Joey Wong) und Butterfly (Nina Li) fangen die verfolgenden Diebe und liefern sie dem bösen Baumdämon aus (die total böse Hexe – halb Mann, halb Frau – mit der 16 Meter langen Zunge aus dem ersten Film der *A Chinese Gost Story*-Reihe. Schmatzzzzzz!). Lotus überrascht Fong, der den Buddha in den Keller des Tempels fallen läßt. Die teuflische Schönheit versucht, ihn zu verführen, so daß er Schwierigkeiten bekommt, sein Gelübde der Enthaltsamkeit einzuhalten. Trotz ihrer Bosheit läßt er sie entkommen.
Als sein Meister zurückkehrt, lügt er, daß er den Buddha verloren habe, und versucht dann, den Keller bei Tageslicht zu durchsuchen, doch er wird durch Schlangen davon abgehalten.

Der Baumdämon in ›A Chinese Ghost Story III‹

Lotus kommt in derselben Nacht zurück und hilft ihm, nach dem Buddha zu suchen, wobei dieser versehentlich zu Bruch geht. Der Meister kehrt von einer Reise in die Stadt zurück; da die Nacht bereits anbricht, legt er mit Gebeten und einer Art Rosenkranz einen Bann um den Tempel. Lotus ist eingeschlossen und durch den Bann in Gefahr. Fong ist gerührt und rettet sie, indem er den Rosenkranz zerreißt und seinen Meister trickreich dazu bringt, den Ort zu verlassen.

Aber genau dann, wenn man es den lieben, sexy Geistern leichtmacht, treten meistens die Bösen auf den Plan. Das Baummonster, nicht mehr behindert durch den Bann, attackiert. Da die beschützende Buddhastatue zerbrochen ist, gerät der *sifu* in die Falle. Da er jedoch schnell mitdenkt, zieht der heilige Mann seine Ohrläppchen in die Länge, bedeckt seine Augen damit und spielt den Scheintoten.

Fong rast in die Stadt, um den Buddha wieder zusammensetzen zu lassen. Er schafft es nicht, aber er engagiert den habsüchtigen Schwertkämpfer Yin (Jacky Cheung), um ihm zu helfen, den *sifu* zu retten. Zurück im Tempel, rettet Lotus Fong vor einem neuen Anschlag des Baumdämons. Die eifersüchtige Butterfly – die ihre langen roten Fingernägel wie Messer benutzen kann – verrät Lotus an den Dämon. Die gräßliche Hexe droht damit, Lotus mit dem Bergteufel zu vermählen. Lotus entkommt, aber der Baumdämon fängt Fong in einem Netz aus rotem Samt und bringt Butterfly dazu, zu versuchen, ihm lasziv die Yang-Energie auszusaugen. Schließlich tun sich Yin und Fongs *sifu* mit Lotus zusammen, um mit ihren vereinten Kräften den Baumdämon auszulöschen. Doch danach müssen sie sich mit dem Bergteufel auseinandersetzen, einer Kombination aus einer glühenden Pagode und einem körperlosen Kopf mit scharfen Zähnen.

Nachdem sie diesen Horror bezwungen haben, gehen die Menschen angeschlagen, aber als Sieger aus dem Kampf hervor. Lotus hingegen kann nur noch auf eine weitere Chance zur Wiedergeburt hoffen. *AK*

Deadful Melody
1994
mit Yuen Biao, Brigitte Lin Ching-hsia, Carina Lau Kar-ling, David Lam Wai, Wu Ma, Elvis Tsui Kam-kong
Regie: Ng Min-keng

Nachdem Brigitte Lin als weiblich-männlicher Held respektive Heldin in *Swordsman 2* in der Rolle des Bösewichts glänzte, erschien sie in den darauffolgenden Filmen als machtvolle Hexe, todbringende Schwertkämpferin oder kaltblütige Mörderin. Lin selbst sagt darüber: »Ich scheine die Phantasien des Publikums zu erfüllen, das gerne einem schönen Mädchen dabei zusieht, wie es gewalttätige Aktionen ausführt.« In *Deadful Melody* ist sie perfekt in einer weiteren Rolle, die Härte und Unbezwinglichkeit erfordert, und zwar als musikalische Kampfsportlerin, die sich in Männergewänder hüllt. Sie spielt auf einer magischen Harfe, die ihre Gegner in bunte Rauchwolken aufgehen läßt.

Lin spielt Snow, eine Figur mit einer liebenswert-bedrohlichen Ausstrahlung. In Rückblenden wird erklärt, wie Snows Eltern von rivalisierenden Kung-Fu-Meistern erschlagen wurden, die in den Besitz der tödlichen Harfe gelangen wollten. Bei ihrem Rachefeldzug heckt Snow eine ausgefeilte List aus, um die Killer anzulocken. Sie engagiert einen naiven, aber eigensinnigen Beschützer namens Lun (Yuen Biao), der die Harfe in einer Kiste zu den Mo-Yee-Bergen bringen soll.

Diese Ereignisse verwirren die gegnerischen Martial-Arts-Clanchefs, die ein bizarrer Haufen sind. Da gibt es den »Master of Ghosts« (David Lam), einen großen, angsteinflößenden, blaßblauen Dämon, sowie »Fire« (Wu Ma), der glatzköpfig, korpulent und völlig rot ist; und natürlich Ha Ching Fa, die hartherzige Hexe, eine wohlgebaute junge Frau mit einer Vorliebe dafür, den Leuten mit einer Peitsche den Kopf abzuschlagen. Die Zwillingssöhne des Geistermeisters sind blaßblau und so aufgedreht wie die fliegenden Affen der bösen Hexe. Im Grunde ist die ganze Figurenkonstellation eine Überarbeitung von *The Wizard of Oz/Das zauberhafte Land* durch Horrorautor Clive Barker.

Selbstverständlich jagen die Bösewichter immer noch der magischen Harfe nach und verfolgen Lun mit allen Kräften. Snow beschattet ihn um seines Wohlergehens und um der Verwirklichung ihrer blutrünstigen Träume willen. Schließlich findet sie heraus, daß Lun ihr lange verloren geglaubter Bruder ist, von dem sie angenommen hatte, er sei gemeinsam mit ihren Eltern umgekommen.

Lun kann sich jedoch an nichts mehr aus seiner tragischen Vergangenheit erinnern und schwört Rache gegen Snow, als sein Pflegevater ein Opfer ihrer Vendetta wird. Die Geschwister kommen am Schluß schließlich zusammen, doch ihre lange verhinderte Vereinigung wird dadurch gestört, daß die bösen Kampfmeister für den endgültigen Showdown noch einmal alle Kräfte mobilisieren.

Die höllische Snow spannt die Saiten ihres musikalischen Instruments wie bei einem Bogen und feuert Energiestrahlen ab, die zu einem einfallsreichen Blutbad führen. Der Meister der Geister sieht mit an, wie seine Leute in Rauch aufgehen und sich in einzelne Körperteile auflösen, aber er selbst steht noch aufrecht, als Snow eine Atempause einlegt, um eine sanfte Melodie auf dem todbringenden Instrument zu zupfen. Dann teilt sie ihm mit, daß er innerlich von den acht magischen Tonarten der Harfe verseucht wurde und er explodieren werde, wenn er auch nur zwei Schritte vorwärts mache. Der Meister der Geister bricht in Gelächter aus, macht einen Schritt, zögernd einen zweiten ... BUM! Ha Ching Fa ergeht es nicht besser, da Snow die Eingeweide der kaltherzigen Hexe mit einem melodischen *fu* durchdringt und sie dazu bringt, einen Geisir von Blut hervorzuspeien, bevor sie explodiert. Snow überlebt die Schinderei, aber ihr engstirniger Bruder verläßt sie am Schluß des Films, um eigene kämpferische Ziele zu erreichen.

Hello Dracula

1988
mit Choi Yeung-ming, Chan Chun-leung
Regie: Wong Chi-Chung

Es gibt in China einen Aberglauben: Diejenigen, die im Ausland sterben, müssen ins Heimatland zurückgebracht werden, um eine angemessene Beerdigung zu erhalten, sonst wandern sie ziellos umher. Ein Geisterbeschwörer, der solch einen Leichentransport durchführt, hüpft mit einem halben Dutzend Untoter durch den Wald und stößt auf die Leiche eines Kindes, das Spielgefährten sucht, um sich von seiner Einsamkeit zu befreien. Es überrascht nicht, dass der Geisteraustreiber nichts damit zu tun haben will.

An diesem Abend reisen auch fünf Waisenkinder mit einer Kutsche durch die dunkelblauen, vernebelten Wälder, um ihren kürzlich verstorbenen Meister zu beerdigen. Die Kindleiche klaut Beschwörungen vom Sarg des Meisters, der aus der Kutsche schießt, mitten in der Luft hängt, dann explodiert. Nun ist der Meister auch untot; wütend auf alle, streunt er im Wald umher.

Das wäre ja nun schon genug für die örtlichen Dorfbewohner, aber jetzt tauchen auch noch ein *gwailo*-Priester auf, eine junge Nonne und der Zigarren schmauchende Kapitalist Mr. Robert, die nach Leichen suchen. Mr. Robert will sie in den USA ausstellen, um sich damit eine goldene Nase zu verdienen.

Zurück im Waisenhaus (einer Leichenhalle), bringt das Waisenmädchen Ten-ten (das ungefähr neun Jahre alt ist) den neu eingetroffenen Leichen einige lustige Tanznummern bei. Aber ein übergewichtiger, bebrillter Waisenjunge vermißt immer noch seinen Meister; schlimmer noch: Seine Versuche, um die Gunst von Ten-ten zu buhlen, scheitern kläglich. Und die anderen drei Waisenjungen machen sich wegen dieser Schmach gnadenlos über ihn lustig.

Mittlerweile würde man annehmen, die Anwohner wären den *gwailos* dankbar, weil sie ihnen die Vampire der Stadt vom Hals schaffen wollen und sie damit wieder ihre Ruhe hätten, aber sie sind sogar ärgerlich, daß irgendwelche Fremde ankommen und chinesische Traditionen durchkreuzen wollen, so daß sie das Angebot ablehnen. Also entschließen sich die miesen *gwailos*, die Leichen zu klauen.

Aus Angst, von den Poltergeistern erwischt zu werden, versteckt sich die Nonne in einem Sarg, in dem eine korpulente Leiche ruht. Als sich ihre Lippen zufällig berühren, sprühen Funken, und die Leiche wird wieder lebendig. Fortan folgt sie der Nonne auf Schritt und Tritt, sogar in die Badewanne.

Als die drei Leichenräuber heimlich die Verblichenen aus der Stadt schaffen wollen, sehen sie die Kinderleiche, die ganz allein Baseball spielt und dabei Knochen als Schläger und einen orangefarben angestrichenen Schädel als Ball benutzt. Sie schlägt den Schädel aus dem Hof hinaus und trifft damit Mr. Robert am Kopf. Eine baseballspielende Kinderleiche? Mr. Robert weiß genau, womit man in Amerika lukrative Schlagzeilen machen kann, und entschließt sich herzlos dazu, der Leiche habhaft zu werden.

Mr. Robert träufelt Weihwasser auf den Schädel und schießt ihn zurück zum Kind. Als das Kind ihn aufhebt, zucken Blitze durch seine Hände und es muß schreien. Das Geschrei vernimmt der Meistergeist und ist außer sich vor Wut. Als der untote Meister zur Rettung der Kinderleiche auftaucht, macht er mit Mr. Robert kurzen Prozeß. Aber er ist kein willkommener Befreier und entführt gleich Ten-ten. Selbst die Kugeln von Soldaten können ihn nicht daran hindern, den Wald zu erreichen. Und die Soldaten sind zu erschöpft, um ihr Dynamit richtig einzusetzen. Der mitfühlende, übergewichtige Junge befreit

Ten-ten, aber ihr Herz gewinnt er deshalb immer noch nicht. Deshalb begeht er komischerweise einen Selbstmordversuch, selbst als die anderen Waisen sich in Urnen verwandeln – mit Beinen, um besser gegen den Meister vorgehen zu können. Der Meister zertrümmert die Pötte zu Scherben, erledigt die Nonne, den Priester, einen Haufen von Soldaten und bedroht Ten-ten schon wieder.

Als alles verloren zu sein scheint, schnallt sich der sensible übergewichtige Junge das Armeedynamit um den Bauch und zündet die Lunte an. Er wirft sich dem Meister in die Arme und brüllt: »Ich gehe mit dir!« Und das tut er. Der Film endet mit einem Standbild der weinenden Ten-ten. Ein überaus un-

Ein Vampirmonster greift an (in ›Magic Crane‹)

glückliches und unerwartetes – und daher auch kühles – Ende. *Hello Dracula* hat nur wenige Längen zwischen den Verrücktheiten. Aber immer wenn das Tempo etwas nachläßt, spielt eine Kinderleiche Baseball mit einem Totenschädel oder eine Truppe tölpelhafter Soldaten versucht einen Blick zu erhaschen auf eine wohlgeformte Nonne, die gerade pinkelt.

Red Spell Spells Red

1983
mit Tong Chun-yip, Pun Lai-yin, Leu Chi-hiung, Eling Chan
Regie: He Yong Lin

Red Spell Spells Red ist eine Mischung aus Zauberei und einem verdrehten Reisebericht, die den Zuschauer in die große Zeit der Action-Kinos auf Manhattans 42nd Street zurückführt. Man kann vom Times Square buchstäblich das Gebrüll nach mehr Blut hören oder sich die *stoned* staunenden Kinobesucher vorstellen.

Unheimlich, gruselig und überaus befremdlich, wird *Red Spell Spells Red* nicht überall Freunde finden. Die Szenen, in denen Schweine abgestochen werden, Hühnern der Hals umgedreht wird und Skorpione attackieren, sind brutal und roh. Die Aufnahmen der südostasiatischen Schauplätze sind ansprechend, obwohl – wie in vielen Filmen aus Hongkong – alles, was nicht in Hongkong aufgenommen wurde, sondern in Südostasien, als unheimlich wild und unbändig dargestellt wird.

Stephen, ein Regisseur von Filmen im Stil der *Mondo*-Filmreihe (pseudodokumentarische »Tatsachen«-Filme über brachiale Bräuche und sonstige Absonderlichkeiten, Anm. d. Übers.), reist mit seiner Filmmoderatorin und Freundin Stella nach Borneo. Sein neuer Film soll die Legende vom Roten Zwergengeist aus Borneo dokumentieren, einem bösen, kleinwüchsigen Zauberer, der ermordet und von vier gerechten Zauberern in einem großen Krug begraben wurde. Das Filmteam schleicht sich in die verbotene Höhle und bricht den verfluchten Sarkophag auf, aus dem gleich roter Rauch emporsteigt. Mit dem Film im Kasten reist Stephen wieder nach Hongkong, während Stella und das Team noch einen Fluß zum Stamm der Iban hinauffahren, um dort weitere Aufnahmen zu drehen.

Joey Wong als Dämonin (in ›A Chinese Ghost Story II‹)

Der Iban-Stammesführer Dairoma scheint umgänglich zu sein, und das Team freut sich schon darauf, mit den Stammesmädchen »Versuchshochzeiten« zu feiern. Die Mädchen seien, so der einladende Stammesführer, frei von »Herres«. Doch als er Stellas Hand berührt, weiß er bombensicher, daß sie ein großes rotes Muttermal auf der Schulter trägt und … red spell spells red – ein roter Fluch bedeutet rot.

Nach und nach sterben die Teammitglieder. Eines von ihnen ritzt sich im Dschungel etwas die Haut auf. Das vergossene Blut blubbert fürchterlich und animiert die herumstehenden Bambusstangen, den armen Mann zu schnappen, zu stoßen und zu durchbohren. Zurück im Lager, fällt plötzlich ein großer schwarzer Skorpion auf Stellas Schulter. Sie schnipst ihn fort – mit dem Stachel nach vorne – und er landet auf dem Arm von Dairomas Sohn Rumbang. Der verärgerte Stammesfürst muß mit einer Machete dessen Arm abhacken. Dairoma verdächtigt Stella sofort, daß ein Skorpionfluch auf ihr lastet. Aber der Hexenmeister findet heraus, daß die Stammesangehörige Satali den Fluch in sich trägt. Um die Götter zu beschwichtigen, wird die Opferung Satalis vorbereitet, ein Plan, der dem zivilisierten Lau mißfällt, einem Chinesen, der eine örtliche Entwicklungsgruppe repräsentiert.

Als Stella die Arena für Hahnenkämpfe im Dorf passiert, stellen die Gockel ihre Auseinandersetzungen ein und attackieren sie, während eine Musik anschwillt, die an den Film *Omen/Das Omen* erinnert (USA 1975; Regie: Richard Donner; Musik: Jerry Goldsmith). Die Dorfbewohner betrachten Stella nun in einem anderen Licht, speziell als sie bemerken, daß nun Mengen von Skorpionen aus Stellas rotem Muttermal hervorkommen!

Der Hexenmeister fügt zwei und zwei zusammen und erkennt, daß Stella seine uneheliche Enkelin ist, auf die er vor vielen Jahren einen Skorpionfluch gelegt hat, nachdem sie von ihrem Vater nach Hongkong gebracht worden war. Verzweifelt bestellt er einen tibetischen Lama aus Thailand. Der Hexenmeister bereitet eine ausgefeilte Teufelsaustreibung vor, indem er Stella auf ein sich drehendes Wasserrad schnallt. Unnötig zu erwähnen, daß sie dabei nur eine reine weiße Bluse trägt. Der Hexenmeister wirft mit einem Pulver nach ihr, das aus dem exhumierten Schädel ihrer verstorbenen Mutter gemahlen wurde.

Der Geist des Roten Zwergenzauberers – der mit der Angelegenheit um die ganzen Skorpionflüche nichts zu tun hat – hat von Satali Besitz ergriffen, und sie schlitzt Lau mit ihren gerade hervorwachsenden Fingernägeln auf. Doch dann taucht der Lama auf und macht der ganzen verwunschenen Bande ein Ende.

The Seventh Curse (The Seventh Curse)
1986
mit Chow Yun Fat, Chin Siu Ho, Maggie Cheung Man-yuk, Dick Wei, Elvis Tsui Kam-kung
Regie: Lan Wei-tsang

Das geheime Privatleben der Reichen und Berühmten in Hongkong wird in dieser blutrünstigen Geschichte ausgeschlachtet. Sie beginnt in der vornehmen Villengegend Aberdeen Harbor, führt dann aber rasch in den Dschungel des nördlichen Thailands, der voller übernatürlicher Wurmstämme und übelriechender Monsterausdünstungen ist. *The Seventh Curse* zeigt die Figuren Dr. Yuan und Wisely, zwei trinkfeste Abenteurer, die von dem Trivialautor Ai Hong erdacht wurden. Dr. Yuan wird von Chin Siu Ho aus *Mr. Vampire* gespielt, Wisely wird von Chow Yun Fat verkörpert und erinnert in seiner Darstellung an Peter Cushing, den pfeiferauchenden Gelehrten.

Zu Beginn von *The Seventh Curse* entschärft Dr. Yuan einen Konflikt zwischen der Polizei und Geiselnehmern, obwohl sich auch noch die junge, verzogene Reporterin Tsai-hung (Maggie Cheung) einmischt. Als er diesen Triumph mit seiner *gwailo*-Freundin feiern will, wird er präkoital von dem thailändischen Hexendoktor Heh Lung (Dick Wei) gestört, der uneingeladen in sein Apartment hineinstürmt und ihn warnt, daß der »Blutfluch« zurückkommen werde. Sein abschließender Rat lautet: »Keinen Sex mehr!« Der gute Doktor kann es aber nicht lassen, und als Dank dafür schießen plötzlich Stichflammen aus seinen Gliedmaßen hervor!

Dieses eigenartige Phänomen wird in einer Rückblende erklärt: Dr. Yuan geht auf eine medizinische Forschungsreise nach Thailand und stößt auf den Zauberer Aquala (Elvis Tsui), den Anführer eines Wurmstammes, einen kinderfressenden, kichernden Heiden. Der Tyrann tötet seine Widersacher mit einem fliegenden Alien-Baby – einem reptilienähnlichen, zunächst harmlos aussehenden Fötus, der sich in die Opfer hineinbeißt und sich durch die Körper hindurchfrißt.

Yuan rettet die eingeborene Schönheit Betsy davor, ein Opfer des Alten Stammesvaters zu werden – einem lebenden Skelett mit der Vorliebe, in Nacken zu beißen und Rückenmark auszusaugen! Doch Yuan wird gefangengenommen und erhält den »Blutfluch«: Er wird gezwungen, eine Handvoll magischer Kugeln zu schlucken, die in regelmäßigen Abständen aus seinem Körper brechen werden. Die letzte Kugel wird seinen Tod herbeiführen.

Die dankbare Betsy schneidet einen gutartigen Tumor aus einer ihrer großen Brüste und gibt ihn Yuan zum Essen. Doch dieses spezielle Gegenmittel reicht nur für ein Jahr. Dr. Yuan muß wieder nach Thailand zurückkehren, um »heilige Körner« zu holen, die in den Augen eines riesigen unterirdischen Buddha verborgen sind, um seine vollständige Heilung herbeizuführen. Yuan und Heh tun sich zusammen, um gemeinsam den bösartigen Aquala zu bekämpfen; es folgen gruselig-blutige Szenen, als das Duo dem Alten Stammesvater in seiner verschleimten Höhle begegnet.

Das Skelett verwandelt sich in eine Kreatur, die eine Mischung aus Godzilla und Alien ist und schleimverschmierte Raffzähne hat. Es überlebt Schüsse und den Angriff des Killerfötus, der jetzt auf der Seite der Guten kämpft, doch dann taucht Wisely auf und schießt ihn mit einem RPG-Raketenwerfer in Fetzen!

Yuan heilt sich durch das Einnehmen der »heiligen Körner«, und die beiden Helden kehren nach Hongkong zurück, um weitere Abenteuer zu planen.

The Seventh Curse ist ein atemberaubender Mitternachtsfilm, den aber selbst die eingefleischtesten Fans der Filme aus Hongkong kaum kennen. Der Film hätte der Beginn einer neuen Entwicklung der Hongkong-Filme werden können (Horror/Fantasy/Wisely), was aber nie der Fall war. Zuschauer, die durch *The Seventh Curse* an der Figur des Wisely Gefallen gefunden haben, sollten sich auch *The Legend of Wisely* und *Bury Me High* reinziehen.

KURZBESPRECHUNGEN

ALOHA LITTLE VAMPIRE STORY
1988
Ein kleiner Kindervampir, Hsiu Long, hat die Schnauze voll vom ewigen Gezänk zwischen den verfeindeten Vampiren Onkel Schwarz und Onkel Weiß. Er rennt von zu Hause fort. Richtige Kinder, die nur Blutsauger spielen, entdecken ihn. Er übernachtet im Haus des fetten Dong Dong, der mit Fu im Clinch liegt, einem tyrannischen Jungen aus der Nachbarschaft. Dong Dong hat Angst vor Hsiu Long, aber als der süße kleine untote Lausbub mit magischer Kraft die Verletzungen Dong Dongs aus einem Kampf mit Fu heilt, werden die beiden zu Freunden.

Fus Onkel ist ein skrupelloser Taoist, der von einem reichen Gangster engagiert wird, um dessen Bruder zu kurieren, der unter einem seltenen vampirischen Bann steht. Der geplagte Bruder trägt eine viktorianische Kutte zu seinen Fangzähnen und hängt in Bäumen herum, wobei er wie ein Affe kreischt.

Der Taoist versorgt ihn mit Vampirblut frisch aus einem kalten blauen Nacken, aber das bringt nichts, denn nur das Blut eines 1000 Jahre alten Kindervampirs würde ihm helfen. Natürlich ist Hsiu Long der geeignete Spender. Die menschlichen Kinder tun sich mit den erwachsenen Vampiren zusammen, um die bösen Gangster zu bekämpfen, und befreien den entführten Kindervampir. Absurder geht's kaum noch … Trotz des Titels gibt es keine Don-Ho-Liedchen oder Blumenhalsketten und Rum-Shakes mit kleinen Schirmchen.

DOCTOR VAMPIRE
1991
Ein Doktor aus Hongkong macht Urlaub in England. Dort wird er von einer bezaubernden Vampirin namens Alice (Ellen Chan) gebissen. Er kann entkommen, doch als Alices britischer Meister an dem von ihr gefilterten Blut schmeckt, kriegt der *gwailo*-Blutsauger einen Blutrausch: »Verstehst du das nicht? Das ist wie euer chinesisches Ginseng!«
Zurück in Hongkong merkt der Doc, daß ihm Shrimps mit Knoblauch nicht mehr schmecken. Er zieht auch nur noch mit Sonnenbrille und einem Cape umher, so wie Nicholas Cage in *Vampire's Kiss*. Seine Medizinerkollegen nehmen mitfühlenderweise Patienten Blut ab, das der Doc trinken kann. Und die gutherzige Alice versucht, ihn zu heilen, indem sie eine frische Leiche wiederbelebt, die mit eindeutigen Absichten auf Streifzüge durch die Flure des Krankenhauses zieht.
Die wißbegierige Freundin des Doktors und deren neugierige Freundin machen alles nur noch schlimmer, indem sie einen taoistischen Priester anschleppen, dessen Zaubersprüche unseren erbleichten Helden mit Latexblasen und pochenden Venen aufquellen lassen. Als Graf Obervampir sich im Krankenhaus blicken läßt, wird er mit Laserstrahlen aus dem OP betäubt und mit baumlangen Spritzen mit einer grünen, vernichtenden Flüssigkeit vollgepumpt. Doch das schwächt ihn nur etwas. Er wird letztlich durch die übernatürlichen Kräfte von wiederbelebten chinesischen Opernhelden endgültig vernichtet!
Bitte beachten Sie: Chans Darstellung beinhaltet eine der sinnlichsten Blutsaugeszenen, die je in einem Film zu sehen waren.

EVIL CAT
1987
Der ältere Schauspieler und Regisseur Liu Chia-liang (Lau Kar-leung) tritt als Hexenmeister auf, dessen Familie unter

Noch ein Vampir-Jäger: Kent Cheng in ›Vampire Buster‹

einem bösen Katzenfluch steht. Dieser richtet alle 50 Jahre großes Chaos an, wie bereits in den vergangenen vier Jahrhunderten. Rechnen Sie einmal nach: Nur noch ein Katzenleben ist übriggeblieben! Mark Cheng verhilft Liu dazu, den Katzenfluch für immer aufzuheben. Stuart Ong zeigt schräges Katzen-Kung-Fu, und die taiwanesische Sexbombe Tsui Suk Wood (*The Ghost Snatchers*) imitiert den *Terminator* und erledigt eine ganze Polizeistation mit ihren bloßen Klauen. Bläulich und gespenstisch.

THE GHOST SNATCHERS
1986
Ein neues Bürohochhaus in Hongkong bekommt auf einmal Probleme: Gigantische Hände greifen durch das Luftkühlungssystem und entführen Leute, besessene Sekretärinnen beißen die Ohren ihrer Vorgesetzten ab. Eine attraktive Geisterbeschwörerin (Joyce Godenzi) wird geholt, um herauszufinden, was los ist, und einen Exorzismus durchzuführen. Was ist das Problem? Eine Legion toter japanischer Soldaten ist unter den Grundmauern begraben. Sie beanspruchen die Weltherrschaft

über ihr Grab hinaus! Es klingt zwar total verrückt, aber der Film basiert auf einer wahren Geschichte. In den siebziger Jahren stellte man die Diagnose, daß das Hauptgebäude der Abteilung für öffentliche Bauten von Geistern der Japaner aus dem Zweiten Weltkrieg heimgesucht wurde. Die Angestellten verweigerten Überstunden, und ein Geisterbeschwörer mußte engagiert werden, um einen Exorzismus durchzuführen. In *The Ghost Snatchers* spielt Joey Wong als Gehilfin von Godenzi eine ihrer ersten Rollen.

THE GOLDEN SWALLOW
1988
The Golden Swallow ist eine Nachahmung von *A Chinese Ghost Story*, aber eine gelungene. Cherie Chung spielt die Magd des Teufels, die Seelen sammelt für die besonders angsterregende dunkeläugige alte Hexe, die solche Bonmots von sich gibt wie: »Es gibt nur eine Sorte von Menschen, die eßbaren.«
Chung verliebt sich in einen reisenden Steuereintreiber und beschützt ihn davor, verzehrt zu werden. Doch dabei gibt es Komplikationen. Es gibt schöne Aufnahmen zu sehen, wehende Seidengewänder und Effekte, die einen erstarren lassen.

THE HOLY VIRGIN VERSUS THE EVIL DEAD
1991
Der Mond verfärbt sich rot, als das Mondmonster (Johnny Lo) nach Hongkong kommt und die Studenten des Professors Donnie Yen abschlachtet. Überlieferte Methoden, das Monster zu besiegen, erweisen sich als unwirksam, genau wie zahlreiche andere Versuche, es umzubringen! Alle Betroffenen müssen nach Kambodscha reisen, wo die heilige Jungfrau und ihr Gefolge das grünäugige Monster, das wie Lazarus aussieht, mit geheiligten Schwertern besiegt. Es gibt viele Kampfsport- und einige verhexte Nacktszenen, aber einen Mangel an (benötigten) Käfern und Schleim.

MR. VAMPIRE PART III
1988
Dies ist einer der besten Filme aus der *Mr. Vampire*-Serie. Lam Ching Ying tritt wieder als der Welt größter *sifu* auf, und der brillentragende Billy Lou spielt einen minderbemittelten Schüler. Eine Dämonin mit schwarzen Lippen erweist sich als eine bedrohliche Widersacherin, die die Wunden ihrer niedergemetzelten Handlanger dadurch heilt, daß sie magisch-heilen-

de Maden aus ihrem Mund hervorzieht und mit Fässern voller Kakerlaken und Körben voller bösartiger Monsterfledermäuse angreift. Der *sifu* Richard Ng, mit einem Gesicht wie ein Schuhanzieher, freundet sich mit einem gutartigen Vampir und dessen süßem Vampirsohn an. Er verbrennt einige ihrer babyblauen Roben, damit sie nicht immer diese erschreckenden traditionellen Vampirkostüme tragen müssen.

ONE EYEBROW PRIEST
1987
Selbst angesichts der total überdrehten Vampirkomödien aus Hongkong mit blaugesichtigen Bösewichtern und streitbaren Taoisten, die auf der Leinwand herumhüpfen, ist dieser Film wirklich seltsam. Er hat alles – einen *sifu* und seine beiden tölpelhaften Assistenten, einen miesen Obervampir, süße Kindervampire, einen weiblichen Geist auf der Suche nach einem Ehemann. Das alles saust in einem Tempo vorüber, das einen Sechsjährigen erschöpfen würde. Die Filmmusik ist eine dröhnende Mischung von Toneffekten aus Videospielen, den Synthesizerkompositionen von Herbie Hancock, der Filmmusik von *Terminator* und Schallplatten, die man nur auf dem Flohmarkt bekommt … Und mittendrin sieht man (ganz ehrlich) eine Tanznummer mit Kindervampiren, die Hosenträger tragen und von Pauline Wong zum simplen Diskorhythmus des League Unlimited Orchestras angeleitet werden.
Ein niedliches Mädchen wird gebissen und läuft blau an, und als die tumben Assistenten gekochte Eier auf ihrem Körper zerreiben, um es zu heilen, wird auch das Eigelb blau. Da der Obervampir den Atem von Lebenden aufsaugt, furzt der unter einem Tisch in der Falle sitzende *sifu*-Assistent dem Untoten mehrmals ins Gesicht, um ihn in die Irre zu führen. Ein spitzbübischer *sifu* flößt dem Obervampir Säure von Tausendfüßlern ein. Und nur wenige Filme, die im Kino gezeigt wurden, haben jemals so viel Wert auf die magische Wirkung des Urins von kleinen Jungen gelegt.
Dieser salpetrige Supererfolg ist auch als *New Mr. Vampire Part II* bekannt, obwohl keinerlei Beziehung zur *Mr. Vampire*-Serie besteht, und es ist auch nicht Teil zwei von irgendwas.

POSSESSED II
1989
Ein Polizist aus Hongkong zieht mit seiner Familie in ein Apartment, das einem Friedhof gegenüberliegt. Natürlich sind

sie sofort von Dämonen besessen. Die Tochter stürzt sich mit einem Gesicht voller Fangzähne und rot pulsierenden Adern auf den Schulhoftyrannen. Die Mutter wird zu einem Suzie-Wong-ähnlichen Vampir (eine Hommage an Nancy Kwan als chinesisches Taxigirl in *Die Welt der Suzie Wong*, GB 1960; Anm. d. Übers.) und macht sich daran, schräge Typen zu verführen. Sie klappert den Marktplatz ab, stößt auf einen fetten Metzger, der gerade ein riesiges Fleischstück zerhackt. Sie lockt ihn in das Heck eines Lieferwagens, der mit Schweinehälften vollgehängt ist. Und dann verwandelt sie sich in ein haariges Monster und brät seinen Speck.

Ein hipper Typ im 73er Stil zeigt der Frau seine Fotos aus Afrika und hält ein Feuerzeug an seinen Fuß, um sein Stehvermögen zu beweisen. Natürlich wird er zu Toast. Der Exorzist kommt mit seiner Aufgabe nicht zurecht, denn er ist in Wirklichkeit ein Streifenpolizist namens Dick, der Teufelsaustreibungen nur als Hobby betreibt. Die Aufgabe bleibt an einem umherziehenden *gwailo*-Hare-Krishna-Jünger hängen, der die Dämonologie decodieren und die Geister dingfest machen kann.

Es scheint, als ob die Macher dieser Parodie sich nächtelang *The Exorcist/Der Exorzist*, *Altered States/Der Höllentrip* und *An American Werewolf in London/Ein amerikanischer Werwolf in London* angesehen haben. Und dabei werden sie wohl viel zuviel Gefrorenes gemümmelt haben.

SPIRITUAL LOVE
1987

Die typische Liebesschnulze: Die Freundin stirbt, der Junge trifft Jahrhunderte später ihren Geist und verliebt sich, aber es funktioniert nicht. Die Liebenden sind hier die Megastars Chow Yun Fat und Cherie Yung, doch die Schau wird ihnen von der rachsüchtigen, gehässigen Freundin May gestohlen (die mit exquisiter Bosheit von Pauline Wong verkörpert wird).

Da sie auf Cherie eifersüchtig ist, versucht May Chow mit einem Sympathie provozierenden Tableau zu verführen: Um Mitternacht steigt sie auf einen Stuhl und hängt ihren Kopf in eine Schlinge; dabei trägt sie ein rotes Kleid. Wenn man auf diese Weise umkommt, wird man zu einem bösartigen, rachsüchtigen Geist, doch das Ganze ist nur vorgetäuscht. Aber dann springt Mays Katze an ihr hoch und schmeißt sie vom Stuhl. Sie stranguliert sich, kommt dann aber von den Toten mit ziemlich mieser Laune zurück, um ein wenig an Chow zu knabbern. Cherie ruft nach Verstärkung aus der Unterwelt: Ihr bösartiger, ungestümer Geist-Ehemann durchtrennt May in zwei Hälften. Keine von beiden geht ohne Widerstand.

THE ULTIMATE VAMPIRE
1991
Taoistischer Hokuspokus mit Lam Ching Ying und Chin Siu Ho, bekannt aus *Mr. Vampire*. Achten Sie auf die »Höllenpolizei« – vier untote Wachtmeister in schwarzweißen Schinyl-Vinyl-Uniformen. Ihr Gestammel wird erst verständlich, als der *sifu* auf einem Lehmkloß kaut. Carrie Ng tritt als dreister junger Geist auf (»Du siehst gar nicht wie 37 aus.« – »Ich starb mit 20, und das ist 17 Jahre her!«), der einen *sifu* begehrt. Schauen Sie sich auf jeden Fall noch den Abspann an, wo Szenen zu sehen sind, die nicht im Film verwendet wurden und Spezialeffekte mit unsichtbaren Drähten zeigen.

ZEHN DINGE, DIE WIR BEIM ANSCHAUEN VON ÜBERNATÜRLICHEN FILMEN AUS HONGKONG GELERNT HABEN

1. Böse Geister und Vampire können überwältigt werden, wenn man ihnen taoistische Beschwörungen – mit roter Tinte auf gelbes Papier geschrieben – an die Stirn klebt. Die Versuchung, sich auf diese Gespenster einzulassen (sie zu schubsen, zu beleidigen usw.), ist total unwiderstehlich, aber völlig unangebracht …
2. … denn wenn man einen überwältigten Geist reizt oder lächerlich macht, besteht die hundertprozentige Gefahr, daß das Papier sich löst und die tödlichen Fähigkeiten des Monsters wiederhergestellt werden.
3. Hexen verlieren immer ihre Köpfe. Wenn sie nicht zufällig in einem Kampf abgesäbelt werden, dann kommen sie absichtlich durch einen Nackenschlag herunter. In beiden Fällen müssen die Hexengegner ziemlich auf die Köpfe achtgeben, denn sie fliegen heulend herum und versuchen zu beißen. Aber der kopflose Körper darf auch nicht unterschätzt werden, denn er springt immer wieder auf und sucht den Kampf!
4. Menschen haben Yang-Energie, die Untoten sind voller Yin.

Weil lebende Männer mehr Yang-Energie haben als lebende Frauen, sind sie das Hauptziel der verführerischen Kräfte weiblicher Geister. Ob die Motive des Geistes nun von anständiger Natur oder dubios sind – diese Art von Liebe funktioniert nie. Ein taoistischer Priester sagt es in *The Golden Swallow* ganz deutlich: »Es kann keine Liebe zwischen Menschen und Geistern geben, Sonny.«

5. Sind Sie unter einem ungünstigen Sternzeichen geboren? Schlechte Sternkonstellationen in Ihrem Horoskop? Hexenmeister und Taoisten können Ihnen nicht weiterhelfen; sie können Ihr Schicksal zwar vorhersagen, aber daran gar nichts ändern. Selbst wenn der Held des Films am Anfang alle guten Karten für sich hat, aber der Weissager dann Schwierigkeiten ankündigt, muß er sich ziemlich warm anziehen, weil es ihm an den Kragen geht.

6. Wenn der Exorzist nach klebrigem Reis verlangt, dann will er aber wirklich *total* klebrigen Reis. Verklebter Reis ist das beste Rezept, um Poltergeister festzuhalten. Normaler Reis wäre ein unwirksamer (und gefährlicher) Ersatz, der aber oft von betrügerischen Geschäftsleuten in Beuteln verkauft wird, weil er billiger ist. Die Auswirkungen können grauenhaft sein.

7. Das chinesische Wort für die Zahl Vier klingt wie das Wort für Tod. Also sollte man nicht damit rechnen, in einem Krankenhaus in Hongkong ein Zimmer mit der Nummer vier vorzufinden oder in einem Restaurant speisen zu können, das den Namen »Vier Jahreszeiten« trägt. Auf der anderen Seite wird die Zahl Acht als Glückszahl betrachtet, und die sieht man überall, von Reklametafeln bis hin zu persönlichen Autokennzeichen.

8. Wenn dein Lieblingsfisch stirbt, kannst du Ärger erwarten.

9. Wissen über böse Geister:

a) Böse Geister können keine Menschen sehen, aber sie können sie an ihrem Atem erkennen. Wenn man die Luft anhält, ist man für einen Vampir unsichtbar. Aber er wird sein blaues Gesicht nur wenige Zentimeter vor Ihre Nase schieben und heftig schnüffeln.

b) Die Untoten hüpfen (oder schweben) immer geradeaus knapp über dem Boden. Deshalb haben chinesische Tempel oft eine Stufe im Eingangsbereich, über die man hinübersteigen muß, und Pfandhäuser einen Trennwand direkt vor der Türe. Viele von Vampiren gejagte Menschen wurden verschont, weil der Vampir nicht über einen Baumstamm oder einen hohen Bordstein hüpfen konnte.

c) Chinesische Zombies sind in erster Linie Chinesen und dann Zombies. Sie beißen zuerst die Ausländer, bevor sie sich an ihre Landsleute heranmachen.

d) Chinesische Kindervampire sind in erster Linie Kinder und dann erst Vampire. Lebende Kinder wissen das, freunden sich mit ihnen an und beschützen sie vor sich einmischenden Erwachsenen. In *Mr. Vampire Part II* versuchen Kinder einen Kinderleichnam zu beschützen, indem sie behaupten, er sei ein illegaler Einwanderer vom Festland.

10. Kein Monster ist jemals wirklich richtig tot, bevor es explodiert ist.

HELL BANK NOTES (HÖLLEN-BANKNOTEN)

Was passiert, wenn man Dinge verbrennt? Sie gehen in Rauch auf, richtig? Aber wo bleibt der? Die Antwort ist, daß er in die geistige Welt zieht. Durch ein Gebet gesteuert, gelangt er direkt in die Hände verstorbener lieber Angehöriger.

Mit dieser Direktverbindung könnte man doch das Nachleben der Angehörigen so komfortabel wie möglich machen? Es wäre doch schön, sie in einem schönen Haus in der geistigen Welt zu wissen, mit einem schicken Auto, Bediensteten und körbeweise Bargeld. Nun, so können Sie helfen: Kaufen Sie ein dickes Bündel der Höllen-Banknoten und verbrennen Sie diese feierlich. Da die Banknoten nur in der Hölle gültig sind, kann man sie für 89 Cent auf der Erde im örtlichen asiatischen Lebensmittelladen kaufen. Jede Höllen-Banknote hat einen hohen Umtauschwert – Noten zu verbrennen, die weniger als zehn oder 100 Millionen wert sind, ist eine Beleidigung.

Höllen-Banknoten sind völlig normal in den übernatürlichen Filmen aus Hongkong.

Aber das hört beim Geld nicht auf. Die Beerdigungen in Hongkong weisen kunstvolle Häuser, Bedienstete und Mercedes-Benz-Fahrzeuge auf, die wunderschön aus farbigem Papier zusammengebastelt und dann verbrannt werden. Obwohl die Vorstellung von der Hölle in China nichts mit Feuer und Schwefel zu tun hat, hat man doch schon Air-Condition-Anlagen aus buntem Papier in Flammen aufgehen sehen …

6. Jackie Chan

»Wenn man versucht, einen Film von Jackie Chan zu beschreiben, ist das so, als ob man einen Traum beschreiben will. Man verzettelt sich dabei mit den Beschreibungen, ›Dann passierte das, und dann geschah folgendes‹, bis man sich überhaupt nicht mehr sicher sein kann, ob man in Gedanken etwas hinzugefügt hat und logische Verknüpfungen herstellt, die in Wirklichkeit eher elliptisch sind.

Es gibt sogar die Tendenz, Jackie Chans Filme anhand des jeweils größten Stunts zu kategorisieren, nur um sein außergewöhnliches Talent besser verständlich zu machen. Aber dann kommt ein weiterer Chan-Film heraus, und er bringt wieder eine Höchstleistung, ziemlich unbeschreiblich – er ist zu schnell, zu perfekt und viel zu nuancenreich, als daß man dies in Worte fassen oder im Gedächtnis behalten könnte.«

Mick LaSalle, *San Francisco Chronicle*

FILMOGRAPHIE JACKIE CHAN *(Auswahl)*

Big and Little Wong Tian Bar (1962)
The Love Eterne (1963)
The Story of Qiu Xiang Lin (1964)
The Little Tiger of Guangdong (1971)
Master With Cracked Fingers (1971), auch bekannt als *Snake Fist Fighter*
Stranger in Hong Kong (1972)
Fist to Fist (1972) *(Jen Ko – In seinen Fäusten brennt die Rache)*
Hapkido (1972)
Eagle Shadow Fist (1973)
The Heroine (1973)
Enter the Dragon (1973) *(Der Mann mit der Todeskralle)*
None But the Brave (1973)
Golden Lotus (1974)
All in the Family (1975)
The Hand of Death (1976) *(Dragon Forever)*
The New Fist of Fury (1976) *(Zwei Fäuste stärker als Bruce Lee)*
Shaolin Wooden Men (1976) *(Wooden Men)*

To Kill With Intrigue (1977) *(Jackie Chan – der Herausforderer)*
Killer Meteors (1977) *(Tiger der Todesarena)*
Spiritual Kung Fu (1978) *(Meister aller Klassen II)*
Snake and Crane Arts of Shaolin (1978) *(Die Unbesiegbaren der Shaolin)*
Half a Loaf of Kung Fu (1978) *(Karate-Bomber)*
The Magnificent Bodyguards (1978) *(The Red Dragon)*
Snake in the Eagle's Shadow (1978) *(Die Schlange im Schatten des Adlers)*
Drunken Master, auch: *Drunk Monkey in the Tiger's Eyes* (1978) *(Sie nannten ihn Knochenbrecher)*
The Fearless Hyena (Zwei Schlitzohren in der Knochenmühle)
Dragon Fist (1979) *(Dragon Hero)*
The Young Master (1980) *(Meister aller Klassen)*
Battle Creek Brawl (1980) *(Die große Keilerei)*
Cannonball Run (1981) *(Auf dem Highway ist die Hölle los)*
Dragon Lord (1982) *(Dragon Lord)*
Cannonball Run II (1983) *(Highway II – Auf dem Highway ist wieder die Hölle los)*
The Fearless Hyena II (1983) *(Superfighter 2)*
The Protector (1983) *(Der Protector)*
Project A (1983) *(Der Superfighter)*
Winners and Sinners (1983) *(Winners and Sinners)*
Wheels on Meals (1984) *(Der Powerman)*
Police Story (1985) *(Police Story)*
My Lucky Stars (1985) *(Tokyo Powerman)*
Twinkle, Twinkle Lucky Stars (1985) *(Powerman II)*
First Mission (1985) *(Powerman III)*
Armour of God (1986) *(Der rechte Arm der Götter)*
Project A, Part II (1987) *(Projekt B)*
Police Story II (1988) *(Police Story II)*
Dragons Forever (1988) *(Action Hunter)*
Mr. Canton and Lady Rose (1989) *(Miracles – Der beste Boß der Unterwelt)*
Armour of God II – Operation Condor (1991) *(Mission Adler – Der starke Arm der Götter)*
Island on Fire (1991) *(The Prisoner)*
Twin Dragons (1992) *(Twin Dragons – Das Power-Duo)*
Police Story III – Supercop (1992) *(Police Story III – Supercop)*
City Hunter (1993) *(City Hunter)*
Crime Story (1993) *(Hard to Die)*
Drunken Master II (1994) *(Drunken Master)*
Project S (1994) *(Once a Cop)*

Einer der großen Stars des Hongkong-Kinos: Jackie Chan

Rumble in the Bronx (1995) *(Jackie Chan – Rumble in the Bronx)*
Thunderbolt (1995) *(Thunderbolt)*
First Strike (1996) *(Jackie Chan's First Strike – Erstschlag)*
Mr. Nice Guy (1997)
An Alan Smithee Film – Burn Hollywood Burn (1997) *(Fahr
  zur Hölle Hollywood)*
Who Am I? (1998)

Wenn Sie gerne Mitglied im Fanclub von Jackie Chan werden möchten, schreiben Sie an folgende Adressen:

Hauptadresse:
Jackie Chan International Fan Club
The J. C. Centre
145 Waterloo Road
Kowloon, Hong Kong

USA:
Jackie Chan Fan Club, USA
P. O. Box 2281
Portland, OR 97208
001-503-299-4766
chanfanus@aol.com

Kanada:
3007 Kingston Road
Box 109
Scarborough, Ontario M1M1P1

Japan:
#1001 Nagatani Mansion
26 Banchi
Sakamachi, Shinjuku-ku
Tokyo 160

Australien:
P. O. Box 1668
Bondi Junction
New South Wales 2022

Großbritannien:
92 Ambleside Road
Kingsway, Bath
BA2 2LP

Es kann nicht oft genug wiederholt werden: Niemand auf der Welt macht solche Filme wie Jackie Chan. Er schafft es, seinen entwaffnenden Charme mit aufregender Athletik zu verbinden und die besten Action-Szenen zu schaffen, die je von irgend jemandem irgendwo gefilmt worden sind, Punkt. Schwindelerregende Körperstunts werden von Jackie und seinem Kader choreographiert und einstudiert und dann an der obersten Grenze der Gefahr mit adrenalingetränkter Vitalität durchgeführt.

Jackie nimmt sein Handwerk sehr ernst, und so puscht er seine Action-Szenen immer wieder über neue Grenzen hinaus, besser als andere es machen oder können. Der Soul-Sänger James Brown mag zwar eine lebende Legende sein, aber er ist nicht der am härtesten arbeitende Mann im Showbusineß.

Jackie Chan wurde 1954 geboren und wuchs als Schüler der Peking-Oper auf, wo er rigoros zum Akrobaten ausgebildet wurde. Er trat öffentlich auf als Mitglied einer Schulgruppe namens The Seven Little Fortunes/Die sieben kleinen Geschickten (siehe auch Kapitel 10 zu der Filmarbeit der anderen »Seven Little Fortunes«-Mitglieder).

Seine Filmkarriere begann in den frühen siebziger Jahren, als er als »der neue Bruce Lee« eingeführt wurde (er war einmal sogar Lees Stuntdouble), doch im Geiste steht er Stummfilmkomikern wie Harold Lloyd oder Buster Keaton näher, die für einen Lacher die haarsträubendsten Stunts vorführten. Jackie Chan entwickelte eine originale Art von Kampfsport-Slapstick, dessen Höhepunkte Filmstunts von masochistischer Intensität wurden. Es ist Komik, die bis zur Schmerzgrenze ausgereizt wird. Jackie fällt sechs Meter tief und schlägt auf dem Boden auf. Er springt in einen Haufen glühender Kohlen, er baumelt in luftiger Höhe an einem Hubschauber oder einem Heißluftballon.

Falls es Ihnen möglich sein sollte, dann schauen Sie sich seine Filme in einem gutbesetzten Kino an. Ein Publikum, das gemeinsam von einer Jackie-Chan-Erfahrung auf der großen Leinwand gefesselt ist, schmilzt zu einer Einheit zusammen, die fanatisch von einer Frage besessen ist: Was passiert als nächstes? Oh, Gott! *Das* kommt jetzt!

Die Stunts machten Jackie Chan zur lebenden Legende, und im Grunde stimmt auch alles, was über ihn berichtet wurde. Es stimmt, daß er bei den Dreharbeiten zu *Armour of God/Der rechte Arm der Götter* (1986) fast umgekommen wäre, daß er sich bei einem Stunt am Kopf verletzte und in ein Koma verfiel, daß er eine Stahlplatte im Schädel trägt, daß kein Versicherungsunternehmen ihn versichert, daß ganze Horden weiblicher japanischer Teenager von Jackie Chan fanatisch begeistert sind. Sie versuchen, die Drehorte zu stürmen, wo immer er auch filmt. Einige mußten sogar schon – völlig verzweifelt –

Jackie Chan

von Eisenbahnschienen weggezerrt oder eilig ins Krankenhaus gebracht werden, um ihnen den Magen auszupumpen, weil sie sich umbringen wollten. Der japanische Videospielhersteller Kaneko entwickelte ein Spiel im Stil von *Mortal Kombat,* in dem ein digitalisierter Jackie Chan in goldener Kung-Fu-Ausrüstung zu sehen ist. Superstar Maggie Cheung mußte während der Dreharbeiten eines Jackie-Chan-Films mit 17 Stichen am Kopf genäht werden. Das ist alles wahr.

Verlassen Sie *niemals* einen Film von Jackie Chan frühzeitig. Er benutzt oft im Nachspann Szenen von mißratenen Stunts, die im Film selbst nicht verwendet wurden – schockierende Sachen. Man sieht häufiger, wie er über kleinere Fehler lacht oder leichte Verletzungen herunterspielt. Aber wenn er wirklich ernst dreinblickt, wenn er einen gebrochenen Finger oder seinen Hinterkopf hält und man ihn bluten sieht, dann begreift man, daß trotz all des Humors und Spaßes in Jackie Chans Filmen keine Spezialeffekte à la Industrial Light and Magic in Hollywood gedreht werden, keine Blue-Screen- oder Rückprojektions-Aufnahmen, keine Computeranimation, sondern daß es hier um echte Knochenarbeit geht.

Bei der MTV-Filmpreisverleihung 1995 wurde Jackie Chan im Alter von 41 Jahren als dritter Mensch überhaupt mit dem Preis für sein Lebenswerk ausgezeichnet. Bei seiner Dankesrede sagte Jackie Chan: »Ich fühle mich sehr geehrt, aber auch überrascht, denn ich bin doch noch jung. Ich habe noch einen langen Weg vor mir.«

Wenn man einige Filme von Jackie Chan gesehen hat, begreift man, daß dieser Typ einfach den Ehrgeiz in sich trägt, sich immer noch einmal zu übertreffen, *den* endgültigen Jackie-Chan-Film zu drehen … und darauf kann man sehr gespannt sein.

FALSCHE IRRTÜMER
PHILOSOPHIE UND WEISHEIT

Weitere verrückte englische Untertitel aus den beliebtesten Hongkong-Filmen (Kapitel 3 bietet eine nähere Erklärung).

Was ist eine Seele? – Das ist nur ein Stück Klopapier. *(To Hell With the Devil)*

Was ist es, das Ihre Nerven drillt? – GELD! *(The Last Money)*

Der Sinn des Menschen ist Unsinn. Aber das Blut des Menschen ist superb. *(The Golden Swallow)*

Der Furz Gottes. Was soll das bedeuten? – Ungeheuer laut! *(The Informer)*

Die erstarrten Bäume bezeugen die Wut des Donners. *(Bury Me High)*

Pinkel nicht auf den Kochtopf. *(Magic Cop)*

Wenn du keine Zeit vergeuden willst, wird die Zeit sofort dich vergeuden. *(The Avenging Quartet)*

Menschen erschrecken Menschen. Und Menschen sind zu Tode erschrocken. *(One Eyebrow Priest)*

Nicht jeder Trottel wird zugeben, daß er ein Trottel ist! *(Naked Killer)*

Die Kugeln hier drin sind sehr heiß. Warum fühle ich mich dann so kalt? *(Lethal Panther)*

Eine Kröte ist keine Herausforderung für einen Schwan. *(Robotrix)*

Meine Welt ist die kürbisförmige Flasche, bis ich besoffen bin. *(Shaolin Drunkard)*

Du bist so bockig, aber nicht konzentriert genug. *(A Chinese Ghost Story)*

Um die größte Kraft zu entwickeln, wären wir herzlos. *(Zen of Sword)*

Mann! Warum schlagen? Nimm's leicht! *(The Nocturnal Demon)*

Bastard, drei Zentimeter größer, drei Zentimeter stärker. *(Fong Sai Yuk)*

Ich bin nicht … ich bin! *(My Neighbours Are Phantoms)*

Wenn du die Leute nicht ißt, werden sie dich essen! *(We Are Going to Eat You)*

Wenn der Baum umkippt, rennen die Affen fort. *(Fantasy Mission Force)*

Danke, Mönch. *(Ghostly Love)*

Armour of God (Der rechte Arm der Götter)
1987
mit Jackie Chan, Alan Tam, Rosamund Kwan Chi-lam, Maria Delores Forner, Ken Boyle
Regie: Jackie Chan

Armour of God wurde nicht dadurch berühmt, daß er schamlos *Raiders of the Lost Ark/Jäger des verlorenen Schatzes* abkupferte, auch nicht, weil es einer der erfolgreichsten Filme von Jackie Chan war, ebenfalls nicht, weil der Pop-Superstar

Alan Tam als Jackies tumber Partner mitwirkt. Nein, *Armour of God* ist berühmt dafür, daß Jackie Chan bei den Dreharbeiten beinahe zu Tode gekommen wäre. Ein relativ harmloser Stunt ging schief. Jackie Chan fiel aus sechs Metern Höhe in die Tiefe, und sein Kopf schlug auf einem Stein auf. Er fiel in ein Koma. Aber er hat überlebt und konnte nach einem kurzen Krankenhausaufenthalt auch wieder weiterfilmen!

Ob mit einer Stahlplatte in Jackie Chans Kopf oder nicht, *Armour of God*, der im ehemaligen Jugoslawien gedeht wurde, ist ein exzellentes Action-Abenteuer. Jackie Chan spielt Asian Hawk, eine Art Robin-Hood-Figur. Seine Verbindung mit Alan (Alan Tam) wird erklärt durch ein kitschiges Rockvideo mit der Gruppe »The Losers« (Die Verlierer) – eine Anspielung auf Alan Tams beliebte Siebziger-Jahre-Gruppe »The Wynners« (Die Gewinner). Die Hintergrundsängerin Laura (Rosie Kwan) gerät zwischen die beiden, weil sie ihren früheren Freund Hawk wegen Tam verläßt. Aber als eine Gruppe von Mönchen mit Kapuzen in eine Pariser Modenschau eindringt und Laura entführt, legen die beiden ihre Differenzen beiseite, um sie zu befreien.

Die Mönche gehören zu irgendeinem satanischen Franziskanerorden, der sich entschlossen hat, »Gottes Rüstung« zu ergattern: ein antikes fünfteiliges Set, das spezielle heilende Kräfte besitzt. Sie halten Laura als Geisel gefangen, weil sie hoffen, daß Alan und Hawk so die drei noch fehlenden Teile liefern werden, damit sie ihren bösen Plan vollenden können.

Unsere Helden überreden einen pfeiferauchenden europäischen Edelmann dazu, ihnen diese Teile auszuleihen, aber sie müssen akzeptieren, daß dessen schöne Tochter May (Maria Delores Forner) zu ihrer Gehilfin bei ihrem Vorhaben wird. Das ungleiche Trio rauscht in Hawks Mitsubishi-Sportwagen davon. (Jackie Chan macht in seinen Filmen Werbung für Mitsubishi.)

Die schrägen Mönche werden mit einer falschen Ladung von »Gods Armour« getäuscht. Es gibt einen Kugelhagel von den Zinnen, während Alan und Hawk gegen die Mönche kämpfen. Trotz ihrer hochnäsigen, verwöhnten Art beweist May, daß sie ihren Mann stehen kann, wenn es gilt, Schlimmes zu verhüten. Es stellt sich heraus, daß sie eine europäische Schützenmeisterin war. Das Heldentrio wird von einer Gruppe überwältigt, die Geländewagen und -motorräder fährt, und flüchtet im Mitsubishi. Wilde Auto- und Motorrad-Stunts (choreographiert vom französischen Action-Team von Remy Julien) enden mit einem Sprung über eine vierspurige Autobahn, während darunter der Verkehr weiterfährt. Die Bösen bleiben den Helden auf den Fersen und stellen sie schließlich auf einer engen Brücke. Doch das Auto verwandelt sich in einen Mini-Renner – eine Art motorisiertes Skateboard mit genügend Platz für das Emblem von Mitsubishi mit den drei Diamanten. Damit können sie der Gefahr entkommen. Hawk und Alan kleiden sich anschließend in Kutten und begeben sich zum Kloster auf einer Bergspitze. Sie befreien Laura aus den Händen der verrückten Mönche, doch sie steht unter Drogen und ist darauf programmiert, mit der Geisel Alan und der Rüstung zurückzukehren. Nun liegt es in Hawks Händen, die beiden zu retten. Und jetzt wird *Armour of God* wirklich brillant.

Im Kampf mit einer Horde von Mönchen benutzt Hawk eine drei Meter lange brennende Holzlatte und lange hölzerne Tische als Rampen und Sprungbretter. Ein Gefecht mit dem üblen Obermönch (Ken Boyle mit seltsamen Augenbrauen) lockt ein Quartett exzentrischer Mörderinnen hervor: hochhackige Pumps tragende, dunkelhäutige Damen im Stil der Blaxploitation-Filme der siebziger Jahre. Beim Kampf gegen diese Widersacherinnen (bei den Action-Szenen wird klar, daß es sich um Jackies schwarzbemalte und als Frauen verkleidete Stunt-Leute handelt) geht Hawk als Gewinner hervor, doch er muß sich noch seinen Weg freisprengen, TNT um seinen Körper geschnallt. Ein Sprung auf einen Heißluftballon komplettiert das Abenteuer, aber sehen Sie sich unbedingt noch die *erschreckenden* Outtakes (nicht verwendete Szenen) im Nachspann an.

Armour of God II: Operation Condor (Mission Adler – Der starke Arm der Götter)

1991
mit Jackie Chan, Carol »Do Do« Cheng Yu-ling, Eva Cobo Garcia, Shoko Ikeda
Regie: Jackie Chan

Der Nachfolgefilm von *Armour of God* erschien fünf Jahre nach dem Original. Der Film wurde in Barcelona und in der Wüste Sahara gedreht, und sowohl die Drehzeit als auch das Budget wurden rasch überschritten. Doch die Fans von Jackie Chan kommen voll auf ihre Kosten, denn viele Effekte sind total spektakulär. In der Tat übertrifft *Armour of God II: Operation Condor* das Original in vielen Punkten.

Jackie Chan spielt wieder einen *Jäger des verlorenen Schatzes*-ähnlichen Typen, der nach einem Raubvogel benannt wurde: Condor. Zu Beginn des Films erweckt er den Zorn einiger bösartiger Stammesangehöriger und entflieht, indem er in einen riesigen, aufblasbaren, durchsichtigen Plastikball klettert und einen sehr steilen Berg herunterrollt.

Condors nächste Mission beinhaltet eine Reise nach Spanien, wo er sich mit einem japanischen Hippiemädchen (Shoko Ikeda) anfreundet, das Tand verhökert. Er wird dort von einem »Baron« bestellt, der Condor eine Mission im Auftrag der UN übergibt. Er soll ein geheimes Goldlager der Nazis aus dem Zweiten Weltkrieg in der Wüste ausfindig machen. Ihm wird auch ein verzierter Schlüssel zu dem Gewölbe mit dem Goldschatz übergeben. Zudem wird ihm eine Partnerin zugeteilt, Ada, eine Expertin in Wüstenreisen (gespielt von der Komikerin Do Do Cheng). Sucher des Goldschatzes aus dem Zweiten Weltkrieg tauchen von überallher auf, als Condor zu einem Schlosser geht, um den Schlüssel überprüfen zu lassen. Als er dort fortgeht, erwartet ihn ein Trupp von Ganoven, die ihn mit Waffen bedrohen. Als er auf einem Geländemotorrad entkommt, ergibt sich eine frenetische Verfolgungsjagd. Stuntmänner sind wie Hindernisse beim Flipperautomaten aufgebaut, während choreographierte Autos und herumschlitternde Motorräder durch Haufen von Kartons krachen, als ob eine Stadt aus Legosteinen von heranrasendem Metall auseinandergenommen werden würde. Condor findet noch die Zeit, bei dem waghalsigen Rennen zum Hafen ein gefährdetes Baby zu retten. Im Hafen fliegt er über einen Pier hinweg, springt in der Luft vom Motorrad und klammert sich an ein Netz mit schwebendem Frachtgut, während die Verfolger mit ihrem Auto in den Ozean stürzen!

Condor und Ada eilen zum vermutlichen Goldversteck in der

Wüste. Sie tun sich mit dem japanischen Mädchen und seinem zahmen Skorpion namens Ding-Dong zusammen, wehren sich gegen Banditensklaven sowie gegen ein Paar idiotischer Araber, bevor sie schließlich das geheime Lager entdecken.

Unglücklicherweise hat ein an einen Rollstuhl gefesselter Nazi namens Adolf sie ausfindig gemacht, und sie müssen einen Kampf mit seinen Söldnern um die Kontrolle über die versteckten Goldbarren austragen. Der Kampf findet in einem geheimen unterirdischen Golddepot statt, das mit vielen Dingen ausgestattet ist, die es zum Kung-Fu-Spielplatz machen. Die goldgierigen Söldner wenden sich gegen Adolf, und das abschließende Duell findet in einem Windkanal mit einem gigantischen Ventilator statt – den Adolf bedient, der nun wieder auf der Seite der Guten ist –, der die Leute wie Püppchen durch die Luft segeln läßt. Was wird Jackie Chan in seiner niemals endenden Suche nach cineastischen Effekten nicht nutzen? Am Schluß werden die Guten vom Ventilator durch einen Luftschacht herausgeblasen, während das Gold und die Bösen einfach explodieren.

City Hunter (City Hunter)
1993
mit Jackie Chan, Joey Wong Jo-yin, Kumiko Gotoh, Chingmy Yau Suk-ching, Richard Norton, Leon Lai Ming, Johnny Lo Hwei-kong, Michael Wong Man-tuk
Regie: Wong Jing

Jackie Chan ist nicht nur ein panasiatisches Phänomen, sondern auch der populärste Hongkong-Filmstar in Japan. Die Japaner haben eine Vorliebe für diese lockere, ungestüme Art der Komik, die auf einer *manga*, einer japanischen Comicbuchserie, beruht. Darin geht es um den verwegenen Privatdetektiv Ryu Saeba. Das Teenie-Idol Kumiko Gotoh tritt hier neben der süßen Joey Wong auf, die durch die *A Chinese Ghost Story*-Serie berühmt wurde.

Der Film rekreiert den Comicbuchstil mit Live-Action, und die Zuschauer sollten sich auf 90 Minuten schräger Scherze und verrückten Slapsticks gefaßt machen. Regisseur Wong Jing ist berühmt für seine populären, überdrehten Komödien, und auch *City Hunter* steckt voller Absurditäten. Aber es ist immer noch ein Jackie-Chan-Film, und Action-Fans werden nicht enttäuscht. Die glänzende Eingangssequenz zeigt Ryus Partner Makimura (ein Kurzauftritt von Michael Wong), der in einem Kugelhagel umkommt und Ryu das Versprechen abnimmt, sich um seine Cousine Karori zu kümmern. Das Mädchen wächst auf, um zu der wunderschönen Joey Wong zu werden, und die beiden werden Partner. Sie müssen schließlich einen entlaufenen Jugendlichen namens Kiyoko (Kumiko Gotoh) wiederfinden, der auf einem Luxuskreuzfahrtschiff nach Japan entschwunden ist. An Bord sind auch ein Kartenspieler (Leon Lai) mit seinen gezinkten Assen, eine sexy Undercover-Polizistin namens Saeko (Chingmy Yau) und eine Gruppe von *gwailo*-Banditen, zu denen der australische Bösewicht Big Mac (Richard Norton) und das britische Wunderkind Gary Daniels gehören. Jackie Chan spielt den Weiberhelden Ryu als krallenlosen Kater, der schon einmal über seine Gespielinnen herfällt, sich aber mehr nach einer Schüssel Wonton-Nudeln sehnt. Doch als die Bösen den Kapitän erschießen und im Stil von *Die Hard/Stirb langsam* das Schiff kapern, richtet sich seine ganze Aufmerksamkeit auf die Schurken (die in adrette rote Ninja-Gewänder gekleidet sind).

Die Action wird in einer Reihe von komischen Sequenzen präsentiert. Ryu betritt das Schiffskino, in dem gerade die Szene mit Bruce Lee gezeigt wird, in der er in *Game of Death* gegen den 2,20 Meter großen Basketballspieler Kareem Abdul-Jabbar zu einem Kung-Fu-Duell antritt, und findet sich dann selbst in einem Duell mit zwei wirklichen zwei Meter großen schwarzen Kämpfern wieder! Er benutzt Anregungen aus den Action-Szenen mit Bruce und bezwingt die gigantischen Angreifer, indem er an Tümmlern herumschwingt, die an der Decke angebracht sind.

In einer kräftig verdrehten Sequenz wird Ryu in eine Videospielmaschine hineingeschmissen und taucht in Gestalt von verschiedenen Figuren aus *Streetfighter II* auf. Ryu und sein Gegner kämpfen in High-Speed-Tempo und Stakkatorhythmus ähnlich wie in der Videospielsequenz (Jackie Chan als Kung-Fu-Sue, sich auf dem Kopf drehend – das muß man sich einmal vorstellen).

Auf der Flucht vor der Braut: Jackie Chan (in ›Twin Dragons‹)

Als Ryu sich mit Saeko zusammenschließt, dreht sie sich in seinen Armen, aus zwei Halftern an den Hüften feuernd, und sie beenden das Ganze mit einer kurzen rasanten Tanzeinlage! Schließlich kommt es zum Zweikampf Ryu gegen Big Mac – Mac benutzt dabei zwei meterlange Stahlstangen, die sich in unterteilte Peitschen verwandeln, und Ryu ein Paar Polizeischlagstöcke sowie einen Stab, den er sich von der dezimierten Schiffsdekoration ausleiht. Triumph. Outtakes. Ihre 90 Minuten sind vobei. Werfen Sie Münzen ein für ein neues Spiel.

Dragons Forever (Action Hunter)
1988
mit Jackie Chan, Sammo Hung Kam-bo, Yuen Biao, Sally Yeh, Deanie Yip, Yuen Wah, Pauline Yeung, Shing Fui-on, Benny »The Jet« Urquidez
Regie: Sammo Hung Kam-bo

156

Sammo Hung ist ein großartiger Stunt-Koordinator und Action-Regisseur, doch dieser Film beweist einmal mehr, wie verblüffend gut er auch eine Komödie inszenieren kann. Ständig wird während des Films gekämpft, aber bis auf die letzten 15 Minuten liegt die Betonung mehr auf dem Humor. Alle drei Hauptdarsteller sind großartig, besonders der witzige Yuen Biao als redseliger Neurotiker (seine Therapieszenen sind wunderbar).

Der Rechtsanwalt Johnny Lung (Jackie Chan) arbeitet für Klienten, die mehr Dreck am Stecken haben als jeder Tiefbauarbeiter. Zu Beginn des Films trifft er sich mit einem Vergewaltigungsopfer zum Essen und bietet der Dame im Namen seines Klienten, des Vergewaltigers, Geld an, damit sie ihre Klage zurückzieht. Als sie die Annahme des Geldes verweigert, unterbrechen die Handlanger des Vergewaltigers das Mittagessen und greifen sie an. Lung rettet sie, doch sie glaubt, daß er den Überfall selbst mit eingefädelt hat. Er kann zwar seinem Klienten helfen, aber da ihn nun Schuldgefühle plagen, liefert er ihn sofort danach im Gerichtssaal ans Messer. Inzwischen wird ein anderer Klient, der zigarrenrauchende, umweltverschmutzende Industrielle *und* Drogenschmuggler Hua (Yuen Wah) von der Fischzüchterin Miss Yeh (Deanie Yip) verklagt. Lung verteidigt ihn, aber da er ein unverbesserlicher Frauenheld ist, macht er sich auch an Miss Yehs Cousine Wen Mei-Ling (Pauline Yeung) heran. Er bittet seine alten Freunde Fei (Sammo Hung) – einen kleinen Ganoven – und Tung Te-Piao (Yuen Biao) – einen neurotischen Technik-Freak –, Informationen über die beiden Frauen zu beschaffen. Unglücklicherweise können die beiden Kumpels sich nicht gemeinsam in einem Zimmer aufhalten, ohne gleich in Streit zu geraten.

Lung bemüht sich, eine romantische Verabredung zum Essen mit Mei-Ling zu erlangen, aber es kommt immer etwas dazwischen. Einmal zum Beispiel prügeln sich Fei und Te-Piao in Lungs Apartment während dessen Verabredung mit Mei-Ling. Bei einer anderen Verabredung versucht eine Gruppe von Killern Lung das Licht auszublasen. Nach zwei Dritteln der actionreichen Handlung läßt das Tempo etwas nach, um der Romanze etwas mehr Raum zu geben, die Spannung läßt der Brautwerbung den Vortritt, ja ja ja.

Schließlich brechen Fei und Te-Piao in Huas Fabrik ein und entdecken seine riesige Heroinraffinerie. Huas Leute verpassen Fei eine Überdosis, und Te-Piao sucht Lung und Mei-Ling, damit sie ihm helfen, Fei zu befreien. Und dann ... kommt es zur großen Schlacht.

Lung muß sich mit dem trickreichen Hua auseinandersetzen, der schließlich in einer giftigen Brühe versinkt, und gleichzeitig mit dessen grausamem Assistenten (Benny »The Jet« Urquidez). Urquidez sieht durch das Make-up wie ein Haimonster aus: total bleich mit puppenhaften Augen. Die beiden geraten in einen heftigen Faustkampf, der an die geharnischte Schlägerei der beiden Darsteller in *Wheels on Meals* erinnert. Als beide schließlich kurz vor dem Kollaps sind, setzt sich Jackie Chan doch noch durch. *AK*

KURZBESPRECHUNGEN

THE CANNONBALL RUN (AUF DEM HIGHWAY IST DIE HÖLLE LOS)
1981
Dean Martin als Trinker! Sammy Davis jr. als Priester! Farrah Fawcetts Brustwarzen stechen einem unter ihrem Lurex-Outfit in die Augen. Mittendrin tritt Jackie Chan nur in kurzen Szenen als japanischer Autorennfahrer auf. Inszeniert von Hal Needham, dem früheren Stunt-Koordinator der Burt-Reynolds-Filme, von dem auch der grauenhaft hirnlose Film *Megaforce* (USA 1981) stammt.

CRIME STORY (HARD TO DIE)
1993
Jackie Chan spielt ganz konsequent einen Polizeioffizier, der an einem Entführungsfall arbeitet. Der Film wurde von dem erstklassigen Action-Regisseur Kirk Wong inszeniert. *Crime Story* zeigt, wie Jackie Chan ein Auto mit bloßen Händen umwirft und sich mit seinem Gegner (Kent Cheng) in einem brennenden, einstürzenden Gebäude herumprügelt.

DRUNKEN MASTER (SIE NANNTEN IHN KNOCHENBRECHER)
1978
Jackie Chan spielt den Volkshelden Wong Fei-hong, der sich als intelligenter junger Mann mit seinem Vater Wong Kei-ying

Bezieht Prügel von einer Lady: Jackie Chan (in ›The Young Master‹)

überwirft. Der alte Wong bestraft den Junior mit qualvollem Kampfsporttraining bei seinem Onkel Sam the Seed. Fei-hong flüchtet, gerät aber an einen harten Typen, der ihn fertigmacht. Wong kehrt ernüchtert zu dem unerbittlichen *sifu* zurück – und diesmal nimmt er seine Ausbildung äußerst ernst. *Drunken Master* war in Hongkong und ganz Asien sehr erfolgreich und Wegbereiter für Jackie Chans Starruhm.

FIRST MISSION (POWERMAN 3)
1985
Jackie Chan spielt einen Polizisten, der sich um seinen geistig zurückgebliebenen Bruder (Sammo Hung, der auch Regie führte) kümmern muß. Als Sammo von Kriminellen gekidnappt wird, um Jackie Chan zu zwingen, einen Polizeiinformanten auszuliefern, explodiert die Leinwand wie üblich mit eruptiven Kampfsportszenen. Der Film ist dramatisch und gut gespielt.

Twin Dragons (Twin Dragons – Das Powerduo)
Überdrehte Parodie auf *Double Impact* mit Jean-Claude Van Damme, die von Ringo Lam und Tsui Hark als Hilfeleistung für die Regisseursvereinigung Hongkongs zusammen inszeniert wurde. Jackie spielt eine Doppelrolle als eineiige Zwillinge, die bei der Geburt getrennt wurden. Einer wird im Westen zu einem Pianisten klassischer Musik, der andere wächst als Schläger in den Straßen Hongkongs auf. Als der feine Pinkel den Draufgänger trifft, kommt es zum Höhepunkt. Die Verwirrtesten sind die Freundinnen des Paares: Maggie Cheung und Nana Li. Exzellente Stuntarbeit und ein haarsträubender Schlußkampf in einer Autofabrik machen diesen bescheuerten Film mindestens doppelt so gut wie die meisten der Filme mit Jean-Claude Van Damme.

Drunken Master II (Drunken Master)
1994
mit Jackie Chan, Anita Mui Yim-fong, Ti Lung, Liu Chia-liang, Ho Sung-pak, Wong Yat-hwa, Johnny Lo Hwei-kong
Regie: Liu Chia-lang (Lau Kar-Leung)

Die chinesischen Kampfsportarten weisen viele verschiedene Stile auf. Einige basieren auf den Bewegungen und Eigenschaften wilder Tiere wie z. B. des Affen, des Kranichs oder der Gottesanbeterin. Aber eine der ausgefallensten Techniken basiert auf den unberechenbaren Bewegungen eines *sifu*, der sich in Sot's Bay herumtreibt: des »Trunkenen Meisters«. Die Finger krallen sich in den Henkel eines imaginären Weinkruges, das Gesicht erstarrt mit der Entschlossenheit des Volltrunkenen, sich auf den Beinen zu halten, während der Körper heftig schwankt.
Der Stil des »Drunken Master« ist sehr effektiv, was Jackie Chans zum erstenmal in dem 1978 entstandenen *Drunken Master* demonstrierte. In *Drunken Master II* spielt Chan wieder die Rolle des Volkshelden Wong Fei-hong. Ein Darstellerveteran der Shaw-Brothers-Filmstudios, Ti Lung (leicht angegraut), spielt Fei-hons Vater, und Anita Mui verkörpert auf komische Weise seine Stiefmutter.
Der Film spielt vor dem Ersten Weltkrieg in China. Wong Fei-

hong und sein Kommilitone Tsao versuchen, keine Gebühr für eine wertvolle Ginsengwurzel zu zahlen, die sie durch den Zoll schmuggeln, um dann per Zug in die Heimat zu reisen. Die geschmuggelte Wurzel wird aber mit einem kostbaren Siegel der imperialistischen Engländer vertauscht. Diese Verwechslung führt zu Wongs erster Begegnung mit dem regierungstreuen

Chinesengeneral Fu (Liu Chia-liang). Es kommt zu einem atemberaubenden Speerkampf in der Enge *unter* dem Zug. Es stellt sich heraus, daß die Engländer mit Hilfe einiger kooperiender Chinesen Raritäten aus dem Land schaffen und nebenbei noch chinesische Arbeitskräfte ausbeuten. In Runde eins kämpft Fei-hong mit den Übeltätern, ist allerdings schon völlig abgefüllt mit Schnaps, und derart vollgeballert ballert er sie voll. Unglücklicherweise führt sein Enthusiasmus (und seine schnapsbedingte Orientierungslosigkeit) dazu, daß er auch seinen eigenen Vater angreift.

So wird er aus der Familie verbannt und sucht seinen Trost bei einer großen Flasche in einer örtlichen Kneipe. Er wird sentimental und schwächlich. Die verdroschenen Bösewichter spüren ihn auf und hängen ihn auf dem Marktplatz auf, bewußtlos und nackt, verzieren ihn mit dem sarkastischen Banner »König der trunkenen Boxer«. Unter Tränen schwört der entehrte Fei-hong weiteren Kampfsportabenteuern ab.

Das macht aber nichts. *Drunken Master II* stellt das breite Spektrum eines der körperlich begabtesten Darsteller zur Schau, der eine große Vielfalt seiner spektakulären Fähigkeiten demonstriert. Bei einem Kampf auf mehreren Ebenen steht es schlecht für General Fu und Fei-hong, da sie gegen einen Haufen von ungefähr 50 beilschwingenden Schlägertypen antreten müssen. Fu spuckt Öl auf Fei-hongs nackten Leib – rein der kosmetischen Coolness wegen, das Duo schmeißt Rabauken aus Fenstern im zweiten Stock und entscheidet den Tag für sich. Doch als Fei-hong in einer weißen Robe und einem Fächer in der Hand gemessenen Schrittes den chinesischen Englandsympathisanten in einer Stahlgießerei seine Aufwartung macht, sitzt das ganze Publikum vor Aufregung auf der Sesselkante. Zunächst gehen er und ein zweitrangiger Schleimer mit Hammer und Zange in den Clinch.

Nachdem der vorletzte Killer in einem Feuerofen verglüht ist, bleibt nur noch der Anführer, der schlimme Finger Ah-jan (gespielt von dem gefährlichen Johnny Lo) übrig. Der große und kräftige Ah-jan – im makellosen 1913er Eurodreß – hebt ein Bein über seinen Kopf, während er mit aller Gelassenheit seine Brille abnimmt. Dann, immer noch auf einem Bein stehend, tritt er blitzartig immer wieder zu!

Fei-hong steht mit dem Rücken zu einem riesigen Feuerofen, und obwohl man weiß, wie alles ausgehen wird, glaubt man trotzdem nicht, daß er es schaffen wird. Er packt's aber. Die Glacé-Handschuhe werden beiseite gelegt. Fei-hong nimmt einen Schluck Industriealkohol in den Mund und spuckt seinen Widersacher mit feurigem Atem an. Versehentlich verschluckt er etwas von der giftigen Flüssigkeit und gerät dadurch in seine alte Technik. Weil es für ihn nun um Leben oder Tod geht, nimmt er noch ein paar Schlucke und wird zum Über-»Drunken Master«, der Ah-jan dermaßen verdrischt, daß dieser aufgibt.

Dieses letzte K.o. hat unvorhersehbare Nebeneffekte, und diejenigen, die von dem tragischen Ende schockiert sind, sollten nicht übersehen, daß in den Untertiteln das Wort »vorübergehend« steht. Und verpassen Sie auf keinen Fall die Outtakes, die nicht verwendeten Szenen am Schluß.

My Lucky Stars (Tokyo Powerman)
1985
mit Jackie Chan, Sammo Hung Kam-bo, Sibelle Hu Hui-ching, Michiko Nishiwaki, Richard Ng, Lam Ching Ying, Eric Tsang, Yuen Biao
Regie: Sammo Hung Kam-bo

Der Film *My Lucky Stars* wurde teilweise in Japan gedreht und ist in erster Linie eine Komödie. Aber er enthält bemerkenswerte Action-Sequenzen und war das Hongkong-Debüt der *Crunch*-Prinzessin Michiko Nishiwaki; diejenigen jedoch, denen der Mund schon wäßrig nach ausgedehnten Kumpelgags ist, sollten vorgewarnt sein.

Jackie Chan spielt einen Polizisten, den man in Hongkong als »Skinny Monkey« (Dünner Affe) kennt, in Japan aber als »Muscles« (Muskelpaket). Er und Ricky (Yuen Biao) jagen einige zwielichtige Typen aus einer japanischen U-Bahn-Station. Die Verfolger und ihre Beute springen in Autos und zerlegen diese ein wenig. Dann geht's zum Vergnügungspark, wo Ninja-Kämpfer in hellblauen Anzügen Muscles und Ricky angreifen. Während Muscles sich mit zwei nervtötenden Gegnern auseinandersetzen muß, locken die Bösewichter Ricky weg und kidnappen ihn. Der Miesling, den sie eigentlich haben wollen, ist ein korrupter Polizist aus Hongkong, der sich mit 100 Millionen Dollar in Form von geschmuggelten Diamanten aus dem Staub gemacht hat und mit einem kriminellen Syndikat namens »Scarecrow Club« (Vogelscheuchen-Club) zusammenarbeitet.

Muscels ruft seinen Boß in Hongkong an, Inspector Tsao, und bittet um Verstärkung. Tsao eilt zum örtlichen Gefängnis, holt den schmierigen Dieb Kidstuff (Sammo Hung) heraus und erteilt ihm den Auftrag. Kidstuff tut sich mit einigen Kumpels aus dem Waisenhaus zusammen, Roundhead, Rawhide und Herb. Mit der Undercover-Polizistin Miss Woo (Sibelle Hu) im Schlepptau geht's ab in das Land der Hochgeschwindigkeitszüge, und dann wird es lustig. Sind sie erst einmal in Japan, nehmen die Kumpelwitze überhand: Die Gruppe bestellt ein Mittagessen per Pantomime; Roundhead versucht, eine Wurst zu bestellen, indem er dem Kellner verstohlen einen Teil seiner Anatomie zur Schau stellt. Der verwirrte, aber höfliche Kellner bringt ihm einen Teller mit … einem einzigen, ganz kleinen Pilz.

Lustiger wird es danach nicht mehr. Doch Jackie fängt an, die Dinge durcheinanderzubringen. Er verkleidet sich als Maskottchen mit einem riesigen Kopf und betritt die Geisterbahn der Kirmes, muß aber feststellen, daß deren Attraktionen eher tödlich sind.

My Lucky Stars kommt richtig in die Gänge, als Muscles sich den Weg aus der Geisterbahn freikämpft, um zum Hauptquartier des Vogelscheuchen-Clubs zu gelangen. Er setzt sich mit dem bösen Dick Wei auseinander, während Kidstuff sich mit einem gemeinen Typ mit Augenklappe beschäftigt.

Doch das beste Duell kommt beim Aufeinandertreffen von Miss Woo und Nishiwaki zustande, die einen Kimono trägt. Als sie das japanische Kleidungsstück ablegt, entblößt sie einen gestählten Körper, der dem Publikum ein echt empfundenes »Eijeijei« entlockt. Die frühere Gewichtheberin Nishiwaki bringt sich ein paarmal in Positur, bevor sie die Polizistin aus Hongkong vermöbelt und durch eine Wand stößt.

Miss Woo kann sich auf einem Ellenbogen noch einmal kurz erheben, bevor sie zusammenbricht, und sagt zu Kidstuff: »Das ist ein harter Brocken!« Kidstuff schaut sich noch eine Pose der Japanerin an und schickt sie dann mit einem einzigen Schlag ins Reich der Träume!

Police Story (Police Story)
1985
mit Jackie Chan, Brigitte Lin Chin-hsia, Maggie Cheung Man-yuk, Bill Tung, Kenneth Tong, Chu Yen, Charles Chao, Mars
Regie: Jackie Chan

Jackie Chan spielt einen rücksichtslosen Polizisten namens Kevin Chan, der einen umbarmherzigen Gangster (Chu Yen) hinter Gitter bringen will. Nach einer spektakulären Eröffnungssequenz, in der sich Autos einen steilen Berg hinunterjagen, bei der sie ziemlich unkonstruktiv einen neuen Pfad durch die Behausungen einer Slumsiedlung anlegen, schafft es Chan, seiner

Jackie Chan und Maggie Cheung in ›Police Story‹

Beute habhaft zu werden. Doch der Bandenboß wird aus der Haft entlassen, und seine arroganten Anwälte versprechen, ihn von allen Anklagepunkten zu befreien.

Die Zeugenaussage der Sekretärin des Gangsters, Selina (die feurige Brigitte Lin), könnte ihren Boß auffliegen lassen. Selina ist jedoch nicht daran interessiert, die Fronten zu wechseln. Sie schlägt Chans Warnungen in den Wind. Doch sie ändert ihre Einstellung, als sie von einem messerschwingenden Attentäter angegriffen wird und nur durch Chans rechtzeitiges Eingreifen gerettet werden kann.

Die schockierte Selina gesteht alles über die illegalen Aktivitäten ihres Bosses, widerruft aber dann doch, als sie erfährt, daß der Angriff von Chan und seinem Kollegen inszeniert wurde. Der Prozeß platzt, der Gangster wird freigesprochen. Doch der undankbare Bösewicht will Selina trotzdem aus dem Weg räumen. Jetzt liegt es an Chan, ihren Hals zu retten – und seinen eigenen, da man ihn den Mord an einem Polizisten anzuhängen versucht.

Zu den Höhepunkten der Stunts gehört Chans Fahrt mit einem rasenden Bus, an dem er sich außen festklammert. Dann steht er, seine Waffe in der Hand, auf der Straße, während der Bus auf ihn zu rast. Im letzten Moment, bevor Chan zum Pfannkuchen wird, macht der Bus eine Vollbremsung. Dabei werden einige der kriminellen Insassen durch die Windschutzscheibe auf den Bürgersteig geschleudert. Das ist eine besonders bemerkenswerte Stunt-Leistung, bei der sich, wie zu erfahren war, einige Beteiligte ernsthaft verletzt haben. Aber was die Zuschauer bei *Police Story* wohl am meisten beeindrucken wird, sind die außergewöhnlichen letzten 15 Minuten, in denen Chan den Gangster, dessen Handlanger und das Einkaufszentrum zerlegt, in dem die Schlacht stattfindet.

In einer langen Sequenz, in der es reichlich schmerzhaft zugeht, werden die Figuren getreten und geschlagen und durch Scheiben geworfen. Die Action kulminiert in einer Szene, in der Chan einen 18 Meter hohen Pfahl hinuntersaust, der mit funkensprühenden Elektrokabeln übersät ist. Diesen Stunt sieht man dreimal, aus jeweils verschiedenen Kameraperspektiven.

Police Story stellt ein Wahrzeichen für Jackie Chan dar, der

zum erstenmal den Beweis dafür erbringt, daß er seine Kampfsportkunst in eine zeitgenössische Umgebung übertragen und
dabei noch die kommerziellen und künstlerischen Ansprüche
seiner vorangegangenen historischen Prügeleifilme einbringen
kann. *Police Story* gewann 1985 den Preis für den besten Film
beim internationalen Hongkong-Filmfestival und ließ noch
zwei vergleichbar unterhaltsame Fortsetzungen folgen.   *RAA*

Project A (Der Superfighter)
1983
mit Jackie Chan, Sammo Hung Kam-bo, Yuen Biao, Dick Wei,
Bill Tung
Regie: Jackie Chan

Diese Geschichte aus der Jahrhundertwende, in der drei der
»Seven Little Fortunes« mitspielen (Jackie Chan, Sammo
Hung und Yuen Biao), bietet nicht sehr viel an Handlung, doch
die Action ist aufregend und heftig. Sie stellt auch eine Hommage an die klassischen Stummfilmkomödien dar – besonders
während einer Hyper-Verfolgungsjagd auf Motorrädern –, die
Jackie Chan so sehr bewundert.
Jackie Chan spielt einen Seemann, der Dragon Ma genannt
wird. Angeführt von seinem befehlshabenden Offizier, Captain
Chi (Bill Tung), bereiten sich Dragon Ma und seine Gefolgs-
leute darauf vor, die Segel zu setzen zum Angriff auf die Truppen von Lo, einem berüchtigten Piraten (gespielt von Dick
Wei, der den tätowierten Macho aus der Mandschurei gibt).
Bevor sie auslaufen, treffen sich die Matrosen in der örtlichen
Kneipe zu einer Abschiedsschlägerei, wobei sie mit einer arroganten Gruppe von Polizisten aneinandergeraten, deren Anführer Inspector Tzu (Yuen Biao) ist.
Als sich die Seeleute schließlich vor dem Auslaufen zusam-
mengefunden haben, werden ihre Schiffe in der Nacht gesprengt, die Flotte wird versenkt. Dragon und seine salzigen
Kumpane werden trockengelegt, indem sie von Captain Chi zu
einer Polizeieinheit zusammengestellt werden. Es ist schon
schlimm genug, daß sie nun Landratten sind, aber es kommt
noch dazu, daß ihr neuer Chef Inspector Tzu ist! Tzu steckt sie

in ein strenges Trainingslager und in neue Uniformen (zu denen auch kegelförmige, tintenfischartige Hüte gehören), ehe sie ihre Differenzen beilegen.

Der erste Einsatz: Aufspüren eines üblen Gangsters, der versucht, 100 gestohlene Enfield-Gewehre an den Piraten Lo zu verkaufen. Tzu und Dragon kleiden sich westlich und zerstören bei dem Versuch, den Gauner zu erwischen, ein privates Etablissement. So viele Stuntmen führen schmerzhaft aussehende Stürze aus, daß man die Heilsalbe schon zu riechen meint. Sie haben trotzdem keinen Erfolg, doch Dragon und der frühere Matrose Fei (Sammo Hung Kam-bo), der jetzt auch Polizist ist, stehlen die Gewehre. Doch dabei wird Dragon erwischt, und sein alter Boß Captain Chi legt ihm Handschellen an. Aber Dragon streift sie wieder ab, und es entwickelt sich eine jener rasanten, überdrehten Action-Sequenzen, die Jackie Chans Ruhm begründet haben.

Dragon entflieht auf einem entwendeten Fahrrad. Die Verfolger fahren ebenfalls per Rad. Sie jagen ihn durch ein Labyrinth mit engen Gassen, voller Leitern und offenstehender quer geteilter Türen. Seine Angreifer nähern sich ihm. Dragon kommt an einer geteilten Tür vorbei, schlägt dagegen, und der obere Teil springt auf und setzt gerade noch rechtzeitig einen Verfolger außer Gefecht.

Doch Dragon wird eingefangen und wieder mit Handschellen versehen. Er klettert geschickt einen Fahnenmast hinauf und springt von dort in einen Glockenturm, wo er die großen Zahnräder des Uhrwerks zum Ausweichen im Kampf mit einem der Waffenschmuggler benutzt. Schließlich hängt er an einem der beiden Zeiger der Uhr und fällt zuletzt durch einige Markisen hindurch kopfüber auf den Boden. Eine wunderbare Fahrradjagd, das Hängen an einer Turmuhr im Stil von Harold Lloyd und ein bewundernswerter, kopfzertrümmernder Sturz: Spulen Sie die Videokassette noch einmal zurück und rufen Sie Ihre Mitbewohner zu sich!

Das alles beeindruckt die Piraten aber nicht sonderlich, die einzig und allein darauf aus sind, in den Besitz der Gewehre zu gelangen. So kapern sie ein Schiff voller ausländischer Würdenträger und halten sie als Geiseln. Dragon kidnappt den Waffenschieber, den zylindertragenden Dandy Chou, schlüpft

in dessen Rolle und gelangt so auf die Insel, die das Versteck der Piraten ist. Und dann … folgt eine große Schlacht. Die vereinigten Fähigkeiten von Dragon, Tzu und Fei werden gegen den Piratenanführer und seine Mannschaft eingesetzt. Nach ihrem Sieg müssen sie auf einem Floß zurück zum Festland gelangen, doch ihre navigatorischen Fähigkeiten sind unglücklicherweise nicht so ausgeprägt wie ihre Martial-Arts-Talente …

Project A, Part II (Projekt B)
1987
mit Jackie Chan, Maggie Cheung Man-yuk, David Lam Wai, Rosamund Kwan Chi-lam, Carina Lau Kar-ling, Elvis Tsui Kam-kong, Ray Lui, Bill Tung
Regie: Jackie Chan

Diese Fortsetzung dürfte wohl bis heute die beste Arbeit von Jackie Chan sein. Von der Machart her unterscheidet sich der Film nicht sehr von seinen Vorgängern oder auch den *Police Story*-Filmen. Er enthält einfach die besten Ideen, sowohl was das Komische als auch die Action-Elemente angeht.

Project A, Part II beginnt buchstäblich dort, wo der erste Film endete. Der Anfang ist ein Zusammenschnitt der eindrucksvollsten Momente des Originals. Am Strand der Pirateninsel, wo der Küstenwachenpolizist Dragon Ma (Jackie Chan) den Piratenanführer erledigt hat, fängt die Geschichte an. Die übriggebliebenen Piraten sind darauf versessen, den Tod ihres Anführers zu rächen. In Hongkong erkennen die Polizeioberinspektoren, daß sie die Befugnisse des korrupten Polizisten Chun (David Lam) einschränken müssen, weshalb Chuns Sai-Wan-Distrikt von Dragon übernommen werden soll.

Alle Sai-Wan-Polizisten sind korrupt und faul – bis auf einen. Mit der Unterstützung des ehrlichen Ho und seiner alten Freunde aus der Zeit bei der Marine beschließt Dragon, sich bei seinen Leuten Respekt zu verschaffen, indem er den Gangsterkönig Tiger Au dingfest macht. Der mutige, aber unzureichend vorbereitete Angriff auf Tiger Aus Stützpunkt führt zu einem heillosen Kampfdesaster. Nur durch die Ankunft weiterer Marinetruppen kann der Polizist gerettet werden.

Während sie noch ihre Wunden lecken, werden Dragon und seine Männer dazu eingeteilt, für die Sicherheit bei einer Party der Generalstochter Miss Pai (Rosamund Kwan) zu sorgen. Im Auftrag von Chun taucht bei dem Fest auch eine Gruppe von Revolutionären auf, darunter Maggie (Maggie Cheung) und Carina (Carina Lau), um eine unschätzbar wertvolle Halskette aus der Villa des Generals zu entwenden. Als Dragon versucht, Man zu schnappen, den Anführer der Revolutionäre, hängt Miss Pai die gestohlene Kette einfach um unseren Helden, und Man verdrückt sich. Später an diesem Abend entführen Spione der Kaiserin die Revolutionärin Carina. Daraus ergibt sich eine komplizierte, witzige Sequenz, als die Spione der Kaiserin Carina in das Haus von Maggie schleifen, um Informationen zu finden. Es kommen dort hintereinander an: Maggie, Man, Dragon (den Chun mit Ho per Handschellen zusammengefesselt hat), Onkel Bill (Bill Tung, der fast in jedem

Film mit Jackie Chan eine kleinere Rolle hat) und schließlich Chun. Alle schleichen in dem kleinen Haus herum, tunlichst darauf bedacht, von den anderen nicht entdeckt zu werden.

Dragon fängt schließlich die Spione, doch dann taucht Chun wieder auf und fesselt sich selbst mit Handschellen an Dragon, um ihn zu seinem Stützpunkt zurückzubringen. Plötzlich tauchen auch die Piraten, die Dragon schon den ganzen Film hindurch gesucht haben, wieder auf, um ihn zu töten. Sie jagen das aneinandergefesselte Paar in ein Hotel, wo Dragon sich ihrer – immer noch an Chun gekettet – erwehren muß, und zwar in einer bemerkenswerten Vorstellung von Martial-Arts-Slapstick. Und dann … gibt es eine große Keilerei.

Im abschließenden Showdown kämpfen Chun und die bösen Spione gegen Dragon und die Revolutionäre, während die Piraten versuchen, sich darüber klarzuwerden, wen sie denn nun unterstützen sollen. Einmal wird Dragon in einen riesigen Mörser geschmissen und muß einem dampfbetriebenen Stößel ausweichen.

Alle jagen sich gegenseitig, über Dächer, durch eine Voliere, Treppen hinauf und hinab, schließlich über ein riesiges Gerüst, das Jackie Chan benutzt, um die berühmte Szene mit der herabstürzenden Hauswand aus dem Buster-Keaton-Film *Steamboat Bill jr.* (USA 1928) aufzugreifen. Chan steht unbeweglich auf einem Fleck, und eine enorme Hauswand fällt auf ihn. Aber auch das übertrifft noch nicht Dragons neuentwickelte chemische Waffe: einen Mund voll mit zerkauten Peperoni, die er seinen Widersachern in die Augen spuckt! Wie die herausgeschnittenen Szenen im Abspann zeigen, war Jackie Chan nicht damit zufrieden, die Szene nur vorzutäuschen. Man sieht, daß er tatsächlich eine Handvoll *echter*, total scharfer Peperoni in seinen Mund gesteckt hat!   *AK*

Wheels on Meals (Der Powerman)
1984
mit Jackie Chan, Sammo Hung Kam-bo, Yuen Biao, Maria Delores Forner, Benny »The Jet« Urquidez, Richard Ng, John Sham, Herb Edelman
Regie: Sammo Hung Kam-bo

Der Film *Wheels on Meals* wurde in Barcelona gedreht und zeigt Jackie Chan und Yuen Biao als Thomas und David, ein Paar ausgebürgerter chinesischer Geschäftsleute. Sie bieten in einem schön zurechtgemachten gelben Kastenwagen gebratenen Reis und Hamburger unter der Bezeichnung »Everybody's Kitchen/Küche für jedermann« (»Cocina para Todos!«) an. Das ist schon mehr Spanisch, als Sie benötigen, um diese Action-Komödie zu verstehen, in der jeder seine Fäuste sprechen läßt und Autos und Skateboards durch die Gegend fliegen.

Sammo Hung spielt Moby, einen schwer arbeitenden Typen, der eine Detektivagentur übernimmt, weil sein Boß (ein Kurzauftritt von Herb Edelman aus *The Odd Couple/Ein seltsames Paar*, USA 1968) vor dem Kredithai Alfonso geflohen ist. Mobys erster Klient ist ein seltsamer Fremder, der ihn beauftragt, die erwachsene Tochter einer Frau namens Gloria aufzutreiben. Gloria trifft sich mit Davids Vater, der in der Klapsmühle untergebracht, aber auf dem Weg der Besserung ist. Glorias Tochter Sylvia wird von der früheren Miss Spanien dargestellt, Maria Delores Forner, die von David und Thomas sofort »Prinzessin« tituliert wird.

Aber Sylvia spielt die eher unroyale Rolle eines Callgirls. Unsere Helden – völlig gaga angesichts dieser *gwailo*-Kurtisane – verstecken einen ihrer Kunden, den sie heißgemacht hat. Sie bedankt sich dafür, indem sie ihnen ihr Geld stiehlt. Unbeeindruckt spielen David und Thomas *Pygmalion*, und Sylvia verspricht, ein neues Kapitel in ihrem Leben zu beginnen. Das ungleiche Trio versucht, Frühlingsrollen und alkoholfreie Getränke unter die Leute zu bringen.

Als wohlgekleidete Bösewichter auftauchen und ihre Kellnerin entführen, springen die »Wheeler Mealer« in ihren Kastenwagen und jagen ihnen hinterher. Die ausgedehnte Verfolgungssequenz enthält einige spektakuläre Unfälle und läuft auf eine der typischen Jackie-Chan-Szenen hinaus, bei denen einem das Herz stehenbleibt: Der Kastenwagen fliegt über den Straßenverkehr und landet schließlich in einer Lkw-Ladung Obstkisten. Glücklicherweise beeilen sich die Stuntmen, die gemütlich auf den Kisten saßen, noch rechtzeitig zur Seite zu springen.

Schließlich stellt sich heraus, daß Sylvia die außereheliche Tochter eines Adligen ist. Sie soll ein großes Vermögen erben. Doch ihr böser Onkel Mondale will sie ermorden. David und Thomas tun sich mit Moby zusammen, und die drei erstürmen ein mittelalterliches Schloß, um Sylvia aus den Klauen von Mondale zu befreien.

Der Endkampf zeigt eine Auseinandersetzung zwischen Thomas und dem amerikanischen Kampfsportkünstler Benny Urquidez. Die Action ist so wild, daß Urquidez' Tritte die ganzen Kerzen in einem Kerzenständer auslöschen, ohne daß dieser umfällt. Als Benny Urquidez zu Boden fällt, versetzt ihm Thomas solch einen Tritt, daß er aufrecht steht!

In der Mitte des Kampfes entscheidet sich Thomas dazu, das Ganze als »Training« zu betrachten, und läßt sich in einen Sessel fallen, um ein kleines Päuschen zu machen. Er steht immer wieder auf, schlägt zu und entspannt sich wieder. Er wechselt zwischen Nonchalance und der Angespanntheit eines Flitzebogens, wenn Benny Urquidez die Geduld verliert. Der Kampf endet damit, daß Benny Urquidez aus einem zerbrochenen Fenster heraushängt und bettelt »*no más*« (nicht noch länger), à la Roberto Duran. Leider gibt es im Abspann keine Outtakes zu sehen.

1997

Anfang 1997 war Hongkong noch eine britische Kronkolonie, ein Überbleibsel des Empire. Wie es einmal hieß, »geht die Sonne im britischen Empire niemals unter«. Doch Hongkongs Sonnenuntergang fand am 1. Juli 1997 um Mitternacht statt. Die Kolonie wurde der Volksrepublik China übergeben.

Das »Abkommen von Nanking« aus dem Jahre 1841, ein Resultat des britischen Sieges im »Opiumkrieg«, gab Hongkong für immer an die Briten. Doch die beiden Parteien vereinbarten im Jahre 1898, daß die New Territories, der nördliche Teil Hongkongs, nach 99 Jahren wieder zurückgegeben werden sollten. 1984 schließlich unterzeichnete die damalige britische Premierministerin Margaret Thatcher das chinesisch-britische Gemeinschaftsabkommen mit der chinesischen Regierung, das besagte, daß ganz Hongkong eine eigenverwaltete Region Chinas wird (Special Administrative Region/SAR). 1988 wurde eine grundlegende gesetzliche Vereinbarung getroffen (eine

Art Verfassung), die Hongkongs bisherige sozialökonomische und rechtliche Struktur für mindestens 50 Jahre nach 1997 garantiert. Das sah nach einer exzellenten Lösung aus, bis es 1989 zu dem fürchterlichen Massaker auf dem »Platz des Himmlischen Friedens« in Peking kam. Dadurch wurde das Mißtrauen gegenüber Chinas Regierung wieder geschürt. Zu einem späteren Zeitpunkt des gleichen Jahres gab die britische Regierung bekannt, daß sie Aufenthaltserlaubnisse für nur 50.000 Menschen mit einem Paß aus Hongkong ausstellen würde, also nur für ein Bruchteil der etwa sechs Millionen Bewohner der ehemaligen britischen Kronkolonie. Diese Ankündigung rief eine Panik unter den Bewohnern Hongkongs hervor. Diejenigen, die es sich leisten konnten, verließen das Land, um sich Pässe und die Nationalität anderer Länder zu sichern. Australien und Kanada waren die bevorzugten Ziele. Einige sind inzwischen auch wieder zurückgekehrt… mit einem zweiten Paß in der Tasche als Sicherheitsmaßnahme.

Während sich die Anbindung an China nicht mehr aufhalten ließ, haben sich die großen Unternehmen aus Hongkong (in erster Linie Handelsgesellschaften), die das finanzielle Rückgrat der Exkronkolonie bildeten, mit Partnerfirmen aus China zusammengetan. Viele der Partnerschaften zwischen der früheren Kolonie und der enormen politischen und finanziellen Macht China, die Hongkong aufzusaugen droht, basieren auf ethnischen Verbindungen. Die Triaden, die organisierten Verbrechersyndikate, haben Wurzeln auf beiden Seiten der Grenze und bleiben voraussichtlich weiterhin wichtige Faktoren, wie sie es früher waren. Unsicher ist die Zukunft für nichtethnische Chinesen wie z. B. für Tausende von Indern, die einen Hongkong-Paß besitzen und keine andere Heimat haben.

Die bedeutenden Veränderungen, die 1997 eingetreten sind, dürften auch diejenigen beeinflussen, die für die Medien arbeiten, darunter die Filmindustrie. John Woo ist bereits nach Hollywood abgewandert. Regisseur Ronny Yu (*The Bride With White Hair*) hat sich in Australien niedergelassen. Ihm werden bald weitere folgen. Kanadische Städte wie Toronto und Vancouver beherbergen Ableger von Hongkong-Produktionsfirmen. Auf der anderen Seite bietet die Kooperation zwischen Hongkong und der Volksrepublik China nach 1997 auch ganz neue Perspektiven. Es hat schon Gemeinschaftsproduktionen zwischen Hongkong und China gegeben, die in Peking oder Schanghai gedreht worden sind, wo Epen mit Tausenden von Statisten noch machbar sind.

7. Hongkong Noir

Der *film noir* kam in Hollywood in den vierziger und frühen fünfziger Jahren auf. Es war eine spezifische Mischung aus hartgesottener Erzählweise, dunkler und dramatischer Lichtgebung und einer pessimistischen Sichtweise auf das Schicksal der Menschen. Die »Schwarze Serie« aus Hollywood zeigte eine Welt der Schatten mit zu allem entschlossenen Kriminellen, mit Verrätern und treulosen Liebenden, alles zusammen gepackt in den trostlosen Rahmen, den man Schicksal nennt.

Als das Jahr 1997, in dem Hongkong an die Volksrepublik China zurückgegeben wurde, immer näher rückte, entwickelte sich natürlicherweise eine eigene Ausprägung des *film noir* aus Hongkong. Es war nicht überraschend, daß Hongkong Noir seinen größten Aufschwung kurz nach dem Massaker auf dem Platz des Himmlischen Friedens 1989 nahm, als man in panischer Angst an die Übergabe Hongkongs an eine neue, grausame Regierung dachte. Wie die Hollywood-Filme sind auch die Hongkong-Noir-Filme voller Düsternis und Zynismus. Aber wie bei allem, was von den Filmemachern aus Hongkong von den Vorbildern aus Hollywood ausgeliehen wird, ist auch aus der »Schwarzen Serie« eine eigenständige Ausprägung entstanden. Die Hongkong-Noir-Filme sind gleichzeitig beides: dunkler und bunter, trostloser und humorvoller. Es geschehen schlimme Dinge, die jedermann zustoßen können. Wenn ein Gangster einem Kind einen Revolver an den Kopf drückt, sind die Chancen 50 zu 50, daß das Kind erschossen wird. Diese Filme sind grausame Meisterwerke mit einem Nicht-so-Happy-End, das aus den Helden meistens Madenfutter macht.

As Tears Go By (As Tears Go By)
1988
mit Andy Lau Tak-wah, Maggie Cheung Man-yuk, Jacky Cheung Hak-yow
Regie: Wong Kar-wai

In Hongkongs blutverschmierten Straßen blüht trotz der rivalisierenden Gefechte eine Romanze auf, und ein Klassiker wird

Regisseur Wong Kar-wei

wiederbelebt. Wong Kar-wais *As Tears Go By* ist blutig, düster, vibrierend, denn es ist eine Art *Romeo und Julia*-Story für die junge MTV-Generation. Mühelos wechselnd von stillen, sinnlichen Verführungsszenen zu blutgetränkten Schlägereien, vermischt Wongs barockes Kino die Sehnsüchte und Ängste von Hongkongs Jugendbanden mit den Folgen von heißem Blei in zartem Fleisch zu einem ultrastilisierten Wirbel von fluoreszierendem Realismus und unausweichlicher Tragik.

Ah Wah (Andy Lau) ist ein bemühter »großer Bruder« (ein Leutnant von niederem Rang in Hongkongs Triaden), dessen Verantwortlichkeit für den hitzköpfigen jüngeren Blutsbruder Fly (Jacky Cheung) seine Chancen bedroht, erfolgreich in der Unterwelt zu agieren. Flys fast krankhaftes Verhalten hat bereits zu einem Berg unbezahlter Rechnungen geführt. Seine

Weigerung, anderen »großen Brüdern« in der Nachbarschaft Respekt zu erweisen, hat ihm zum Ziel immer brutaler werdender Schlägereien gemacht. Weil er immer hinter Fly aufräumen muß, wird Wah es langsam leid, die verständlicherweise beleidigten Gegner zu besänftigen (und manchmal auch in die Mangel zu nehmen). Dennoch bringt er es nicht übers Herz, Fly die Konsequenzen allein tragen zu lassen, und so sieht er schließlich dem gleichen Schicksal ins Auge wie sein kleiner Bruder, der das seine allerdings verdient hat.

Zwischenzeitlich hat sich Wah, der gerade seine Freundin verloren hat, weil er sie zur Abtreibung gezwungen hat (oder, wie er es nennt, zum »Magenreinigen«), in seine hübsche Cousine Ah-ngor (Maggie Cheung) verliebt. Die lustgetränkten Szenen zwischen den sich küssenden Cousins – Ah-ngor verbringt einige rastlose Tage in der pastellfarbenen Melancholie von Wahs dunklem Apartment – werden immer wieder von den gewalttätigen Auseinandersetzungen in Wahs und Flys Bandenleben unterbrochen. Regisseur Wong macht aus dieser Dialektik zwischen Romanze und Realität das Beste; manieriert zwar, aber nicht moralisierend, setzt er häusliche Gewalt mit der Gewalt auf den Straßen gleich.

Hauptdarsteller Andy Lau (rechts) in ›As Tears Go By‹

Es gibt nur wenige Hongkong-Filme, die so erfolgreich die Kehrseite der glamourösen Triaden dargestellt haben, ohne in billigen Kitsch oder langweiligen »Naturalismus« abzugleiten. Obwohl er eine bewußte Aufarbeitung von Martin Scorseses Film *Mean Streets* ist, spielt *As Tears Go By* das Machogehabe seines Vorgängers herunter, indem er Ah-ngors Sehnsüchte betont und Wahs widerliche Brutalität gegen Frauen deutlich verdammt. Während die verwischten expressionistischen visuellen Effekte, plötzlichen Kamerabewegungen und unerwarteten Kameraeinstellungen des Films mehr in Richtung Filmkunst als auf Hongkong-Mainstream-Kino weisen, bleibt er doch ein fesselnder und außergewöhnlich stilisierter Thriller. Daß sich *As Tears Go By* eher mit sinnloser Gewalt beschäftigt, als sie bloß zu zeigen und zu bestätigen, verstärkt den Eindruck, daß Wong Kar-wai einer der wenigen Regisseure aus Hongkong ist, dessen Interesse mehr der Inszenierung von Filmen über Gewalt gilt als einfach nur der Herstellung gewalttätiger Filme.   *CS*

Chungking Express (Chungking Express)
1994
mit Tony Leung Chiu-wai, Brigitte Lin Ching-hsia, Faye Wang, Takeshi Kaneshiro
Regie: Wong Kar-wai

Chungking Express besitzt die unnachgiebige Energie und den unerklärbaren Charme eines perfekt arrangierten Popsongs: Sein schwindelerregender Rhythmus und seine bewegenden Melodien bleiben einem lange im Gedächtnis, drehen sich um Erinnerungen an vergessene Liebhaber und an Romanzen, die unter einem schlechten Stern standen, spielen mit Emotionen, die man lange verdrängt hat. Leidenschaften treffen aufeinander und landen in einer Sackgasse; Romanzen zerbrechen in diesem glänzenden, eher heiteren, kunstvollen Film, der für Hongkong untypisch ist.
Chungking Express wurde in Hongkongs Chungking Mansions gedreht, einem enormen Hochhauskomplex, in dem es auch billige Hotels für Rucksacktouristen und schmutzige Spielhöl-

Kurzhaarig, aber definitiv kein Mann: Faye Wang in ›Chungking Express‹

len gibt. Seine künstlerische Eigenart besteht darin, daß er nur mit der Handkamera aufgenommen wurde, also ohne Stativ. Dadurch entsteht ein phantastisch-authentischer Eindruck vom lebhaften Straßenleben Hongkongs, wobei der flotte Realismus des Films in den Dienst eines neuen Arrangements stürmischer Ideen und großartiger Bilder gestellt wird (letzteres dank des hervorragenden australischen Kameramanns

Christopher Doyle, mit dem Wong schon wiederholt zusammengearbeitet hat). Nicht, daß es keine Handlung gäbe. Es gibt sogar zwei Parallelhandlungen.

In der ersten Hälfte des Films verbringt Kriminalpolizeibeamter Nummer 223 (Takeshi Kaneshiro) seine Freizeit damit, sich wegen seiner Exfreundin May zu grämen, die ihn am ersten Apriltag verlassen hat. Eines Abends, als Nummer 223 einen flüchtenden Ganoven verfolgt, sieht er eine Frau mit einer blonden Perücke (Brigitte Lin). 65 Stunden und 30 Dosen Ananas später (Mays Lieblingsfrucht, mit dem Verfallsdatum 1. Mai) betritt der Polizist mit dem gebrochenen Herzen eine Bar, kotzt die Ananas aus und beschließt, sich in die nächste Frau zu verlieben, die ihm über den Weg läuft.

Prompt taucht die Frau mit der blonden Perücke in der Bar auf. Sie ist gerade bei einem Drogenhandel mit indischen Schmugglern und einem britischen Geldgeber übers Ohr gehauen worden. Die beiden verbringen die Nacht gemeinsam in einem Hotelzimmer: Nummer 223 schaut sich im Fernsehen alte Spielfilme an, während die mysteriöse Blonde im Tiefschlaf im Bett liegt. Am nächsten Morgen macht sich Nummer 223 auf zum Joggen, und gerade als er seinen Piepser ausstellen will, bekommt er einen Geburtstagsgruß von der Dame mit der blonden Perücke. Aber er sieht sie nie mehr wieder.

Der zweite Teil der Handlung beginnt damit, daß Nummer 223 in den »Midnight Express« geht, ein Fast-food-Restaurant, das die ganze Nacht hindurch geöffnet hat. Der Besitzer schlägt ihm vor, er solle versuchen, sich mit der neuen Kassiererin Faye (Faye Wang) zu verabreden. Nummer 223 hält die große, langbeinige, kurzhaarige Faye irrtümlicherweise für einen Mann ... und verschwindet prompt aus dem Film.

Sechs Stunden später verliebt sich Faye in den uniformierten Polizisten Nummer 663 (Tony Leung), der jeden Abend im Restaurant aufkreuzt, um für seine Freundin, eine Stewardeß, einen Salat zu kaufen. Als diese abfliegt, hinterläßt sie für Nummer 663 im »Midnight Express« einen Brief und seine Schlüssel. Faye fängt den Brief ab, erfährt somit die Adresse von Nummer 663 und sucht fortan sein Apartment während seiner Abwesenheit auf. Sie ordnet seine Sachen anders, putzt alles und verliebt sich in seine Einrichtung. Schließlich erwischt

Nummer 663, der selbst dazu neigt, alltägliche Dinge zu romantisieren, Faye in seiner Wohnung und verabredet sich schließlich mit ihr. Doch sie läßt ihn hängen und verschwindet von Hongkong nach Kalifornien.

Ein Jahr später. Faye, die nun auch Stewardeß ist, kommt zurück und stellt fest, daß Nummer 663 den Polizeidienst quittiert hat und den »Midnight Express« leitet. Er bittet sie, ihm ein Flugticket auszustellen. Zielort: wohin auch immer sie ihn mitnehmen will.

Es ist leicht nachzuvollziehen, warum *Chungking Express* von der Verleihgesellschaft »Rolling Thunder«, die von Regisseur und Autor Quentin Tarantino geleitet wird, als erster Film in den USA herausgebracht wurde. Während eine Inhaltsbeschreibung kaum die Ansammlung visueller Höhepunkte (gespiegelte Bilder, verschwommene Verfolgungsjagden, erratische Körpersprache) wiedergeben kann, handelt es sich doch um einen Film, der von Möglichkeiten und Energie und dem Wissen davon handelt, daß – obwohl die Uhr tickt und trotz der Angliederung der britischen Kronkolonie an China 1997 – die Zukunft viel zu bieten hat. *CS*

The First Time Is the Last Time
1989
mit Carrie Ng Kar-lai, Andy Lau Tak-wah, Season Ma
Regie: Raymond Leung

Von einem Film über ein Frauengefängnis werden bestimmte Kriterien erwartet. Zu den uralten Klischees gehören sadistische Gefängnisärzte, brutale und sexuell frustrierte Wärterinnen, lüsterne lesbische Zellengenossinnen und jede Menge Nacktheit. *The First Time Is the Last Time* hingegen ist überraschenderweise ein feministisches Drama, in dem tatsächlich Frauen und ihre Beziehungen untereinander erforscht werden. Verlierer-Väter und -Freunde, die ihr Leben durcheinanderbringen, werden ebenfalls porträtiert, was dem Film zusätzlich Tiefe und Bedeutung verleiht.

Season Ma spielt eine naive Gangsterbraut, die verhaftet wird, als sie als Drogenschmugglerin für ihren kleinen Ganovenfreund unterwegs ist; sie wird zu sechs Monaten Haft verurteilt. Ihr Zellenblock wird von He-Man beherrscht, einer fast zwei Meter großen Teufelin, die Bargeld, Hühnchen und Zigaretten von ihren Mitgefangenen erpreßt. Die Wächterinnen benutzen He-Man als korruptes Hilfsmittel, um die anderen Gefangenen unter Druck zu setzen.

Die mütterliche, schwangere 5354 (Insassen werden nur mit Nummern benannt) nimmt die Neueingetroffene unter ihre Fittiche. Trotzdem greift He-Man den Neuzugang unter der Dusche an. Doch bei dem ganzen Vorgang verärgert sie die einzige Gefangene, vor der sowohl die Wächterinnen als *auch* He-Man Angst haben – Crazy Bitch (Carrie Ng in blendender Form). Crazy Bitch prügelt He-Man besinnungslos, nicht wegen des Angriffs, sondern nur, weil sie das Duschen gestört hat.

Die Ordnung wird wiederhergestellt, und die Insassen werden zurück in ihre Zellen geführt. Als die dankbare 7144 (unser Neuzugang) sich Crazy Bitch freundschaftlich nähern will, findet sie nur die ausgebrannte Hülle einer Frau vor, die sich auf dem Zellenboden zusammenkauert, unentwegt raucht und ihr eigenes Leben verachtet.

In einer Rückblende erfahren wir, warum Crazy Bitch, die vor ihrer Inhaftierung als Winnie bekannt war, keine Barbiepuppe wurde. Sie wurde im Alter von neun Jahren von ihrem heroinabhängigen Vater an ein Bordell verkauft. Sie wurde selbst abhängig und war auf ihren Zuhälter angewiesen, bis sie sich den gutaussehenden Gangster Yung (Andy Lau) als Sugar Daddy unter den Nagel riß. Nach einem Bandenkampf begegnen sich die beiden auf einer schmuddeligen Herrentoilette; Winnie wischt das warme Blut von Yungs *Kwang Ti*-Tätowierungen. Dabei verlieben sie sich verzweifelt, wie es nur Randfiguren der Gesellschaft tun. Yung stellt seine Liebe unter Beweis, indem er sie zwingt, die Finger von der Droge zu lassen. Er hält sie die ganze Nacht lang in seinen Armen, während sie wegen des Entzugs friert und zittert.

Während sich Winnies Geschichte langsam entfaltet, wird deutlich, daß sie und 7144 ein Geheimnis miteinander teilen, dessen sich keine der beiden richtig bewußt ist. Yung wurde von einer Gruppe Maskierter getötet, und Winnie übte mit einer Pistole Rache, indem sie die Killer auslöschte, weil sie ihr das einzige genommen hatten, was ihr etwas Hoffnung versprochen hatte – den Mann, den sie liebte. Die Gangster gehörten zur gleichen Bande, zu der 7144s Freund gehört.

Als ihr Abschaum-Freund 7144 besucht, klärt er die verwunderte junge Dame über das Vorleben ihrer neuen Freundin auf. Er überredet sie sogar dazu, im Gefängnis einen Mordanschlag auf Winnie zu verüben. Der versuchte Anschlag und seine Konsequenzen für 7144, einen verlorenen Teenie weit weg von zu Hause, bringen *The First Time Is the Last Time* zu einem schockierenden Ende.

FALSCHE IRRTÜMER

STAATSBÜRGERKUNDE

Weitere merkwürdige Untertitel aus den besten Filmen aus Hongkong (siehe Kapitel 3 zur vollständigen Erläuterung).

Heute sind wir hier, um eine bürgerliche Schlampe zu eliminieren, die sich nur für unmoralischen Sex und genußvolles Leben interessiert. Sie stahl ein Paar Basketballschuhe vom Vaterland. *(Reincarnation of Golden Lotus)*

Was? Ist das eine Rebellion? – Das ist es. Töten! *(Descendant of the Sun)*

Du verdammter Intellektueller, knie nieder! *(Red and Black)*

Wir sind fast in Fetzen zerschossen worden. – Ihr verdient das. Ihr seid Beamte. *(Princess Madam)*

Hongkong gehört bald zu China, und du wirst mit einem Russen schlafen. *(On the Run)*

Man hielt mich für einen Revolutionsgegner und bestrafte mich, und ich war stink für drei Jahre. *(The Nocturnal Demon)*

Hallo Tschechow, heraufverlierend. Das ist Amerika. *(Black Cat 2: Assassination of President Yeltsin)*

Sie sind unser Feind, wenn sie Parfum benutzen. *(Red and Black)*

Hier ist nicht Taiwan. Hier ist Hongkong! Wie können Sie die ganze Zeit herumlaufen und Leuten auf den Kopf schlagen? *(Night Caller)*

Gangs
1988
mit Ho Pui Tung, Ma Hwa Ting, Tsi Wai Kit
Regie: Lawrence Ah Mon

Gangs erforscht die unglücklichen Erfahrungen einer Gruppe jugendlicher Straftäter – besonders die Untaten des Teenagers Big K. Big K gehört zur Sung-Hing-Bande, einer harmlos wirkenden Gruppe, die von den örtlichen Geschäftsleuten Geld erpreßt. Die anderen Mitglieder der Gang sind Big Ks Bruder Little K, weiterhin ein abgebrühtes und unmoralisches Großmaul, das unter dem Namen Coma bekannt ist, außerdem der kleinwüchsige Psychopath Little Demon. Die Gang wird von dem charismatischen Gangster Wen angeführt, der für Onkel Sing arbeitet, den lokalen Triadenboß.

Nach einem brutalen Kampf mit einer rivalisierenden Gang, bei der Wen und zwei andere umkommen, taucht die Bande unter. Die Anspannung in dieser Situation ist zuviel für sie, und die Bande löst sich bald auf. Coma wird von der Polizei geschnappt, nachdem Onkel Sing ihn verpfiffen hat. Big Ks Freundin – Lard Cake – wird entführt und von einer feindlichen Gang vergewaltigt. Comas Freundin wird zur Hure. Little Demon wird betäubt und ins Meer geschmissen.

Es gibt nur ganz wenige komische Elemente in *Gangs*, in jeder Szene wird die Grimmigkeit ausgekostet. »Brutalität ist das, worum es geht«, sagt ein Bandenmitglied, während es dabei zusieht, wie seine Freunde Kerosin auf eine Ratte schütten und sie anzünden.

Die Stars in *Gangs* sind nicht die berühmten, üblichen Schauspieler der Filme aus Hongkong. Die Kids in diesem Film sehen aus und spielen wie wirkliche Teenager. Die Kampfszenen wirken chaotisch und planlos, sind aber erfrischend frei von irgendwelchen Kampfkunstansprüchen. Die Kids verdreschen sich gegenseitig, brüllen sich an und schwingen Stahlrohre. Sie verhöhnen sich gegenseitig und rennen davon; sie bedecken ihre Köpfe und schreien.

Die Art und Weise, wie sich die Kids miteinander unterhalten, ist genauso wichtig wie der Inhalt ihrer Gespräche. Sie sprechen Straßenkantonesisch voller melodischer Rauheit und ver-

Naturalistisch: Szenen aus ›Gangs‹

schluckter Wortendungen. Wie Lawrence Ah Mons anderer Unterweltfilm *Queen of Temple Street* ist *Gangs* einzigartig naturalistisch und deshalb um so deprimierender. *JM*

My Heart Is That Eternal Rose
1989
mit Kenny Bee, Joey Wong Jo-yin, Tony Leung Chiu Wai, Chan Wai Man, Gordon Liu Cia-hui, Ng Man-tat
Regie: Patrick Tam Kar-ming

Weit weg von den dunklen, verregneten Straßen von Downtown Hongkong zeigt der Film die flimmernde Hitze der ländlichen Inseln der ehemaligen Kronkolonie. Patrick Tam Karmings äußerst romantischer Thriller bietet für jeden etwas: süße Girls in Badeanzügen, schwere Artillerie, heimtückische Schwachköpfe und üppige Ladies, Diskomusik und Herzschmerz. Rick (Matinee-Herzensbrecher Kenny Bee) spielt einen ordentlichen, aufrichtigen Typen, der sich in Lap (die brillante Joey Wong) verliebt, die Tochter seines umgänglichen, älteren Chefs, Onkel Cheung. Onkel Cheung, der sich inzwischen von den Triaden zurückgezogen hat und eine Strandbar führt, in der Rick die Gäste mit seinen Kneipentricks ausnimmt, wird vom Gangsterkönig Shing um einen letzten Gefallen gebeten. Er soll dabei mithelfen, Shings Sohn vom Festland Chinas über die Grenze nach Hongkong zu schmuggeln. Widerwillig stimmt Onkel zu und kontaktiert (dummerweise) Tang (Ng Man-tat), einen korrupten Polizeidetektiv, damit der ihm in diesem Fall hilft. Rick fungiert als Onkels Chauffeur.
Als Tang während der Unternehmung herausfindet, daß der arrogante Typ, den sie über die Grenze bringen wollen, der Sohn des Gangsterkönigs ist, plant er sofort, ein höheres Lösegeld zu kassieren. In einer Szene, die in der gnadenlos sengenden Sonne spielt, verprügelt Tang den Jungen brutal, gerät außer Kontrolle, erschießt ihn, zielt auf Onkel Cheung. Rick geht dazwischen, ringt mit Tang und verpaßt ihm eine Kugel. Während Tangs schlaffe Leiche durch die Luft segelt, rasen Rick und der Onkel davon. Später am Abend wird der Onkel von Boß Shing als Geisel genommen, und Lap akzeptiert, die

Konkubine des rivalisierenden Gangsterbosses Shen (Chan Wai Man) zu werden, als Gegenleistung für Verhandlungen über die Freilassung ihres Vaters. Trotz ihrer Liebe zu Rick verheimlicht Lap diese Vereinbarung vor ihm und besteht darauf, daß er auf die Philippinen flieht, um einer Vergeltung zu entgehen.

Sechs Jahre später. Lap wurde zu Shens Vorzeigeobjekt, die dessen Geschäftspartner mit ihrer Schönheit und Trinkfestigkeit bezirzt, derweil Onkel Cheung zum Alkoholiker geworden ist. Von Shens Untergebenen geplagt, speziell dem üblen Liu (Gordon Liu), findet Lap Trost nur in der Freundschaft zu Chung (Tony Leung), einem von Shens Angestellten, der mit ihr trauert, nachdem ihr Vater überfahren wurde, als er betrunken eine Straße überquerte. Shen hat mittlerweile einen Killer engagiert, der einen Partner auslöschen soll, der kurz davor steht, zum Spitzel zu werden. Bei dem Killer handelt es sich zufälligerweise um Rick, der zufälligerweise Lap begegnet, nachdem er seinen Auftrag erfüllt hat. Die Liebe entbrennt, und die Luft wird bleihaltig.

Regisseur Patrick Tam Kar-ming hält mit Kameramann Christopher Doyle zusammen die Handlung in Schwung mit ultraschnellen Bildwechseln, plötzlichen Schießereien, vereitelten Vergewaltigungen und einem Sack voller automatischer Waffen, die in einem Spind versteckt sind. Und während die Zahl der Leichen bald unüberschaubar wird, nimmt sich Tam eine Auszeit und gönnt sich malerische Ablenkungen: ein gestohlener Kuß, eine gekidnappte zahnlose Greisin, ein kahlköpfiger Schläger mit einem absurden Toupet und das laute Zirpen von Grillen, das die Geräusche der mittäglichen Tötungen übertönt. Sie mögen das Abschlachten in Zeitlupe? Sie bekommen es. Doch es sind die kleinen Randgeschichten, die im Gedächtnis bleiben, wie die Szene, in der ein unglückseliger Schurke nur deshalb umkommt, weil er eine rote Hose zusammen mit weißen Schuhen trägt. *CS*

CALL GIRL 92
1992

Ein auf Frauen fixierter Film mit Veronica Yip, Carrie Ng und Cecilia Yip als Nachtclubhostessen, die für ein gewisses Salär bereit sind, mit ihren Kunden zu einem »Mitternachtssnack« zu gehen. Ein Typ bringt seine Frau (Sharla Cheung Man) auf einen Drink mit in die Bar, um anzugeben. Einer seiner Freunde bemerkt: »Deine Frau ist ja noch viel folgsamer als mein Hund.« Falsch!

Als er ihr die Scheidungspapiere überreicht, nimmt sie den Job einer »Hosteß« an, den ihr die frühere Schulkameradin Carrie Ng vermittelt. Sie ist bei den Kunden etwas gehemmt und bevorzugt die Liebkosungen von Miss Ng. So unterhaltsam das auch sein mag, die Schau stiehlt die wunderbare Cecilia Yip, die eine alkoholsüchtige Nutte spielt, und zwar wie ein wilder, außer Kontrolle geratener Gintank, nicht wie ein romantisierter Schluckspecht, den man oft in Filmen sieht.

FALLEN ANGELS (FALLEN ANGELS)
1995

Angeblich soll *Fallen Angels* eine Fortsetzung von *Chungking Express* sein. Regisseur Wong Kar-wai vermischt Figuren und Situationen aus all seinen vorangegangenen Filmen in manischen Montagen zu einer endlosen Kette von Weitwinkelbildern mit (von Regisseur John Woo inspirierten) Gewaltdarstellungen. Der sensationelle Sänger Leon Lai bewegt sich durch die Geschehnisse wie ein benommener Dummkopf als Killer für jede Gelegenheit, der aus der Branche aussteigen will, während Michelle Reis, Leon Lais »Agentin«, ihre Köder auslegt, um mit dem Bilderbuchkiller eine nicht gerade geschäftliche Beziehung anzuknüpfen.

Takeshi Kaneshiro, der offenbar zum Allzweck-Alter-ego für Regisseur Wong Kar-wai wurde, erscheint als der obligatorische schwermütige Außenseiter. Diesesmal spielt er einen wortkargen ehemaligen Sträfling. »223 war die Nummer, die ich im Knast trug«, gesteht er. Das war auch seine Polizeimarkennummer in *Chungking Express*. Im Film agiert er als Erzähler. *Fallen Angels* ist verrückt und romantisch zugleich und einer der besten, ironisch gemeinten Kunstfilme aus Hongkong seit Jahren, auch wenn Wong mit seinen ohnehin schon ultrastilistischen Filmen damit kein Neuland betritt.

›Fallen Angels‹

FLIRTING
1987

Das heiße Kowloon ist der Schauplatz dieser exzentrischen, erotischen Liebesgeschichte. Regisseur Lee Tai Hang bringt seine Figuren ständig in enge, stickige Nähe zueinander, und die Bilder aus dem feuchtwarmen, sommerlichen Hongkong garantieren, daß man (als Videozuschauer) die Klimaanlage stärker stellt.

Der infantile Hitzkopf Tsai (Alex Man) hat keine Lust darauf, sich in Mongkok einen Tripper zu holen. Deshalb sucht er sich eine Braut in Thailand. Er kehrt mit seiner »chinesischen Überseebraut«, die von der hinreißenden Japanerin Yuko Aoki gespielt wird, in seine schweißtreibende Wohnung zurück, die einen Panoramablick über die Landebahnen des Kai-Tak-Flughafens bietet.

Sein langjähriger Kumpel Hsi, der mit ihm zusammen wohnt, entwickelt eine sexuelle Obsession für das Paar, weshalb er in die papierdünne Wand ein Guckloch bohrt. Die ertappte Braut fühlt sich zu Hsi hingezogen, nicht weil er so ein toller Typ ist, sondern weil Tsai ein biersaufender, untreuer Dämlack ist. Niemand ist unschuldig, und so endet das Ganze, wie zu erwarten, mit einem tragischen Finale. Die Figuren müssen die Probleme mit ihren Leidenschaften im nächsten Leben regeln.

HER VENGEANCE
1989

Die hervorragende Pauline Wong spielt die Hauptrolle in diesem Hongkong-Remake des Rachefilmklassikers *I Spit on Your Grave*. Wong verkörpert die Managerin eines Nachtclubs in Macao, die sich mit den falschen Ganoven einläßt und auf einem blau ausgeleuchteten Friedhof von ihnen attackiert und vergewaltigt wird.

Sie lassen sie zurück mit einer unheilbaren Geschlechtskrankheit und einem komplizierten Racheplan, der Lam Ching Ying mit einbezieht, den an den Rollstuhl gefesselten, zweifach amputierten Eigentümer des San Francisco Club in Wanchai. Obwohl dieser Film nichts für Zartbesaitete ist, sieht das brutale Finale im Rube-Goldberg-Stil spektakulär aus. Wong und Lam bekämpfen die Schurken mit Ellenbogenschlägen, Würgeschlingen, baumelnden Netzen voller Angelhaken, angeschliffenen Installationsrohren und einem mit brodelndem Öl gefüllten Wok.

THE INCORRUPTIBLE
1993

Ray Lui, ein Triadenjäger der Royal Hong Kong Police (RHKP), bekämpft in den fünfziger Jahren zusammen mit seiner Frau Banditen sowohl auf den Straßen als auch in der eigenen Polizeiabteilung. Waise Lee gibt einen wunderbar schäbigen Bilderbuchgangster. Carrie Ng ist sogar noch besser als seine hitzige Gangsterbraut. Mit von der Partie ist auch Simon Yam als wetterwendisches Bandenmitglied. Der Film ist ein getragenes und solides Zeitporträt, Hongkongs Antwort auf *The Untouchables – Die Unbestechlichen* (USA 1987).

WOMEN PRISON
1988

Patricia Ha (die ultracoole Killerin aus *On the Run*) sieht in ihrem Hochzeitskleid wunderbar aus. Doch ihr zukünftiger Mann wird von Kredithaien geplagt. Ihr Hochzeitstag wird dadurch unterbrochen, daß sie einem von ihnen wegen seines rüden Benehmens mit einer Gipsstatue eine verpaßt. Sechs Monate Gefängnis beginnen damit, daß sie zusammen mit der knallharten Carol »Do Do« Cheng mit Handschellen verbunden wird. Do Do hat eine Fehde mit der gräßlichen Fatty laufen, die sich darum dreht, wer in diesem Knast das Sagen hat ... Man kann sich vorstellen, wie das weitergeht.

On the Run (Hongkong Connection – On the Run)
1988
mit Patricia Ha, Yuen Biao, Yuen Wah
Regie: Alfred Cheung Hin-Ling

Es gibt kein besseres Beispiel für die »Schwarze Serie« der Filme aus Hongkong als *On the Run*. *On the Run* erzählt die Geschichte von Ah Chui (Patricia Ha), einer gelassenen und geschickten Killerin. Zu Beginn des Films betritt die eiskalte Attentäterin ein Restaurant und erschießt Lo Huan, eine Drogenfahnderin der Hongkonger Polizei.

Lo Huan war mit Hsiang Ming (Yuen Biao) verheiratet, einem Polizisten, der in der politischen Abteilung der Polizei von Hongkong arbeitet. Die beiden hatten sich getrennt, aber Hsiang brauchte die Hilfe seiner Frau, um nach Kanada auswandern zu können. Der Anschlag ist, wie sich herausstellt, von dem verbrecherischen Superintendent Lu in Auftrag gegeben worden, dem Leiter der Mordkommission. Die von Kugeln durchlöcherte Polizistin hatte eine Affäre mit Lu, doch als sie drohte zu verraten, daß Lu Heroin schmuggelt, ließ er sie umbringen.

Hsiang schafft es, die Killerin festzunehmen, bevor Lu und seine Leute ihr den Garaus machen. Er stellt fest, daß die Polizei ihm viel gefährlicher werden kann als die Mörderin seiner Frau. Bald rennen Hsian und Ah Chui gemeinsam um ihr Leben, während Superintendent Lu alle Möglichkeiten des Polizeiapparats nutzt, um sie ausfindig zu machen.

Ah Chui, mit ihrer haarspraygefestigten Frisur, die an Jackie Onassis erinnert, wird von Patricia Ha perfekt verkörpert. Ha zeigt eine stilvolle, emotionale Darstellung als eine Frau, die – paradoxerweise – niemals gegen ihre Gefühle handelt, und sie handhabt ihre Walther-PPK-Pistole wie ein Künstler einen Farbpinsel.

On the Run wurde zu einer Zeit gedreht, als in Hongkong fieberhafte Angst vor der angekündigten Übernahme der damaligen britischen Kronkolonie durch die Volksrepublik China herrschte. Der Film handelt nicht zuletzt von eben dieser Paranoia. Selbst Lus Heroinschmuggelei ist motiviert von seinem Verlangen, genug Geld zu verdienen, um emigrieren zu können. Als Hsiang Ming zum erstenmal der Mörderin seiner Frau begegnet, ist er nicht wütend auf die Killerin, weil sie die Frau ermordet hat, die er liebte.

Er ist auf sie wütend, weil sie ihm die Emigration aus Hongkong verbaut hat!

On the Run ist mehr als nur ein guter »Schwarze Serie«-Film aus Hongkong, er ist ein guter Noir-Film. Er wurde in einem dramatischen, nihilistischen Stil mit tiefen Schatten und pointierter Lichtsetzung gedreht. Die Romanze ist so heruntergespielt, daß sie niemals aufgesetzt oder unglaubwürdig erscheint. Und trotz einer anstrengenden, komplizierten Handlung bleibt man immer im Bilde darüber, was passiert und warum. *JM*

People's Hero
1987
mit Ti Lung, Tony Leung Chiu-wai, Tony Leung Kar-fai, Wong Pan
Regie: Derek Yee Tung-shing

Eine kleine Bank. Es ist bald Feierabend. Zwei gefährlich unerfahrene Bankräuber. Eine Polizeihundertschaft umstellt das Gebäude. Augenblick mal: Das ist *Dog Day Afternoon – Hundstage* (USA 1975). Falsch. Es handelt sich hier zwar in der Tat um ein Fast-Remake, das von Hollywood inspiriert wurde, aber bestimmt um keine Kopie. Tatsächlich ist *People's Hero* trotz dieser bekannten Ausgangssituation ein eigenständiger, herausragender Thriller. Er wurde vom vormaligen Schauspieler Derek Yee inszeniert. Der Film konzentriert sich mehr auf die Personen und ihre Beziehungen zueinander als auf Waffengefuchtel und Stunts.

Der Film entwickelt nach dem *Dog Day Afternoon*-Anfang rasch seine eigene Identität. Die beiden Bankräuber Ah Sai (Tony Leung Chiu-wai) und Boney (Wong Pan) sind nur zwei Kids, die schnelles Geld machen wollen. In dem Moment, als sich die beiden den Polizisten ergeben wollen, blickt Ah Sai plötzlich in den Lauf einer Waffe einer der »Geiseln«. Es handelt sich um Sunny Koo (Ti Lung), einen der meistgesuchten

Polizistenmörder, der die Bank ausrauben wollte, um seine Flucht auf die Philippinen zu finanzieren. Nun sind ihm die beiden Anfänger zuvorgekommen.

Sunny bleibt trotzdem total cool und macht das Beste aus der vermasselten Situation. Schon bald vereinbart er mit den Polizisten, seine alte Nemesis ins Spiel zu bringen, um bei den Verhandlungen zu assistieren: Detektive Chan (Tony Leung Karfai). Sunny überredet Chan, einen Lieferwagen für die Flucht zu stellen und dafür zu sorgen, daß seine straffällige Freundin ihn auf der Flucht begleiten kann. Alle warten nun – nervös – auf das Eintreffen des Lieferwagens.

Aber die Dinge verlaufen nicht so einfach. Sunny, bisher freundlich und großzügig, entscheidet plötzlich, daß er eine der Geiseln erschießen muß, um der Polizei klarzumachen, daß er es ernst meint. Er läßt die horrorgeplagten Bankkunden eine Todeslotterie mit »Stein – Papier – Schere« veranstalten. Als die möglichen Opfer ermittelt sind, meldet sich Sunnys Gewissen, und er lehnt jeden einzelnen aus diesem oder jenem Grund ab.

Diese Szene allein ist schon den Eintrittspreis wert – ein perfekter Balanceakt zwischen Komik und Horror, der auch noch die ganze Zeit am Rande der Absurdität schwankt.

Der Film verläßt keinen Moment diesen Horror-Absurdität-Angelpunkt. Das menschliche Drama innerhalb der Bank ist genauso fesselnd wie die Thrillerelemente: Geiselnahme, Verhandlungen zwischen Gangstern und der Polizei, welche die Bank belagert. Jede Figur wird genau und ökonomisch umrissen. Eine hervorragende Besetzung mit hauptsächlich jugendlichen Darstellern verleiht dem Film den perfekten Eindruck von Wahrhaftigkeit.

Doch das Beste von allem ist die überragende darstellerische Leistung von Ti Lung als Sunny Koo. Er wird immer in Erinnerung bleiben als der große Kung-Fu-Star der Shaw Brothers der siebziger Jahre, doch seine Filme aus den achtziger Jahren, wie *People's Hero* und *A Better Tomorrow*, sind gleichzeitig gefällig und anspruchsvoll. In letzter Zeit hat er sich auf Rollen als strenger Patriarch verlegt, meist in Kostümfilmen wie Jackie Chans *Drunken Master II*. Aber *People's Hero* ist die Rolle seines Lebens.   *TB*

Queen of Temple Street

1990
mit Sylvia Chang, Rain Lau Yuk-tsui, Alice Lau, Lo Lieh
Regie: Lawrence Ah Mon

Harte Liebe zwischen denen, die es hart trifft: *Queen of Temple Street* betrachtet die Mutter-Tochter-Beziehung einer Frau im mittleren Alter, die Zuhälterin ist, und ihrer kriminellen jugendlichen Tochter, die Prostituicrtc ist. Die Regisseurin und Darstellerin Sylvia Chang bietet ihre beste Darstellung als »Big Sis« Wah, und das Teenie-Idol Rain Lau begeistert als ihr Sprößling Yan, die schmollmündige, kettenrauchende Nutte. Selbst noch in den Untertiteln sind die Dialoge als zupackend und zynisch zu erkennen. Die Beziehung zwischen den beiden Frauen wird mit Tiefgang und Leidenschaft herausgearbeitet.

»Big Sis« preist ihre Ware auf der Pak Hoi Street in der Nähe der Touristenattraktion Temple Street Market, indem sie das Mantra »Junge Mädchen, junge Mädchen« wiederholt. »Wieviel Stellungen haben sie denn drauf?« fragt ein möglicher Freier. »So viele, wie man im Leben gehabt haben kann.«

Oben füllt gedämpftes Rotlicht winzige Kämmerchen mit dreckigen Waschbecken und Schubladen voller Kondome und halb ausgequetschten K-Y-Tuben. *Pretty Woman* entspricht gewiß nicht dem Bild, das Wah aus ihren Mädchen Candy (Alice Lau), Octopussy, Big Mouth und Swallow macht, die bis zu 30 Kunden pro Nacht abfertigen. Sie sind gelangweilte, alternde Huren, die nach der Stechuhr arbeiten. Sie alle sind drogenabhängig oder spielsüchtig oder haben wertlose Freunde am Hals.

Als Wah herausfindet, daß die ihr entfremdete Tochter Yan als Animierdame in einem Nachtclub arbeitet (also einige Stufen höher als ihre Mädels), sucht sie sie auf. Die beiden geraten hart aneinander. Yan ist ein Mädchen, das versucht, sich mit Marlboro, Louis Vuitton und Gangster-Daddy-Accessoirs erwachsen zu geben. Ihre Mutter will ihr Kultur und Geschichte vermitteln, aber auch die Wichtigkeit von Hygieneregeln. Offensichtlich liebt Wah den spöttisch grinsenden Wildfang. Aber sie sieht in Yan auch eine verstörende, frühere Version von sich

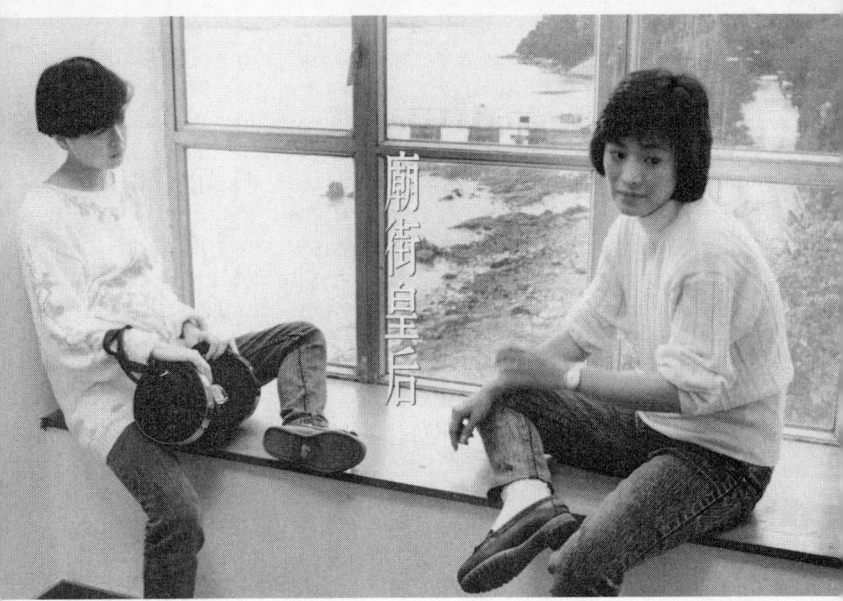

Mutter und Tochter: Sylvia Chang (rechts) und Rain Lau in ›Queen of Temple Street‹

selbst – künftige Fehler mit inbegriffen. Während Yan mit ihrem aufregenden Leben prahlt und ihre Mutter mit Vorwürfen wegen Vernachlässigung ihrer mütterlichen Pflichten verhöhnt, spricht sie über die harte Schule, die sie beim rauhen Leben auf der Straße durchlaufen hat.

Yan ist alles andere als begeistert von der Gesellschaft ihrer Mutter, aber sie braucht den mütterlichen Charme und Mamas Beziehungen zu Unterwelt, um an die Pornofilme heranzukommen, die sie wegen einiger schneller Dollars einmal gemacht hat. Big Sis stellt die Pornofilmer zur Rede, holt einige Triadenmuskelmänner, die einige Köpfe einschlagen, und zieht sich zurück, als sie die Negative hat.

Wah hat alle Hände voll damit zu tun, das Bordell zu betreiben und sich auch um die zwei Söhne aus ihrer zweiten Ehe zu kümmern (mit Shu, einem ehemaligen Polizisten, der eine *Mahjong*-Spielhölle betreibt und den Unterhalt für die Jungs verspielt). Als sie herausfindet, daß Yan bei einem Begleitser-

195

vice angeheuert hat, wird Wah klar, daß ein hübsches junges Gesicht mehr bekommen kann, als eine Exhosteß-Mutter in den Vierzigern je zu bieten hat, und sie nimmt den Verlust in Kauf. Doch Yan wird von der Sittenpolizei erwischt, als sie es mit einem Typen, der ihr Großvater sein könnte, in einem Stundenmotel treibt. Sie bittet ihre Mutter, eine Kaution für sie zu stellen.

So kreuzen sich ihre Pfade erneut. Mutter und Kind streiten sich wie Terrier. Yan möchte etwas von ihrer Mutter, das man aufgrund ihrer nihilistischen Lebenseinstellung, die sich um Sex, Liebe und Geld dreht, niemals erwartet hätte: ein Zusammentreffen mit ihrem leiblichen Vater, den sie nie gesehen hat. Doch als das Mädchen schließlich dem Dieb Elvis (Lo Lieh) begegnet, trifft es sie hart. »Das war eine herbe Enttäuschung, nicht wahr? Dein Vater ist eben kein Paul Newman«, tröstet Wah sie auf der Rückfahrt, während Yan in Tränen aufgelöst ist. *Queen of Temple Street* endet damit, daß die beiden sich nur widerwillig akzeptieren, als die schwangere Yan einen nicht ganz so schlimmen Schönling heiratet, um die Tradition der Familie fortzusetzen.

Rouge
1988
mit Leslie Cheung Kwok-wing, Anita Mui Yim-fong, Alex Man, Emily Chu
Regie: Stanley Kwan

Die Story von *Rouge* beginnt 1934 – eine *Romeo und Julia*-Geschichte über zwei Liebende aus verschiedenen Welten. Der Mann, Chen-Pang (Leslie Cheung), ist der Sohn eines reichen Landbesitzers und wird das Familienerbe übernehmen. Die Frau, Fleur (Anita Mui), ist eine Kurtisane in einem anspruchsvollen Bordell. Als Chen-Pangs Eltern den Heiratswunsch des Paares ablehnen, entscheiden sich die beiden, lieber Selbstmord zu begehen, als getrennt zu leben.

Plötzlich sind wir im Jahr 1987. Fleur ist aus der Hölle zurückgekehrt, um Chen-Pang zu suchen und herauszufinden, warum er sie nicht ins Jenseits begleitet hat. Es ist wichtig, an dieser Stelle zu erwähnen, daß die Hölle in Filmen aus Hongkong selten dem Konzept der westlichen Welt entspricht. Sie ist eher ein nebulöses Jenseits ohne die angenehmen Dinge des Himmels. Fleur trifft einen Yuppie namens Yuan Ting (Alex Man), der bei der Zeitung arbeitet, wo sie eine Suchanzeige aufgibt, um Chen-Pang wiederzufinden. Als Fleur Yuan Ting nach Hause folgt, nimmt er an, sie sei bloß verrückt. Doch als er erkennt, daß sie tot ist, und seine anfängliche Angst überwindet, bietet Yuan mit seiner Freundin (Emily Chu) ihr an, so lange in ihrem Apartment zu bleiben, bis die Anzeige in der Zeitung erschienen ist. Mittels einer Reihe von Rückblenden erfährt man Details über die Liebesaffäre zwischen Fleur und Chen-Pang. Durch *Rouge* zieht sich eine Trauer über das, was aus Hongkong geworden ist. Es ist eine unterschwellige antikommerzielle Haltung zu spüren, die den Einfluß der westlichen Zivilisation auf Hongkong beklagt. Aufnahmen alter chinesischer Theater und von Märkten aus der Zeit, als Fleur lebte, gehen

Anita Mui und Leslie Cheung in ›Rouge‹

über in Bilder von 24-Stunden-Supermärkten und Einkaufs-zentren, die sie verdrängt haben. Fleur schaut auf eine Coca-Cola, die Yuan ihr anbietet, mit einer Mischung aus Neugier und Verachtung.

Rouge hat ein getragenes Tempo mit einer schwermütigen, traurigen Stimmung und wird nicht durch Schocks, Blut oder Slapstick unterbrochen. Es handelt sich nicht um einen Action-Film, aber er ist wunderschön, anders und großartig. *JM*

8. Ringo Lam

Regisseur Ringo Lam (Lam Ling Tung) begann seine Karriere mit Arbeiten für das Hongkonger Fernsehen Mitte der siebziger Jahre, wobei er zum erstenmal den aufstrebenden Star Chow Yun Fat traf. Lam ging dann nach Kanada, um an der York-Universität in Toronto Film zu studieren. Nach seiner Rückkehr drehte er in Hongkong eine Reihe durchschnittlicher Filme; den Durchbruch erfuhr seine Karriere erst mit *City on Fire*, für den er 1987 bei der Hongkong-Filmpreis-Verleihung als bester Regisseur ausgezeichnet wurde.

Regisseur Ringo Lam

Ringo Lams Name steht für mutige Porträts von Figuren der Unterwelt in Hongkong. In Geschichten, die vor oder hinter Gittern spielen, erforscht er die Kompliziertheit der fast schon feudalen Treueverpflichtungen, die zwischen seinen Figuren bestehen. Er behandelte das Thema zuerst in *City on Fire*, der ersten Folge einer Serie von *Fire*-Filmen von Ringo Lam. Fortgesetzt wurde sie 1987 mit *Prison on Fire* und 1988 mit *School on Fire*. Lams berüchtigtste Behandlung dieser Thematik entstand 1992 mit *Full Contact*, einem überragenden Kriminalfilm.

Wie viele andere talentierte Regisseure greift auch Lam immer wieder auf eine Gruppe bestimmter Schauspieler zurück. Lams Lieblingsdarsteller ist Chow Yun Fat, dessen Charme, Kraft und Vielseitigkeit Lams beste Arbeiten zieren. Sein Hauptbösewicht wird von dem kantigen Roy Cheung verkörpert, Hongkongs Antwort auf Charles Napier. Pfannkuchengesicht Tommy Wong wird oft als der »zweite Polizist« oder der »nicht so schlimme Bösewicht« besetzt. Stärker als jeder andere Regisseur aus Hongkong hat Lam die Aktivitäten der Triaden in realistischer Weise dramatisiert, und zwar ohne die sonst in Filmen übliche Verherrlichung. Dennoch bekommt der Zuschauer noch genug geboten.

Ringo Lams Filmmusik überragt die üblichen Soundtracks der Filme aus Hongkong bei weitem. Hören Sie sich nur das »Ende des Empire«-Dudelsack-Thema in *School on Fire* an oder die Kantorock-Themen der philippinischen Diva Maria Cordero in *City on Fire*. Das Beste ist der Soundtrack, den Lam für *Full Contact* konstruiert hat – die perfekte Ergänzung zum visuellen Stil des Films.

Burning Paradise
1994
mit Willie Chi Kwai, Carman Lee, K. K. Wong
Regie: Ringo Lam

Ringo Lam weicht von seinem üblichen Modus operandi ab, zeitgenössische Thriller über Verbrechen zu drehen, um mit diesem fesselnden Werk an die historischen Kampfsportfilme anzuknüpfen. In *Burning Paradise* geht es um den bekannten

Kampfsportkünstler Fong Sai-yuk, der hier jung, eigenwillig und heroisch dargestellt wird, dem es aber an internen Krisen mangelt. Vielleicht um die Sanftmut der Hauptfigur zu kompensieren, tränkt Lam den Film mit einer düster-sinistren Stimmung, die ihn zu einem grimmigen – aber sehenswerten – Martial-Arts-Film macht.

Der Zeitpunkt der Handlung ist die Ching-Dynastie, als rebellische Shaolin-Mönche und -Studenten von der Regierung der Mandschurei verfolgt wurden. *Burning Paradise* beginnt damit, daß Fong Sai-yuk (Willie Chi) und sein *sifu* von Soldaten aus der Mandschurei durch die Wüste verfolgt werden. Einer von ihnen führt eine Waffe bei sich, mit der sogar Pferde auf eine gewisse Entfernung enthauptet werden können. Das Paar entkommt zu einer abgelegenen Hütte, die aber von der entflohenen Prostituierten Tou Tou (Carman Lee) bewohnt wird, die die beiden widerwillig aufnimmt. Am nächsten Morgen wird die Hütte von Soldaten zerstört, und Fong muß unter Qualen mit ansehen, wie sein *sifu*, ein behinderter Mönch, erschlagen wird.

Die zwei Gefangenen werden zum Roter-Lotus-Tempel transportiert. Unter der Tempelanlage befindet sich ein unterirdisches, grauenhaftes Gefängnis, in dem viele Shaolin-Studenten eingekerkert sind und Sklavenarbeit verrichten müssen. In einer Szene protestiert ein Neuankömmling dummerweise gegen seine Gefangenschaft. Aber als er aus seiner Zelle herausgelassen wird, um sein Stehvermögen in einem Duell zu beweisen, schießen Stacheln unter seinen Füßen aus dem Boden hervor. Der Herrscher hier ist der mächtige Kung (K. K. Wong), ein gealterter Diktator, der von einem wahnsinnigen Blutrausch besessen ist. »Ich will das Leben genießen, selbst wenn es unmenschlich ist«, knurrt er, während er den Kopf einer Frau umklammert, die er mit bloßen Händen enthauptet hat.

Regisseur Ringo Lam läßt den größten Teil der Action in dem klaustrophobischen Gefängnis stattfinden, wo tödliche Fallen hinter jeder Wand zu lauern scheinen. Verrottende Leichen stapeln sich kniehoch in dem Kerker. Die vergehende Zeit wird durch das verrottende Fleisch der aus dem Boden ragenden Arme einer beerdigten Leiche verdeutlicht.

Revisionistisch? Eine Rückkehr zu dem Grausamkeiten liebenden Regisseur Chang Che der Shaw-Brothers-Filmstudios?
Ja schon, aber dies ist außerdem ein Kampfsportfilm. Den düsteren Passagen steht einer Reihe aufregender Duelle gegenüber, darunter zwei zwischen Fong und seinem Freund Hung
Hey-kwan, einem weiteren berühmten Kampfsportler aus den
Annalen der chinesischen Geschichte.

Im Finale stehen schließlich Fong und Hung dem »unendlich
standhaften« Kung gegenüber, der seine »unendliche Kraft«
dazu nutzt, tödliche Farbtropfen wie Kugeln zu verschießen –
aber er kratzt trotzdem ab. *RAA*

FALSCHE IRRTÜMER

KEINE PRAHLEREI ...

Weitere etwas danebengeratene Untertitel Ihrer liebsten Filme
aus Hongkong (siehe Kapitel 3 zur Erklärung).

Ich habe mehr Messernarben als die Anzahl der Haare an
Ihrem Bein! *(As Tears Go By)*

Ich bin eine Polizei mit Disziplin. *(Angel Enforcers)*

Sie wissen, ich bin ein Roher. *(Flirting)*

Ich bin ein Schleicher. *(Brave Young Girls)*

Ich liebe es, laszives Schreien zu hören. *(Romance of the Vampires)*

Mein Spitzname ist »Eiserner Spaten«, schaufel den Müll.
(Rich and Famous)

Ich weiß nur, wie man schießt. Ich kann nicht mal schreiben.
(Gunmen)

... EINFACH TATSACHE

Ihr Arsch ... trägt das Symbol vom Gott des Todes. *(Passionate
Killing in the Dream)*

Pudelkopf hat uns angegriffen. *(Doctor Vampire)*

Dies ist ein Krankenhaus, keine Wohltätigkeit. *(Devil Cat)*

Ein neurotisches Mädchen, das hat eine Bombe in sein Hand, machte uns die Kleider ausziehen. *(Dangerous Encounter – First Kind)*

Das reproduzierende Organ wurde von einer Kugel zerblasen. *(Naked Killer)*

Afrikanische Vampire stürzen sich nicht auf chinesische Frauen. *(Armour of God II: Operation Condor)*

Diese Leichen sind jung und aktiv. *(Kung Fu Zombie)*

Auch Blinde, Verkrüppelte, Gemeine und Verrückte stehen zur Verfügung. Alle zum üblichen Preis. *(Romance of the Vampire)*

Chinesische Gespenster sonnen sich im Macho-Geist. *(Rouge)*

Ihre Zunge ist länger als deine! *(A Chinese Ghost Story)*

Viel … Wolke zieh durch mich! *(Master Wong vs. Master Wong)*

Er wird genau jetzt zum Tode exekutiert. *(Last Hero in China)*

Du warst Mister Zuhälter auf der Nuttenstraße vor 18 Jahren. *(Wheels on Meals)*

Unten befindet sich ein Vampir, Sir. *(Haunted Cop Shop 2)*

Er ist der blödeste Schwertträger in der Welt des Kampfsports. *(Holy Weapon)*

Bruder, meine Unterhosen kommen heraus. *(Armour of God)*

Dann pop, er ist verschwunden. *(The Big Heat)*

Sir, Ihre Augenbrauen sind abrasiert! *(Iron Monkey)*

Schlangenjunge hat mir alles erzählt. *(Holy Flame of the Martial World)*

City on Fire (Cover Hard 2)
1987
mit Chow Yun Fat, Danny Lee Sau-yin, Carrie Ng Kar-lai, Sun Yueh, Roy Cheung Yiu-yeung
Regie: Ringo Lam

City on Fire fängt mit einem klassischen düsteren Saxophon-solo an, zu dem man Bilder der düsteren, überfüllten Straßen von Kowloon sieht. Ein Undercover-Polizist wird auf einem

Straßenmarkt erstochen. Der trübsinnige Inspektor Lau (Sun Yueh betrachtet den Tatort, an dem die Umrisse der Leiche mit Kreide aufgezeichnet sind. Danach bestellt er einen neuen Undercover-Polizisten, Ko Chow (Chow Yun Fat, der für seine Darstellung den Preis als bester Darsteller bei den Hongkong Film Awards erhielt).

Chow befindet sich in einem örtlichen Nachtclub, um einen Streit mit seiner aufbrausenden Freundin Hung (Carrie Ng) zu bereinigen. Ein Trupp von Polizisten rauscht herein und zerrt ihn in Handschellen zu einem Treffen mit seinem Boß Lau. Obwohl er ein Polizist ist, schwankt Chows Loyalität zwischen beiden Seiten der Legalität. Er scheut davor zurück, auf Laus Anweisung einzugehen und die kriminelle Bande zu infiltrieren, die den ersten verdeckt arbeitenden Polizisten kaltgemacht hat. »Ich erfülle meine Pflichten, aber ich verrate nicht meine Freunde!«

Lee Fu (Danny Lee) und seine Leute sind gerade dabei, einen Juwelenladen auszurauben, als plötzlich Streifenpolizisten auftauchen, die Straßennutten jagen. Trotz gewalttätiger Auseinandersetzungen innerhalb der maskierten Bande weigert sich Fu, jemanden im Stich zu lassen, und bringt seine Leute im Bleihagel hinaus, wobei zur Verstärkung angerückte Polizisten aus dem Weg geräumt werden. Die Straße ist nach dem Überfall übersät mit verbrannten Polizeifahrzeugen. Der alte Inspektor Lau wird von seinem Kommando durch den jungen, energischen Royal Hong Kong Police Officer John (Roy Cheung) ersetzt. Die Loyalität zu den Gangstern wird noch deutlicher, als der besoffene Inspektor Lau (der gerade angewärmten Cognac in die Toilette kotzt) danach gegenüber Chow erklärt: »Diejenigen, die sterben sollten, tun es nicht, die es nicht sollten, sterben.«

Chow läßt sich zu einer verdeckten Aktion überreden, bei der er Fus Operation infiltriert, indem er Handfeuerwaffen bei dem Gangster einschleust. Doch bald bekommt er mit Johns Leuten Ärger, die davon überzeugt sind, daß Chow tatsächlich mit Waffen handelt. Zusätzlich hat er Schwierigkeiten, Hung zu erklären, warum er sie zu diesem Zeitpunkt nicht heiraten kann. Während John und Lau sich noch darüber streiten, ob sie Chow als Schachfigur benutzen sollen oder

Chow Yun Fat und Danny Lee in ›City on Fire‹

nicht, wird Chow als Partner beim nächsten Überfall der Gang akzeptiert.

Während sich seine Verbindung mit Fu festigt, erfährt Chow, daß Hung ihn in San Francisco erwartet, nachdem sie sich mit einem reichen Freier aus Hongkong abgesetzt hat. Doch Chow muß mit Fu zu einem Raubüberfall, und der geht schief. Chow fängt sich einen Bauchschuß ein, während er Fu beschützt. Die Verbrecher fahren zu ihrem Versteck. Das Ganze ist unterlegt mit einer verfremdeten Version des Weihnachtslieds »Joy to the World«. Aber als Polizisten auftauchen, hegt Fus Boß den Verdacht, daß der blutende Chow verdeckt ermittelt.

Schreie und Schimpfworte gehen hin und her. Waffen werden gegeneinander gerichtet. Nach der Auflösung der verschiedenen Identitäten (Polizist/Krimineller) fliegen die Kugeln haufenweise in das Versteck der Gangster und von dort heraus.

City on Fire erlangte zusätzliche Aufmerksamkeit, als 1992

Quentin Tarantinos *Reservoir Dogs* herauskam und Vergleiche mit dem früher erschienenen Ringo-Lam-Film hervorrief. Grundzüge von *City on Fire* sind mit Sicherheit in die Produktion von *Reservoir Dogs* mit eingeflossen, besonders Elemente des dritten Aktes, darüber braucht man keine Haarspalterei zu betreiben. Viel bedeutsamer ist, daß beide Filme exzellente, moderne Krimis sind, die die komplexe Dynamik erforschen, die auf Polizisten einwirkt, die so tief verdeckt ermitteln, daß ihre Loyalität ins Wanken gerät.

Prison on Fire

1987
mit Chow Yun Fat, Tony Leung Kar-fai, Roy Cheung
Yiu-yeung, Tommy Wong Kwong-leung, Nam Yin
Regie: Ringo Lam

Gefängnisfilme werden oft aus der Perspektive des »Frischlings« erzählt, eines unerfahrenen Neuankömmlings, der gleich in ein Höllenloch voller Schikanen und bestialischer Banden gestoßen wird, aber dann von einem sympathischen älteren Sträfling unter die Fittiche genommen wird.

Was Ringo Lams *Prison on Fire* davon unterscheidet, sind die kargen Bilder und das starke Drehbuch von Debütant Nam Yin, der, um es vorsichtig zu formulieren, einen gewissen Einblick in das Metier gewonnen hat. Kurz nach seinem Erfolg in *A Better Tomorrow* konnte Hauptdarsteller Chow Yun Fat durch *Prison on Fire* seine Reputation verstärken, und der Film wurde ein Riesenerfolg im Kino.

Der Werbegrafiker Lo Ka Yiu (Tony Leung) wehrt sich gegen einige Ganoven, die den Laden seines Vaters ausrauben wollen, und stößt unbeabsichtigt einen von ihnen vor einen herannahenden Bus. Er wird zu drei Jahren Gefängnis wegen Totschlags verurteilt.

Die persönlichen Gegenstände des Neuankömmlings werden in einen Beutel gepackt, seine Haare geschoren und seine verschiedenen Körperöffnungen von einem grimmig dreinschauenden Sikh-Arzt in Augenschein genommen. Er wird zum Krankenabteilungsdienst eingewiesen, wo er bald den neunmalklugen Ching (Chow Yun Fat) kennenlernt, der positiv denkt und der weiß, wie weit man die Gefängnisregeln ausreizen und die Wärter aufreizen kann. Lo Ka Yiu sieht in seinen Knastklamotten wie ein etwas zurückgebliebener Schuljunge aus. Der tyrannische Nicht-Sikh-Gefängnisarzt bringt ihm zum Heulen. Er muß die Gemeinschaftstoiletten putzen. Während er dort schrubbt, taucht Ching auf, um ein dringendes Bedürfnis zu verrichten, wobei er dem in Tränen aufgelösten, verzweifelten Yiu dringend benötigte Ratschläge erteilt. Chow Yun Fats Predigt auf dem Klo ist schon witzig, aber er beendet sein Geschäft *und* seinen Vortrag mit dem ermunternden Satz: »Pass auf, es gibt eine bessere Zukunft!« (»Take care, there's a better tomorrow!«)

Ching ist auf Yus Seite, aber ein Aufruhr im Gefängnishof zeigt den dunklen Grundton der Machtverhältnisse des Strafvollzuges auf. Der Allerschlimmste ist ein Monster namens Madly (Shing Fui-on), der aber aus dem Film eliminiert wird, was die

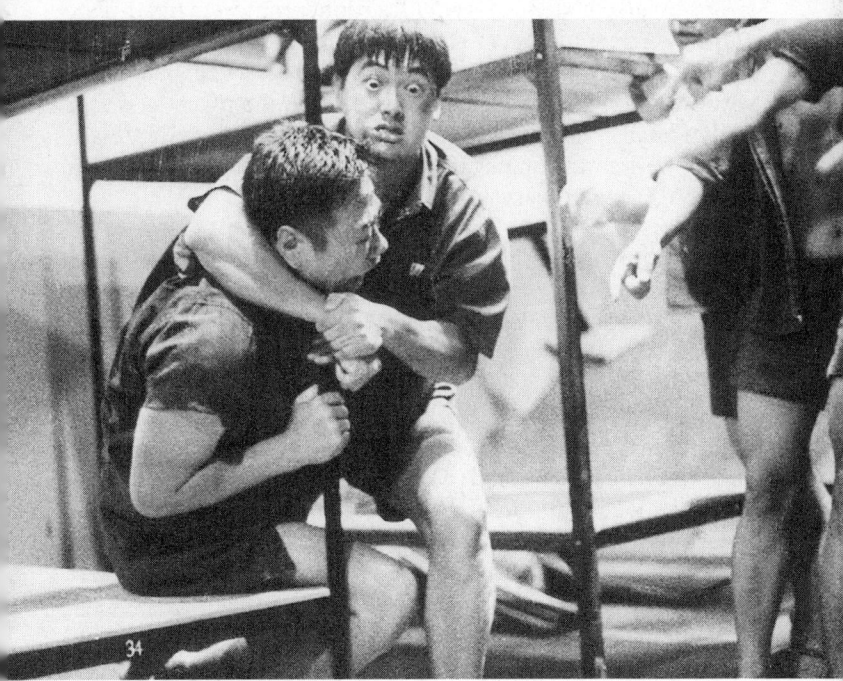

Chow Yun Fat in ›Prison on Fire‹

207

Machtfrage zwischen dem unangenehmen Mick (Nam Yin) und dem weniger üblen Bill (Tommy Wong) sowie dem ausgesprochen widerwärtigen Gefängnisaufseher Scarface (Roy Cheung) offenläßt. Mick und Scarface stecken unter einer Decke und verschwören sich zu ihren eigenen Gunsten gegen den naiven Yiu.

Nachdem Yius Freundin Hongkong verlassen hat, um in Übersee zu studieren, trifft Yiu in der Gefängniswäscherei auf Mick. Der daraus resultierende Kampf bringt ihn an den Rand verzweifelter Hoffnungslosigkeit – mit einem 60 Zentimeter langen, dreieckigen Glasstück, das er fest in seiner blutenden Hand hält. Mick wird aufgrund seiner Gewalttätigkeit verlegt, und eine Zeitlang bleibt alles ruhig. Der Sturm bricht los, als Mick nach einigen Monaten wieder zu dem verängstigten Yiu zurückversetzt wird. Ein Mithäftling versucht noch, Solidarität heraufzubeschwören, doch als diese gebrochen wird, bekriegen sich die verschiedenen Triadenfraktionen untereinander. Der Aufruhr mündet in einen Kampf auf Leben und Tod zwischen Mick und Ching. Als Scarface versucht dazwischenzugehen, wird Ching zum wilden Tier und verdrischt ihn mächtig, wobei er ihm auch noch ein Ohr abbeißt. Yiu wird rechtzeitig freigelassen, während Ching lächelnd ins Loch zurückgeht und sein »besseres Morgen« erwartet.

Prison on Fire 2
1991
mit Chow Yun Fat, Wan Yeung Ming, Elvis Tsui Kam-kong, Tommy Wong Kwong-leung, Yu Li
Regie: Ringo Lam

Nach dem Erfolg von *Prison on Fire* im Jahre 1987 lag eine Fortsetzung auf der Hand. Chow Yun Fat setzt seine Rolle als neunmalkluger Häftling Ah Ching fort, der die Gefängnisautoritäten verspottet, unter die Gefängnisstühle motivierende Botschaften kritzelt und wieder wie im Vorgänger auf der Toilettenschüssel thront und weise Sprüche absondert.

Wie im Original geraten aufrechte Gefangene in einem Gefängnis in Hongkong zwischen rivalisierende Gruppierungen und einen sadistischen, herrschsüchtigen Wärter. In *Prison on*

Regisseur Ringo Lam (rechts) am Set von ›Prison on Fire 2‹ (oben) und Akteur Chen Sung Yung beim Ausbruch (unten)

Fire 2 treffen die üblichen Triadengruppen Hongkongs auf eine neue Gang: eine Gruppe von Insassen vom Festland Chinas, die die »Hongkies« verabscheuen. Die Chinesen vom Festland werden in einer separaten Zelle untergebracht, entfernt vom Hongkong-Kontingent.

Der Boß der Sträflinge vom Festland ist ein eher anständiger Typ mit dem Namen Big Dragon. Doch er gerät mit dem Aufseher Zau (Elvis Tsui) in Konflikt, dem es Spaß macht, potentiellen Ausbrechern die Beine zu brechen. Nebenbei macht er ein Geschäft damit, darauf zu wetten, wie lange es dauert, bis Geflohene wieder geschnappt werden und welches Bein ihnen bei der Wiederfestnahme gebrochen wird. Zau interessiert die Spaltung zwischen Hongkong und dem chinesischen Festland wenig; als Sadist ist er für Gleichberechtigung.

Zau nutzt die Gelegenheit während eines kleineren Aufstandes, Big Dragons Knie mit einem Knüppel zu zerschmettern. Dann erniedrigt er Ching und verbietet ihm, seinen kranken Sohn zu besuchen, der in einem Waisenhaus untergebracht wurde. Ching muß ausbrechen, da er nur so den Lümmel besuchen kann. Dann ergibt er sich und kehrt in seine Zelle zurück. Der verbrecherische Wärter bringt den Kriecher Skull dazu, Ching abzustechen, während er duscht. Doch statt dessen ist es der tätowierte Snake, der die kalte Dusche abkriegt. Zau will Big Dragon den Mord anhängen, doch der Festländer kracht mit einem Müllwagen durch den Gefängniszaun und springt von einer Klippe ins Meer. Chin schließt sich ihm beim Sprung in die Freiheit an, und das Duo kämpft sich durch die Wildnis, die das Gefängnis umgibt, um einen Ausweg zu finden. Sie haben keine andere Wahl, als sich von Schlangen und kleinen grünen Äpfeln zu ernähren, was prompt zu der bereits erwähnten »Sitzung« führt.

Dragon überzeugt Ching davon, seinen Sohn zu schnappen und zum Festland zu fliehen, doch sie werden bald wieder eingefangen. Aus Rache werfen der Wärter und sein Gefolgsmann Skull Ching in die Zelle der rachsüchtigen Festlandchinesen. Und dann … gibt es eine große Schlägerei.

Keiner bleibt unblutig, doch Ching entkommt in einem Zustand, in dem er noch zusammengeflickt werden kann, was man von Zau nicht sagen kann! Der Aufseher dreht durch und greift seine eigenen Untergebenen an, bevor Ah Ching ihm mit einer Zahnbürste ins Auge sticht und er seinen Geist aufgibt. Ching überlebt und freut sich darüber, daß es seinem Sohn bessergeht. Er träumt von einer Zukunft ohne Gitter. Ohne daß es *Prison on Fire 3* gibt, hat er ja vielleicht seine »bessere Zukunft« gefunden.

School on Fire
1988
mit Fennie Yuen Kit-ying, Lee Lai-yui, Lau Chun-yan, Roy Cheung Yiu-yeung, Lam Ching Ying, Tommy Wong Kwong-leung.
Regie: Ringo Lam

Ringo Lams vorletzte Folge der *Fire*-Serie ist die düsterste und blutigste von allen. Wie bei den Vorgängern bricht über Un-

Plakatmotiv zu ›School on Fire‹

schuldige ein hartes Schicksal herein. Diesmal scheint es jedoch so zu sein, daß ein Ausweg oder eine Erlösung möglich sind.

Schauplatz ist eine Mittelschule im übervölkerten Kowloon, von der aus man die Landebahnen des Kai-Tak-Flughafens sehen kann. Es gibt hier keine klischeehaften, gebildeten asiatischen Studenten. Die Besetzung besteht aus Tunichtguten und Nichtsnutzen, die gefangen sind in einem Netz von Gewalt, Drogen und Prostitution, gesponsert von Triaden. Das Schulmädchen Chu Yuen-fong (Fennie Yuen) ist unzertrennlich mit ihrer besten Freundin Kwok Siu-chun (Lau Chun-yan) verbunden, einem durchgedrehten Teenager, dessen wertvollster Besitz ihr Callgirl-Piepser ist.

Als Chu Zeuge davon wird, wie ein Mitschüler von Triadenschlägern bedrängt wird und dadurch von einem vorbeifahrenden Lieferwagen überrollt wird, warnt sie ihr Klassenkamerad George Chow davor, ein Informant der Triade, etwas gegen die Angreifer zu unternehmen. Ihr Vater sucht die Unterstützung des alten Triadenbosses Sing, dessen Rivale der junge, aufmüpfige Brother Smart ist (Roy Cheung in seiner besten Rolle als Bösewicht).

In dieser harten Welt ist die Polizei allenfalls ein Störfaktor. Aber Chus Lehrer Wan und Polizist Hoi (Lam Ching Ying) überreden sie zu »singen«. Als Brother Smart das herausbekommt, zieht er der verängstigten Schülerin buchstäblich die Hosen herunter, indem er sie dazu zwingt, sich zu entkleiden, während er höhnische Bemerkungen dazu macht. Brother Smart zwingt sie dann dazu, die 30.000 Hongkong-Dollar zu erstatten, die der Verteidiger des Attentäters als Honorar eingefordert hat. Um diese Summe abzuzahlen, opfert sie ihren zarten Körper, was Chu auf die falsche Bahn bringt und sie und ihre Freunde (darunter auch ihren Verehrer, den unbelehrbaren Punk Little Scar) in den Ruin und/oder in den Tod führt. Und ja, an einer Stelle sehen wir die Großaufnahme eines Lautsprechers, der ankündigt: »Achtung, die Schule brennt!«

Angesiedelt zwischen Zwei-Dollar-Nudelschuppen, Betonblocks, die von Fernsehantennen nur so wimmeln, und überfüllten engen Klassenzimmern, sieht *School on Fire* genauso trostlos aus und vermittelt das gleiche Gefühl wie seine Geschichte. Polizisten und Gangster – sich bekämpfende Kräfte, die beide Kwan Ti, dem rotgesichtigen Kriegsgott, ihre Opfer darbieten – scheinen vorbestimmten Mustern gegenseitiger Zerstörung zu folgen. Die Schulen Hongkongs können nicht ganz so schlimm sein, aber dieser erbarmungslose Klagegesang läßt einen schon daran zweifeln.

Wild Search
1989
mit Chow Yun Fat, Cherie Chung Chor-hung, Paul Chiang, Roy Cheung Yiu-yeung, Tommy Wong Kwong-leung, Ku Feng
Regie: Ringo Lam

Diejenigen, die eine ausgelassene Bleiorgie erwarten wie in *Full Contact*, werden von dieser Zusammenarbeit zwischen Ringo Lam und Chow Yun Fat enttäuscht sein. Aber es ist immer noch ein gutes Beispiel für Lams erstklassiges Vermögen als Regisseur, starke Charaktere zu entwickeln und deren oft überraschende Beziehungen aufzuzeigen. *Wild Search* ist ein Krimi und Action-Film mit Chow Yun Fat als hartgesottenem Officer der Royal Hong Kong Police, doch es ist auch ein romantisches Drama, das seine glaubwürdigen Figuren in einen Kontext aus mächtigen Kriminellen und hart arbeitenden Cops setzt.

Chow Yun Fat, dessen Figur Mew Mew heißt, gießt Stoff aus einem Flachmann hinter die Gurgel, während er auf die Ankunft eines Informanten wartet. Der Plauderer schickt ihn zu einem Waffen-Deal, der in einem leeren Apartment stattfindet: Ein Waffenhändlerpaar namens Elaine und Bullet macht Geschäfte mit einigen japanischen Gangstern. Chow und seine Mitstreiter stürmen herein, und Elaine wird bei dem Schußwechsel getötet. Sie hinterläßt ihre süße Tochter Ka-Ka.

Mew Mew und sein Kollege Tommy Wong suchen Elaines Wohnsitz auf, um nach Beweismitteln zu suchen. Sie landen tief in den ländlichen neuen Territorien, dem nördlichen Teil Hongkongs, wo die Lebensgewohnheiten eher dem chinesischen Dorfleben entsprechen als dem halsbrecherischen Chrom-und-Stahl-Tempo im Zentrum Hongkongs. Elaine wohnte in einem einfachen Bauernhaus, das von ihrer Schwester Cher (Cherie

Chung) und ihrem grantigen alten Vater (Ku Feng) bewohnt wird.

Mew Mew bittet Cher um Hilfe bei der Suche nach den Waffenschmugglern, die zu Ka-Kas leiblichem Vater Hung (Paul Chiang) führt. Der Mann ist ein grausamer, vollgekokster Gangster, der aber auch zu den Stützen der Gesellschaft gehört. Mew Mew, der niemals die Nerven verliert, sucht Hung in seinem Büro auf und möchte gerne ein Treffen zwischen ihm und Cher, um Ka-Kas Zukunft zu besprechen. Hung sendet statt dessen einen Lakaien mit einem Scheck über 100.000 Hongkong-Dollar.

Beleidigt stürmt Mew Mew mit Cher im Schlepptau in eine Society-Party und verlangt von Hung eine glatte Million für die illegitime Frucht seiner schmutzigen Liebeskünste. Hungs Gorillas greifen Mew Mew auf dem Parkplatz an, wo Paparazzi die Nachwirkungen festhalten: einen blutigen Mew Mew, der mit vorgehaltener Pistole Hung aus seinem weißen Rolls-Royce zerrt. Durch den anschließenden Skandal läuft Mew Mew Gefahr, seinen Job bei der Polizei zu verlieren.

So wie die persönlichen Geschichten von Mew Mew und Cher langsam enthüllt werden (offensichtlich sind sie füreinander geschaffen), beginnt auch der grantige Großvater eine freundlichere Einstellung zu der nichtehelichen Ka-Ka zu zeigen. Das einzige Haar in der Suppe ist der rachsüchtige vietnamesische Bösewicht Bullet (gespielt als kantiger, schmieriger Psychopath von Roy Cheung), der einfach nicht aufhören kann, diesen Polizisten zu verfolgen. Aber keine Angst, dies ist nicht *School on Fire*.

Das Happy-End steht bevor.

SCHLÄGE, SCHWÜNGE UND SONGS

Hongkong-Filme sind visuell verblüffend, aber sie sind nicht nur etwas fürs Auge. Die Tonkunst des Hongkong-Kinos hat nicht mehr viel mit den dumpfen Klängen der alten Haudrauf-filme zu tun. Wenn es richtig gemacht wird, verstärken die Musik und die Toneffekte den phantastischen Drive der visuellen Komponenten.

MUSIK

Kantonesische Popsongs sind – in der Regel – die läppischsten Wischiwaschi-Kompositionen der Welt. Deshalb begreifen wir nicht, warum manchmal gesunde, intelligente Leute ihnen verfallen. Für sich genommen, sind sie ekelhaft süßes, schreckliches Zeug; wenn sie in Filmen erscheinen, klickt allerdings etwas.

Nun, sie sind eingängig. Das Kampfthema von Tsui Harks *Once Upon a Time in China*-Filmen (wenn Sie die gesehen haben, dann summen Sie jetzt die Melodie) ist ein traditioneller chinesischer Soldatensong, untrennbar verbunden mit der Figur des Wong Fei-hong (mehr über diesen Helden finden Sie in Kapitel 4). Instrumentale Versionen tauchen in vielen anderen Filmen über Wong Fei-hong auf, darunter Jackie Chans erster *Drunken Master*. Wir mögen auch das erregende »Held der Helden«-Thema in den *Swordsman*-Filmen und die Themen von *A Chinese Ghost Story* (gesungen von Leslie Cheung), von *A Better Tomorrow*, *A Terracotta Warrior* und *Heroic Trio*. Sie werden bald Ihre eigenen Lieblingsmelodien finden.

Auch wenn CDs oder Tapes schwer aufzutreiben sind, lohnt sich die Suche zum Beispiel bei den Soundtracks von *Green Snake*, *Once Upon a Time in China* und *Swordsman II*. In England ist bei Mute Records Michael Gibb's intensiver *Hard Boiled*-Soundtrack mit munteren Titeln wie »Gun Arsenal«, »Body Count« und »Hospital Frenzy« erschienen.

Eine überraschend große Anzahl der berühmteren Filmstars hat auch eine Musikkarriere gemacht. Jacky Cheung zum Beispiel wird »König des Kanto-Pop« genannt; die Gruppe »Princes« – Andy Lau, Leon Lai und Aaron Kwok – wird von Hongkong-Film-Fans stets sofort erkannt, und Sally Yeh sowie Anita Mui sind Popstars. Yehs denkwürdiger Song aus *The Killer* findet sich auf ihrem Album »Face to Face«. Chow Yun Fat singt ebenfalls, aber er gibt fröhlich zu, daß er »lausig« ist, und er spendet alle Einkünfte aus diesem Bereich für wohltätige Zwecke. Sogar Jackie Chan singt die Titelmelodien vieler seiner Filme.

SYNCHRONISATION

Hongkong-Filme werden meist stumm gedreht, weil das billiger ist. Die Dialoge werden dann sowohl in Kantonesisch als auch in Mandarin aufgenommen. Einige Schauspieler – wie Chow Yun Fat – synchronisieren beide Versionen, andere greifen auf »Stimmen-Doubles« zurück und synchronisieren überhaupt nicht.

TONEFFEKTE

Toneffekte in Filmen sind wie Gewürze im Essen: Man bemerkt sie manchmal nicht, wenn sie vorhanden sind, aber man vermißt sie mit Sicherheit, wenn sie nicht vorhanden sind. In Hongkong-Filmen gibt es eine Menge Faustkämpfe, also gibt es auch eine Menge Faustkampf-Toneffekte. Filmemacher (und Videospielmacher) in der ganzen Welt fügen dem Ton kräftige krachende Geräusche hinzu, immer wenn die Kämpfer einen Treffer landen. In Hongkong aber haben es sich die Ton-Cutter zur Gewohnheit gemacht, Geräusche schon *vor* dem tatsächlichen Treffer hinzuzufügen. Hongkong-Filme stecken voller flatternder Gewänder und zischend durch die Luft sausender Hände und Füße, die wie tief fliegende Flugzeuge klingen. Wenn die Kampfchoreographie nicht stimmt, klingen die Geräusche lächerlich (siehe dazu Kapitel 11). Aber wenn die Geräusche gut gemacht sind, heizen sie das Ganze an. Jet Lis tödlicher »No Shadow«-Kick in *Once Upon a Time in China* würde nur halb soviel Spaß machen, wenn man ihn nicht auf dem Weg zu seinem Ziel durch die Luft sausen hörte.

Der Meister der Toneffekte ist John Woo. Es ist bekannt, daß er seinen wichtigsten Figuren spezifische Schußgeräusche zugeordnet hat, so daß man weiß, wer gefeuert hat, selbst wenn man ihn nicht sieht. Woo verstärkt außerdem andere Geräusche, die Waffen machen; das Laden einer Pistole macht oft ein so lautes Geräusch wie das Abfeuern. In *The Killer* jagt Danny Lee einen Revolverhelden und steht ihm plötzlich in einer voll besetzten U-Bahn von Angesicht zu Angesicht gegenüber. Die vollkommene Stille, die Woo hier einfügt, ist verblüffend; als Lee dann seine Pistole spannt, ist dies das lauteste Geräusch der Welt.

Ein guter Hongkong-Film sollte vom Ton her so aufregend sein wie vom Bild her, mit so vielen Schlägen, Schwüngen und Songs wie möglich. Ganz zu schweigen von den Momenten der Stille – bevor die Hölle losbricht.

LEH

9. Völlig außergewöhnlich

Aus dem einen oder anderen Grund könnte alles in diesem Buch als »völlig außergewöhnlich« betrachtet werden. Verrückte Skelette feuern tödliches Plasma aus ihren Augenhöhlen, schöne Frauen schlagen sich mit Schraubenschlüsseln den Schädel ein. Und Werbefritzen, die es verdient haben, bekommen meterlange Erektionen, gerade als sie die neue Unterwäschekollektion ihren Kunden präsentieren. Gerade weil die Filme aus Hongkong oft so völlig außergewöhnlich sind, liegen weitere Studien und Betrachtungen auf der Hand.

Doch obwohl die Filme in diesem Buch als völlig außergewöhnlich bezeichnet werden, ist damit etwas ganz anderes gemeint als das gemeinhin bekannte Unheimliche. Diese fieberhaften Filme verursachen erdbebenartig Risse in der üblichen Weltsicht. Plötzliche Wechsel von intellektueller Seriosität in schmierige Vulgarität verursachen Stirnrunzeln, lassen den Zuschauer kichernd, schwindlig und verblüfft zurück. Wenn Chow Yun Fat einen Glücksspielkönig spielt, der einen Hieb auf den Kopf abbekommt und dadurch zum Geistesgestörten wird, der nur noch sabbernd um Schokolade bettelt, ist das schon ziemlich verrückt. Aber wenn dieser Schokoladensüchtige dann der größte Glücksspieler der Welt *bleibt*, ist das wirklich völlig außergewöhnlich.

Erotic Ghost Story II
1991
mit Anthony Wong Chau-sang, May Law, Lui Siu Yip, Gastauftritt von Amy Yip
Regie: Peter Ngor

Der Film ist eleganter und verrückter als sein Vorgänger. *Erotic Ghost Story II* zeigt Anthony Wong als Wu Tung, der in seiner Höhle – weißgesichtig und fast nur mit übergroßen Schulterpolstern aus Plastik bekleidet, ständig knurrend – herumläuft wie ein Aussteiger aus einer KISS-Revival-Band. Er knurrt, weil er ein Dämon aus der Unterwelt ist. Er knurrt, damit das Dorf über ihm den Wink versteht: Jeden Monat soll eine Lotterie unter den jungen Mädchen stattfinden, um für ihn eine Gespielin auszulosen, oder er wird jedem Schmerz zufügen. Aber wer begreift schon, warum seine dämonische Konkubine nackt um ihn herumtanzt und sich dabei geschmolzenes Wachs von einer Kerze in den Mund tropfen läßt?

Das Dorf scheint sich diesem System unterworfen zu haben, und eine nackte Hexenmeisterin singt jeden Monat für die Auserwählte, die auf eine Sänfte gesetzt und dann vor der Öffnung der Höhle Wu Tungs abgesetzt wird, von wo aus sie in die Unterwelt hinabfährt.

Zwischen den Opferungen ist das Leben im Dorf relativ normal. Die hübsche Yu-yin (May Law) verliebt sich in den grinsenden Schönling und Fischer Shan-kan (Lui Siu Yip). Doch als ob man es geahnt hätte: Yu-yin verliert die nächste Lotterie. Shan-kan muß sogar ihre Sänfte mittragen. Als er sieht, daß sie, um sich zu verteidigen, ein Messer mitgeschmuggelt hat, entscheidet er sich dazu, ihr mit seiner zweischneidigen Axt zu Hilfe zu kommen.

Der große Dämon wird in einem kurzen Kampf verletzt und muß sich in seine einsame Festung zurückziehen, wo er sich nackt in einen riesigen, stacheligen Ball einschließt – ein Kabinett, das Böses vermindert. Zurück im Dorf, werden Yu-yin und Shan-kan als Helden gefeiert.

Die Konkubine des Dämons, die wie ein Rock-Groupie aussieht, sinnt auf Rache und erscheint auf der Erde, wo sie Shankans Freunde vorfindet, ein urwüchsiges ländliches Paar. Die Konkubine verführt die Frau, während der Ehemann vor einer Bananenstaude sitzt und eine Zigarre raucht. Dann treiben es alle drei auf einem wackligen Bambusgerüst. Dazu ertönt eine dämliche Reggae-Musik, und Lawrence Welk sabbert in seine Flöte.

Die Dämonin bringt den Ehemann um und nimmt die Frau mit in die Höhle. Der Dämon fühlt sich inzwischen besser und ist bereit zum Feiern. Er treibt es mit der Frau, wobei er sie auf magische Weise in zwei Hälften spaltet. Während er leidenschaftlich die untere Hälfte genießt, beschwert sich die drei Meter entfernte obere Hälfte über einen Mangel an sexueller Befriedigung!

Szenen aus ›Erotic Ghost Story II‹

Shan-kan, Yu-yin und Shan-kans Frazetta-Modell-Schwester kratzen die Kurve. Sie suchen Rat bei einem zwergenwüchsigen Mönch, doch der Dämon und seine Konkubine holen sie ein. Der zwergenhafte Mönch verwandelt sich in einen rollenden Feuerball, stellt aber dennoch keine Herausforderung für seinen Gegner dar.

Glücklicherweise ist Yu-yin der vor langen Jahren verlorenen Liebe des Dämons, Hsiao-yen, wie aus dem Gesicht geschnitten. In der Tat wurde Hsiao-yens Essenz in Yu-yins schwangere Mutter gepflanzt, so daß die Ähnlichkeit gar nicht zufällig ist. Der alte Teufel ist scharf auf Yu-yin und hindert seine eifersüchtige Konkubine daran, sie zu erwürgen. Er holt Shankan zurück in seine Höhle, wo dieser, nackt und von einer Eishülle umgeben, miterleben muß, wie es Wu Tung mit einer Hälfte der Frau seines Freundes treibt.

Yu-yin und Shan-kans Schwester schleichen sich zu einer Be-

219

Anthony Wong in ›Erotic Ghost Story II‹

freiungsaktion heran. Während Yu-yin die Eishülle um Shan-kan dadurch zum Schmelzen bringt, daß sie *ihren* nackten Körper dicht daran drückt, kämpft Shan-kans Schwester mit dem Dämon in einer Szene, die an ein Airbrush-Bild auf einem Van erinnert. Die zwei Kontrahenten plumpsen dann in einen Stalagmiten-Pool und haben heftigen Unterwassersex. Shan-kan wird befreit und hat Sex mit Yu-yin, wonach er den Dämon attackiert. Der phallusartige Schwanz des Dämon wird abgeschnitten, und grüner Schleim sprüht aus der Wunde.

Schließlich, nach diesem ganzen Geschehen, wird Yu-yins Geburtsmal aktiviert, und Hsiao-yen erscheint daraus als Geist. Hsiao-yens Geist verschmilzt mit Wu Tung, und zusammen lösen sie sich in purpurfarbenen Flammen auf.

Es gibt in *Erotic Ghost Story II* viel schöne Nacktkeit, jede Menge Sex, allerhand übernatürliches Blabla, farbenfrohe Schauplätze und rasende zwergwüchsige Mönche. Es ist schwierig, eine englisch untertitelte Videofassung zu finden, aber was soll's.

Bitte beachten: Amy Yip erscheint nur ganz kurz und unter einer unförmigen Robe als buddhistische Nonne!

KOMÖDIEN AUS HONGKONG UND IHR KÖNIG

In dem Kassenknüller *Flirting Scholar* (Flirtender Student) mit Stephen Chow stellt ein despotischer Herrscher der Ming-Dynastie seinen preisgekrönten Poeten dem »Flirting Scholar« (Stephen Chow) gegenüber. Die beiden Poeten rezitieren ihre Texte von Angesicht zu Angesicht wie die heutigen Rapper, während die Zuschauer von den spontanen Versen total begeistert sind. Die Auseinandersetzung ist beendet, als eine von Chows Strophen, die er in kantonesischen Reimen mit halsbrecherischer Geschwindigkeit vorträgt, den Poeten des Tyrannen bewußtlos zu Boden fallen läßt, wobei ihm Blut aus der Nase strömt.

Hier handelt es sich um *mo lei tau* (ungefähre Übersetzung: »hirnlos« oder »non sequitur«), eine einzigartige chinesische Variante der Komik, die Stephen Chow Sing-chi entwickelt hat. *Mo lei tau* wird weder durch Logik noch Realität begrenzt. Uralte Martial-Arts-Weisheiten stehen neben High-Tech-Wundern. Die Figuren erwerben spontan für kurze Szenen übernatürliche Fähigkeiten, nur um sie sofort wieder zu verlieren.

Stephen Chows Filme sind in Hongkong überaus beliebt. 1992 waren die vier größten Kassenschlager in Hongkong Filme mit Stephen Chow. Trotz der Konkurrenz aus Hollywood in den Jahren 1993 und 1994 konnte er sich mit drei Filmen unter den zehn erfolgreichsten plazieren. Er ist zur Zeit Hongkongs bestbezahlter Filmschauspieler.

Doch trotz all dieser Superlative empfehlen wir nicht unbedingt, diese Komödien aus Hongkong zu entleihen, es sei denn, Sie wollen es unbedingt. Dafür gibt es zwei Gründe. Zuerst und vor allen Dingen gibt es die Sprachbarriere. Chows Komik mit seinen sich reimenden Wortspielen und deren Doppeldeutigkeit basiert auf gesprochenem Kantonesisch, läßt sich noch nicht einmal in Mandarin übersetzen, ganz zu schweigen von Englisch (oder Deutsch). Das Problem stellt sich bei jeder Komödie aus Hongkong, die mit Wortspielen arbeitet. Keiner kann etwas dafür, aber man kapiert es einfach nicht.

Zum zweiten gibt es die kulturellen Unterschiede. Wissen um die Bezüge auf chinesische Folklore, Literatur und Filme wird

Hongkongs Starkomiker Stephen Chow

benötigt, um die Witze zu verstehen. Das trifft auf nahezu jede Komödie zu, die auf ein bestimmtes Publikum zugeschnitten ist und dann einem völlig anderen präsentiert wird. Wann mußten Sie sich zum letztenmal bei einer Ritz-Brothers-Retrospektive eine Meinung bilden?

Chinesische Videotheken haben eine große Auswahl an Komödien. Glücklicherweise findet man die Komödien aus Hongkong leicht, und man leiht sich selten eine aus Versehen. Plakate und die Hüllenumschläge, auf denen die Hauptdarsteller als Karikaturen mit riesigen Köpfen und winzigen Körpern dargestellt werden, sind eindeutige Hinweise. Vor Titeln wie *Double Fattiness* und *Stooges in Tokyo* muß allerdings ebenfalls gewarnt werden.

FALSCHE IRRTÜMER

WAS ZUM …?

Noch mehr verkorkste Untertitel aus den beliebtesten Hongkong-Filmen (zur Erklärung siehe Kapitel 3).

Ich bin nicht Jesus Christus, ich bin Bunny. *(Double Trouble)*

Wir sind ein bisserl weitergekommen, seit wir ihren Kopf gefunden haben. *(The Gory Murder)*

Und dies sind Zehen, die von einem Raummann abgehackt wurden. *(The Seventh Curse)*

Saug den Sargpilz jetzt. *(The Ultimate Vampire)*

Du wendest immer Gewalt an. Ich hätte mir klebriges Reishuhn bestellen sollen. *(Pedicab Driver)*

Ich gebe Ihnen ein Essen und Betränk aus, wenn Sie es mir jetzt sagen. *(City Cops)*

Seid Sensibelchen und beißt euch nicht gegenseitig. *(Operation Pink Squad)*

Ein großer Idiot mit einer Waffe, geh in den Krieg. Ergab sich und wurde zum Kuchen. *(Haunted Cop Shop 2)*

OK! Ich werde Bastare, zeig deinen Mut! *(Transmigration Romance)*

Flora, obwohl ich gestorben bin, sagte der König der Hölle, ich hätte es nicht verdient. *(My Better Half)*

Plötzlich sind mein Wurm alle abheil. *(Aloha Little Vampire Story)*

Designen verbraucht viel Gehirn. *(Devil Cat)*

Gott, ich habe Narbe. Insert! *(Saviour of the Soul)*

Ich werde Stoff für dich in 10 Monaten gebären. OK? *(Perfect Couples)*

Und du dachtest, ich sei geschwätziger Beutel. *(Dragons Forever)*

Ich kann nur zu Tode springen, wenn du mich draufzwingst. *(A Serious Shock: Yes Madam '92)*

Explodiere genau um elf Uhr. *(Bury Me High)*

Hilfe! Bitte mein Weltraum-Telefon anrufen. *(Armour of God)*

Blonde Mieze, Ziel für Emigration. *(The Big Heat)*

Paß auf, die Straße ist sehr verschwitzt. *(Aloha Little Vampire Story)*

Ständig auf die Signal-Paviane zu gucken, machen meine Augen müde. *(Angel Enforcers)*

Dies sind Spezial-Tonic und 5-Toisened-Kinderurin. *(One Eyebrow Priest)*

Fantasy Mission Force (Mission Force, auch:
Jackie Chan – The Shadowman 2)
1984
mit Brigitte Lin Chin-hsia, Jackie Chan, Adam Cheng Siu-chau, Wang Yu, Shin Bu Lia, Fang Jung, Sun Yueh, Chang Ling
Regie: Chu Yen-Ping

Fantasy Mission Force ist völlig lächerlich in seiner speziellen psychotronischen Art und Weise, aber niemals langweilig. Der Film besitzt eine bewundernswert konstante irrsinnige Stimmung: Jerry Lewis dreht ein Remake von *The Dirty Dozen/Das dreckige Dutzend* unter Lachgas.

In der außergewöhnlichen Filmkarriere von Jackie Chan ist dies nur eine Fußnote. Doch *Fantasy Mission Force* ist deshalb bemerkenswert, weil es wohl der bizarrste Film ist, in dem er je mitgewirkt hat. Jackie Chan wurde hier zusammen mit der weiblichen Action-Größe Chang Ling als ein Paar sich durchschlagender Diebe besetzt, das periodisch in dieser total, total verrückt erzählten Geschichte auftaucht.

Brigitte Lin spielt Lily, das einzige weibliche Mitglied einer verschrobenen Kommandoeinheit. Dieser wird von Topsöldner Jimmy Wang Yu ein Haufen Geld versprochen, um die multinationale Gruppe von Regierungschefs, darunter Abraham Lincoln, die von den Japanern als Geiseln gefangengenommen wurden, zu befreien. Die Japaner sind gerade dabei, nach Kanada einzumarschieren. Lilys Herumtreiber-Ehemann, der wie ein Imitator eines Elvis-Presley-Imitators aussieht, wird für die Schwadron rekrutiert, aber sie will ihn nicht allein ziehen lassen und zockelt hinterher. Die Waffe ihrer Wahl ist eine schlanke Bazooka (Panzerfaust), die sie unerklärlicherweise zunächst dazu benutzt, ihr eigenes Haus in die Luft zu jagen.

Unsere schräge Truppe ausgestoßener Abenteurer – begleitet von einem Soundtrack, der von Dudelsackmusik über Bluegrass-Folk zu Honky-Tonk-Bar-Piano-Geklimper reicht (und das innerhalb einer Minute) – wird zunächst in einem Dorf voller leopardenfelltragender Amazonen gefangengenommen. Deren Anführer ist ein eleganter James-Bond-ähnlicher Typ (Adam Cheng). Die Amazonen killen Wang Yu auf der Flucht, erniedrigen dann unsere Jungs, indem sie sie zwingen, an ihrem Körper Sandwichplakate zu tragen, auf die aufreizende Models in Unterwäsche gemalt sind.

Lily und die anderen entkommen dem Amazonendorf, das sie danach in die Luft sprengen, und übernachten in einem Spukhaus voller Leichen. Als einer vom Kommando dem Ruf der Natur folgt, sprießen aus den Toilettenwänden blutige Arme, die ihm allesamt Klopapier entgegenreichen.

Wir werden die ganze Zeit mit einem Haufen hirnverbrannter Kostüme verwöhnt. Ein weinerlicher Söldner trägt einen preußischen Helm mit Chromplatten. UN-Truppen exerzieren in Kilts und blauen Baskenmützen. Die Bösen tragen Konquistadorenkleidung. Als die Phantasietruppe schließlich im japanischen Hauptquartier eintrifft, sind die feindlichen Kräfte alle dahingeschlachtet worden. Wer hat jetzt die Führer der Welt? Wer sonst als der ein Doppelspiel treibende Nazi Wang Yu, der seinen eigenen Tod vorgetäuscht hat. Seine Armee von *Road Warrior*-ähnlichen Typen nähert sich unserer Truppe mit US-Autos aus den siebziger Jahren, dabei mit automatischen Waffen ballernd.

Während eine rührselige Mundhamonikaversion von »Camptown Races« erklingt, rafft frenetisches Feuer unsere Helden einen nach dem anderen dahin. Nur Wang Yu und Jackie Chan überleben. Ihr Martial-Arts-Showdown inmitten der alten Schlitten macht sich gut (obwohl Chan von den furchtsamen Weltführern nicht viel Hilfe bekommt). Chan gewinnt, kriegt das Geld, und alle Nazis und Japaner sind tot. Ende.

God of Gamblers
1989
mit Chow Yun Fat, Andy Lau Tak-wah, Joey Wong Jo-yin, Sharla Cheung Man, Michiko Nishiwaki
Regie: Wong Jing

Ko Chun, der größte Glücksspieler der Welt, sieht sich einem Herausforderer gegenüber, der seinen Thron einnehmen möchte. *Mahjong*-Steine werden mit dem Bild nach unten auf einen grünen Filzbelag geworfen und gemischt. Die beiden Teilnehmer kämpfen mit hölzernen Stöcken heftig um die anonymen Spielsteine. Ko Chun (Chow Yun Fat) fischt die richtigen Steine ungesehen heraus und gewinnt die Runde souverän. Sein Widersacher Wong schickt seine Assistentin, eine wunderschöne Japanerin (Michiko Nishiwaki), um sich in der zweiten Runde zu versuchen. Michiko entledigt sich ihres Kimonos und enthüllt eine exquisite Drachentätowierung. Dann schnappt sie sich den Würfelbecher und würfelt sechs Einser, ein perfekt niedriger Wurf. Ko applaudiert ihr, fordert dann aber einen schwereren Würfelbecher an. Er bekommt einen stählernen Martinimixer, wirft die sechs Würfel hinein, rasselt wild damit, bevor er ihn auf den Tisch knallt. Das Resultat: fünf Einser und ein in Stücke zerbrochener Würfel. Der von Ehrfurcht ergriffene Wong ruft aus:»Du bist wirklich Gott!«

Der geschlagene Rivale bittet Ko anschließend darum, einen korrupten Glücksspieler namens Chan niederzumachen. Bevor das beabsichtigte Treffen mit Chan jedoch stattfinden kann, erhält Ko einen Hieb auf den Kopf, der sein geistiges Niveau auf das eines Vierjährigen senkt!

Kos Unfall ist das Resultat einer Falle, die Knife (Andy Lau), ein äußerst harter Bursche, für jemand anderen gelegt hatte. Knife, seine Freundin Jane (Joey Wong) und sein Kumpel Crawl sind sich nicht bewußt, daß sie den Gott der Glücksspieler zu einem mentalen Zwerg reduziert haben, doch sie entscheiden sich, ihn wieder gesund zu pflegen. Knife bemerkt bald, daß Ko trotz seiner geistigen Behinderung sein bemerkenswertes Talent für das Glücksspiel behalten hat – ein Drehbucheinfall, der offensichtlich von *Rain Man* übernommen worden ist. Ko rührt jedoch keine Karte an, bevor ihn Knife nicht mit den von ihm favorisierten Schokoladenriegeln bestochen hat!

Während Ko abwesend ist, wird Kos süße Freundin (Sharla Cheung) von Kos habsüchtigem Assistenten, dem brutalen Yee, getötet und *danach* vergewaltigt. Yee findet heraus, wo Ko sich aufhält, und will ihn töten. Es verbreitet sich das Gerücht, daß der Gott der Glücksspieler gestürzt ist. Doch Ko erlangt schließlich sein Gedächtnis wieder, gewinnt gegen den fiesen Chan und rächt sich an Yee.

God of Gamblers war ein beträchtlicher Erfolg in Hongkong. In einer Stadt, in der man finanziellen Erfolg als das einzige

Auch Starkomiker Stephen Chow mimte einen Spieler (oben und unten):
›All for the Winner‹

Mittel betrachtet, sowohl den Nöten des Alltags zu entkommen als auch der bevorstehenden Übernahme des Landes durch China, war das Konzept eines unbesiegbaren Spielers unwiderstehlich. Es folgten einige weitere Filme über das Glücksspiel in Hongkong, darunter eine Comedy-Serie mit *mo lei tau* (»Ohne Grips«)-Komiker Stephen Chow (siehe Seite 221), die so beliebt wurde wie das Original. *God of Gamblers* blies frischen Wind in ein altes Genre, die Hongkong-Glücks-spiel-Filme.

Robotrix

1991
mit Amy Yip, David Wu, Chikako Aoyama, Hui Hsiao-dan, Billy Chow
Regie: Jamie Luk Kin-ming

In diesem unterhaltsamen, verrückten Film bekämpfen groß-busige weibliche Androiden einen bösartigen Roboter mit einer Vorliebe für Massaker. *Robotrix* ist ein T&A-Film (Titan und Aluminium) – Robographie hat nie so gut ausgesehen.
Ein Ölscheich veranstaltet einen Roboterwettbewerb in Hongkong, um konkurrierende Angebote für seinen Plan zu bekommen, eine »Roboterlegion« zu erschaffen. Willensstarke Androiden aus Deutschland kommen von der Decke herunter und stolzieren herum. Als ein amerikanischer Wissenschaftler das deutsche Produkt herausfordert, tritt ein teutonischer Titan-Titan gegen den amerikanischen Teilnehmer an. Die Kraut-Maschine haut dem Yankee-Roboter die verkabelte Birne ein, so daß dieser durchdreht und die Zuschauer angreift. Aber in den Kulissen wartet Eve R 27, ein Produkt der liebreizenden japanischen Ingenieurin Dr. Sara (Hui Hsiao-dan) und ihrer Assistentin, der reizenden Anna (Amy Yip). Eve R 27, die wie eine Mischung aus der Maria in *Metropolis* und einem Mighty Morphin Power Ranger aussieht, legt den durchgedrehten Roboter in Fesseln, während die Menge jubelt. Aber es gibt schlechte Neuigkeiten für den Scheich, der erfährt, daß sein Sohn gekidnappt worden ist. Die Kidnapper schicken ein Videoband, auf dem der verrückte Wissenschaftler Ryuichi Yamamoto *seppuku* (eine besondere Form des Ha-

rakiri) begeht, bevor er sein Bewußtsein auf einen üblen, mächtigen Androiden (Billy Chow) überträgt. Er will den Scheich davon überzeugen, eine bösartige Roboterlegion aufzubauen. Der Psychoboter verbringt seine Zeit damit, den Gekidnappten mit einem freudianischen Bohrer zu bearbeiten oder in Hongkong in einem Billy-Idol-Punkgewand herumzulaufen und Prostituierte zu ermorden. Wenn man das Hirn eines verrückten Intellektuellen in einen Killerandroiden pflanzt, kann das eben solche Folgen haben.

Ein nicht ganz so kluger Polizist hat die kluge Idee, Anna als Prostituierte zu verkleiden und als Lockvogel für den Yamamoto-Androiden zu benutzen. Anna, die – was sonst? – sich ebenfalls als Android entpuppt, findet die Idee toll, weil sie neugierig auf menschliche Sexualität ist. Also steckt man die vollbusige Cyber-Yip in ein rotes Minikleid und montiert eine versteckte Kamera in ihrem Zimmer.

Voyeuristische Videoaufnahmen ihres leidenschaftlichen Einsatzes verursachen bei einem Polizisten Nasenbluten. Er entschuldigt sich, wirft sich in eine absurde Verkleidung und geht als Kunde zu Anna. Der Trick scheitert, aber bald bildet sich auf der Straße eine lange Schlange von Freiern, und die Polizei muß ihren Plan aufgeben.

Die Polizisten setzen den Informanten Hui auf Yamamotos Spur. Hui wird getötet, aber Wissenschaftler entfernen seine Augen und schließen sie an einen Supercomputer an, um zu sehen, was Hui zuletzt gesehen hat. Die Augen entlarven die Leibwächter des Scheichs als Yamamotos Handlanger, der sie aber trotzdem tötet. Schließlich stellt Anna das von Menschen geschaffene Monster auf einem Schrottplatz, wirft es mit Hilfe eines Elektromagneten in eine Autopresse und macht ihm so den Garaus.

Taxi Hunter
1993
mit Anthony Wong Chau-sang, Ng Man-tat
Regie: Herman Yau Lai-to

In den fünfziger Jahren war die US-Produktionsfirma American International Pictures berühmt-berüchtigt für die Schnelligkeit, mit der sie aktuelle Themen in die Kinos und Drive-Ins brachte. Schossen die Russen einen Satelliten ins All, konnten die Kids drei Wochen später während *Rock 'n' Roll Sputnik* Petting betreiben. Zelebrierte AIP die süße Vergänglichkeit amerikanischer Popkultur in diesen sprichwörtlichen guten alten Zeiten? Kreierte sie reichhaltiges Material, um kreativ bankrotten künftigen Generationen zu helfen? Nee, sie wollte bloß ein paar Dollar machen. Im Gegensatz dazu führt die Trägheit der heutigen Hollywood-Studios oft zu unangemessenen Verzögerungen. So wurde der Film *Dave* (eine Vcrulkung von US-Präsident George Bush) erst herausgebracht, als jeder schon von Präsident Bill Clinton die Nase voll hatte.

Aber viele Filmschaffende in der Filmindustrie Hongkongs halten sich weiter an das AIP-Rezept: Melke ein aktuelles Thema, um Kassenschlager-Sahne zu bekommen. 1993 (das Jahr, in dem *Dave* auf die Leinwand kam) kamen die Taxifahrer in Hongkong unter Beschuß wegen allerlei Arten rüden Benehmens: mit dem »Nicht im Dienst«-Zeichen herumfahren, Anzeigen mit Hilfe einer 100-Dollar-Note verschwinden lassen, illegale Aufpreise bei schlechtem Wetter verlangen und sich weigern, Fahrgäste über kurze Strecken zu transportieren. Ein beträchtlicher Mißmut breitete sich aus. Fast sofort kam *Taxi Hunter* in die Kinos, mit Anthony Wong als Robert, ein höflicher Geschäftsmann, der von diesen schrecklichen Fahrern gequält wird.

Wong (gestylt wie Michael Douglas in *Falling Down*) findet sich mit den miesen Methoden und der Korruption ab, bis der taxifahrende Mob den Tod seiner schwangeren Frau verursacht. Niedergeschlagen schlägt er zurück, wird schließlich zu einer Ein-Mann-Bürgerwehr und nimmt sich mit seiner »Barnetor«-Neun-Millimeter-Automatik Taxifahrer vor, deren Verfehlungen von rüdem Benehmen bis zu Vergewaltigung reichen. Während er zwischen dem sanften Angestellten und dem durchgedrehten Rächer an den Taxifahrern hin- und herwechselt, spielt Wong eine Parodie auf Robert De Niro in *Taxi Driver*, indem er seinem Freund (Ng Man-tat) erklärt, daß seine Serienmorde in Ordnung seien, weil »ich nur die schwarzen Schafe kille«. Den Taxifahrern in *Taxi Hunter* gilt keine Sympathie, weil sie höhnische Habgier und Arroganz an den Tag legen. Der einsame ehrliche Fahrer in dem Haufen erhält jedoch vom Publikum in Hongkong immer *großen* Applaus.

CENTIPEDE HORROR
1988

Einfühlsames Drama um ein junges Mädchen und dessen Haustier, Tausendfüßler Ling-Ling! Falsch! Schon die Eröffnungssequenz mit einem großen bösen Tausendfüßler, der sich auf die Kamera zuwindet, bringt einen zum Kreischen. Trotz des ungewohnten Anblicks einiger wiederbelebter Hühnerskelette ist diese Hexenmeister-gegen-Hexenmeister-Geschichte etwas langweilig – jedenfalls bis die zitternde Heldin beginnt, jede Menge der scheußlichen, zappelnden wirbellosen Tiere heranzuschleppen.

THE DRAGON FROM RUSSIA
1990

Regisseur Clarence Ford (Fok Yiu-leung) macht Filme, die für ihren wunderbaren visuellen Stil und ihre ungeradlinige Erzählweise bekannt sind. Manchmal ist es, offen gesagt, schwierig, zu begreifen, was überhaupt stattfindet. Aber Clarence hat die angenehme Gewohnheit, Carrie Ng in seinen Filmen zu besetzen, und das ist gar nicht übel.

Dieser Film zeigt die Beziehung zwischen Sam Hui und Maggie Cheung, die zur Volksgruppe der Mandschu gehören und zusammen in Rußland aufwuchsen. Sam entwickelt Gedächtnisschwund und wird von der Organisation »800 Drachen« gekidnappt, die ihn tätowiert und aus ihm den maskierten Attentäter Freeman macht. Er beginnt daraufhin eine Serie von blutrünstigen, brutalen Anschlägen, aber als Maggie auf der Liste steht, kehrt seine Erinnerung langsam zurück. Dieses stilisierte Nonsensstück bedeutet 90 Minuten lang gute Unterhaltung. Es soll angeblich ein Lieblingsfilm von Boris Jelzin sein.

EROTIC GHOST STORY
1990

Eine Fabel über drei Schwestern, die ihre Sinnlichkeit entdecken vor einem Hintergrund von Hexen, dreiköpfigen Sexbesessenen und anderen erotischen Eintagslebewesen. Flatternde Seidenroben, ätherische Sets und architektonische Frisuren schmücken die Ausschweifungen. Abwechselnd blöd und

---

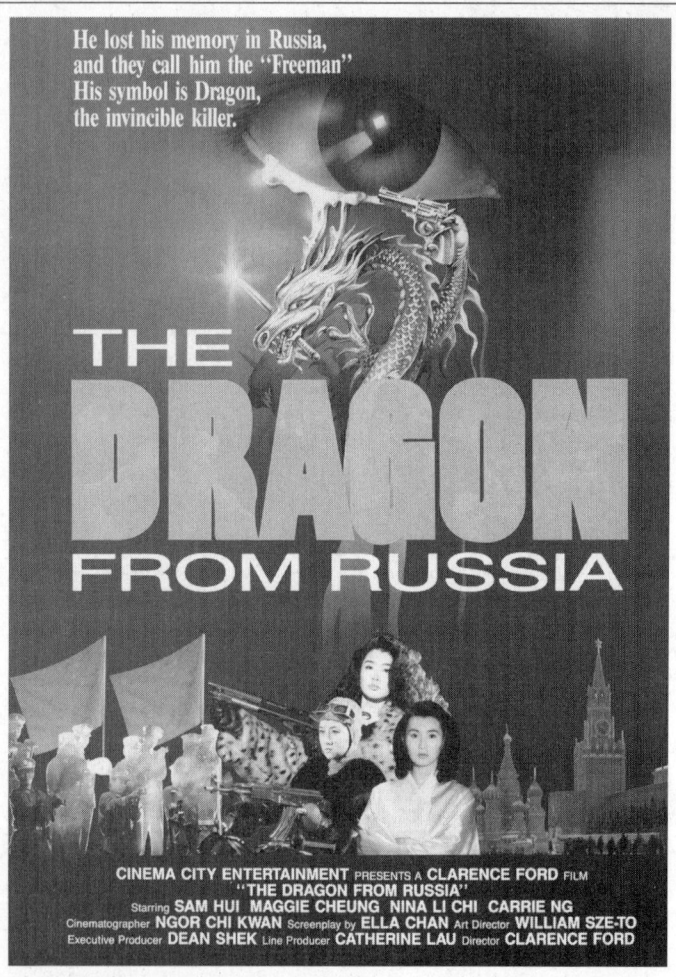

He lost his memory in Russia,
and they call him the "Freeman"
His symbol is Dragon,
the invincible killer.

THE DRAGON FROM RUSSIA

CINEMA CITY ENTERTAINMENT PRESENTS A CLARENCE FORD FILM
"THE DRAGON FROM RUSSIA"
Starring SAM HUI MAGGIE CHEUNG NINA LI CHI CARRIE NG
Cinematographer NGOR CHI KWAN Screenplay by ELLA CHAN Art Director WILLIAM SZE-TO
Executive Producer DEAN SHEK Line Producer CATHERINE LAU Director CLARENCE FORD

hitzig, stellt der Film das aufsehenerregende Debüt der groß-
busigen Amy Yip dar, einer Frau mit einem süßen Gesicht und
zwei hevorragenden Eigenschaften.

GHOSTLY VIXEN
1990
Die vollbusige Amy Yip ist Evil Girl (Böses Mädchen), ein
Geist, der 100 jungfräulichen Jungs einen blasen muß, um ewi-

ges Leben zu erhalten. Als wir Amy zunächst in einer Thai-Bar treffen, findet und beendet sie gerade Nummer 98. Aber bevor sie das richtig genießen kann, jagt sie ein rauher Geisterjäger namens Hui (Shing Fui-on) mit seinem Schwert in ein *Mahjong*-Spiel, das nach Hongkong unterwegs ist.

Schnitt auf Hongkong. Der jungfräuliche Juniorchef Sau Yan kriegt keine Bettgefährtin ab. Er schleppt eine Nutte in sein Apartment, und der Strom fällt aus. Sau Yan versucht cool zu bleiben und holt Kerzen und Champagner. Der Korken der Champagnerflasche fliegt seiner Verabredung ins Auge, und als er ihr helfen will, setzt eine Kerze ihr Haar in Brand. Er überschüttet sie mit Champagner und sagt ihr, sie solle im Schlafzimmer auf ihn warten. Nachdem er einen magischen Sextrunk zu sich genommen hat, folgt er ihr, muß aber feststellen, daß das Schlafzimmer von zwei Räubern belagert wird, die bewaffnet und geil sind. Sau Yan bietet ihnen die Dienste seiner Nutte an, doch es stellt sich heraus, daß die beiden schwul sind.

Sau Yan hat Probleme mit dem Sex, weil er auf übernatürliche Weise dem Mädel Yumy aus seiner früheren Heimatstadt versprochen ist, das auf dem besten Weg ist, eine alte Jungfer zu werden. Sau Yan will aber nichts mit der Vogelscheuche Yumy zu tun haben. Die aber ist eine Spielernatur und hat von ihrem

Aufsehenerregendes Debüt: Amy Yip (rechts) in › Erotic Ghost Story ‹

Vater, einem Zauberer, einige Zaubermittel mitbekommen. So macht sie sich auf in die große Stadt, um an ihren Mann zu kommen.

Als sie eintrifft, findet sie Sau Yan mit den Haaren einer weiteren Nutte in seinem Hosenschlitz vor. Beleidigt wendet sie gleich ihren ersten Zauber an, der ihm einen beinlangen Penis beschert, was seine Begleiterin abschreckt. Am nächsten Tag bekommt er bei der Präsentation von Reizwäsche Schwierigkeiten mit seinem Geschäftspartner.

Evil Girl deponiert derweil den Geisterjäger (der auch eine Jungfrau war) in einem Irrenhaus in Hongkong und startet dann ihre Jagd auf Sau Yan, Jungfrau Nummer 100. Yumy versucht, ihren Liebsten zu retten, indem sie mit ihm schlafen will, aber Sau Yan hat Potenzstörungen, selbst als Yumy Fotos von Supermodels vor ihr Gesicht hält. Also müssen sie gegen Evil Girl kämpfen. Dabei kommt Yumy ums Leben, kehrt aber als Geist wieder zurück und zerstört das böse Mädchen. Ein momentan dankbarer Sau Yan heiratet Yumy in einer Geisterhochzeit, aber nach der Liebesnacht verwandelt Yumy das Glied ihres Partners in eine Blume (um ihn vom Fremdgehen abzuhalten), ein Zauber, den nur sie selbst zurücknehmen kann. Gelächter und Standbild.

JAIL HOUSE EROS (auch: HAUNTED JAIL HOUSE)
1991

Ein Frauengefängnis, in dem es spukt. Die Wärterin ist eine Sadistin, die die unglücklichen Gefangenen mit einem Wasserschlauch drangsaliert, einschließlich der toplastigen Amy Yip. Glücklicherweise kommt die Wärterin durch einen tragischen Unfall ums Leben. Unglücklicherweise kehrt sie als böser Geist zurück!

Ein Trio örtlicher kleiner Fische, die sich nur mit den kriminellen Miezen vergnügen wollen, täuschen vor, taoistische Priester zu sein, um sich Einlaß zu verschaffen, doch sie haben keine Ahnung von Teufelsaustreibung. So bleibt es an der guten Hexe des Zellenblocks (Loletta Lee) hängen, den Dämon zu schlagen. Heißblütige Männer wollen sicher wissen, wie Amy Yip ohne Make-up in einem einfachen Knastkleid aussieht. Phantastisch!

MY NEIGHBOURS ARE PHANTOMS
1990

Vier Geister aus der Ära der dreißiger Jahre (zwei männliche und zwei weibliche) entschwinden aus einem alten Schwarzweißfoto und beginnen, ihren Durst auf menschliches Blut zu löschen. Die ersten Opfer, die dran glauben müssen, sind die Nachbarn, Polizeiinspektor Dragon und seine beiden Schwestern Yummy und Sandy. Aber der gutherzige weibliche Geist Siu-Sin, dessen Asche von einem bösen Geisterboß überwacht wird, verliebt sich in Dragon – sogar vor seiner siegreichen Vorstellung beim Schmutzige-Witze-Wettbewerb (es ist für wohltätige Zwecke). Siu-Sin versucht, seinen Clan vor den Klauen ihres Meisters zu beschützen.

Dragons abergläubische Schwestern sind die ersten, die herausfinden, daß mit den neuen Nachbarn etwas nicht stimmt. Glücklicherweise verkleidet sich ein weiterer Polizist als taoistischer Priester und bringt die erforderlichen Beschwörungen und heiligen Wasser mit.

Während Siu-Sin und ihr ahnungsloser Liebster in einem riesigen Höllenauto aus Papier herumfahren (siehe »Höllische Banknoten«), umwickeln Dragons Schwestern mit der Hilfe von Dragons früherer Verlobter (gespielt von der drallen Amy Yip) die böse Geistfrau mit einem geweihten Seil. Aber sie müssen sie bewegungslos festhalten, bis der Priester/Polizist eintrifft. Der böse Geist rollt eine 1,80 Meter lange Zunge aus, die das einzige attackiert, was in Reichweite ist – die arg belasteten Knöpfe an Amy Yips enger Bluse.

Im Schlußkampf hält der fliehende Dragon auferstandene Verstorbene auf einem Friedhof mit einer *cha*-Beschwörung auf, doch versehentlich richtet er sie auf einen Spiegel, und sein Fluch trifft ihn so auch selbst. Die Jagd auf Leben und Tod geht in hektischer Zeitlupe weiter. Am Ende muß er sich, um Siu-Sin zu retten, dem Geisterboß in dem alten Foto stellen – eine erstaunlich mutige Tat für jemanden, der sich schon zweimal in die Hose gepinkelt hat. Dragon triumphiert, aber Siu-Sin kann ihm nicht in die reale Welt folgen.

Unanständige Witze, Blutsaugerei, Amy Yip und eine zum Scheitern verurteilte Mann-Geist-Liebe – bringen Sie eine Freundin/einen Freund mit!

THE NOCTURNAL DEMON
1990
Eine Komödie über einen taxifahrenden Psychokiller, der Feuerzeugbenzin inhaliert, um sich in Stimmung zu bringen, bevor er seinen Opfern die Zunge herausschneidet. Ja, eine *Komödie* mit plätschernder Synthesizermusik, klotzköpfigen Polizisten, Busenwitzen, die ganze Show. Der Star von *The Nocturnal*

Demon ist Moon Lee als Wawa, eine 17jährige Martial-Arts-Studentin vom Festland, die eine Louise-Brooks-Frisur trägt. Sie verprügelt den verrückten Taxifahrer (Yuen Wah), wobei sie Rollschuhe trägt. Dann wirft sie sich in Rock-Trash-Klamotten, zieht eine Elvira-Perücke an und bearbeitet den Irren mit ihren beinhohen Lederstiefeln. Dieser Streifen ist teilweise etwas daneben, doch Moon besitzt die Fähigkeit, sich jede Hirnverbranntheit zu leisten, ohne eine Miene zu verziehen.

OPERATION PINK SQUAD 2
1989
Eine Gruppe weiblicher Polizisten muß als Nutten auftreten, um einen Fälscher dingfest zu machen. Unglücklicherweise wird ihr Versteck von einem fanatischen weiblichen Geist heimgesucht. Sie trennen der schaurigen Furie mit einer Schaufel den Kopf ab, was sie wirklich wütend macht. Nicht nur, daß ihr Kopf durch die Gegend fliegt, um Leute an empfindlichen Stellen zu beißen, auch der enthauptete Körper entpuppt sich als furchterregender Widersacher! Der örtliche Taoist wird herbeizitiert, um den Kopf abzuknallen, und zwar mit einem Aufgebot an rot-gelben buddhistischen Spielzeughelikoptern, doch dann verwendet die Furie die radikale »Ausblutungsmethode«, um ihn zu besiegen. Die einzige Hoffnung des Polizisten ist, »die Elfe« heraufzubeschwören. Aber welche der männlichen Figuren besitzt die Voraussetzung dafür, die Elfe abzugeben – Jungfräulichkeit?

SAVIOUR OF THE SOUL (SILVER FOX)
1991
Andy Lau und Anita Mui spielen Liebende, die von Meisterverbrecher Silver Fox (Aaron Kwok) gejagt werden. Silver Fox schnüffelt rosafarbenen Rauch aus Reagenzgläsern und benutzt seine »Terrible Angel/Fürchterlicher Engel«-Methode dazu, Anita zu besitzen. Sie kann davon nur durch Pet Lady (Carina Lau) geheilt werden, einer stolzen Hexe, die im Pet Palace (Haustierpalast) wohnt. Die Kameraeinstellungen und die Ausstattung dieser Fantasy-Romanze sind nach Art japanischer *anime* (Zeichentrickfilme) stilisiert. Es gibt viele Spezialeffekte mit an unsichtbaren Drähten fliegenden Personen und phantastischer Action. Anita Mui spielt eine Doppelrolle als ihre eigene neunmalkluge Schwester.

STONE AGE WARRIORS
1990
Nina Li, Elaine Lui und Fan Siu Wang (Star von *The Story of*

Anita Mui in ›Saviour of the Soul‹

Ricky) erleben im Dschungel Indonesiens verrückte Abenteuer. Das Bemerkenswerteste, was man über diesen verschrobenen Action-Film sagen kann, ist, daß die herausgeschnittenen
Szenen, die man im Abspann sehen kann, das Beste sind. Mit
anzusehen, welch leidvolle Erfahrungen talentierte Hongkong-
Regisseure auf sich zu nehmen bereit sind, ist schlimmer als
ein Film mit hüpfenden Vampiren. Beachten Sie, wie die Sex-
katze Nina Li zuerst von einem schnellen und wendigen sechs-
füßigen Komodo-Drachen bedroht wird und dann unsanft aus
einem strömenden Fluß gerissen wird! Schauen Sie sich an, wie
Elaine »Angel« Lui echt ausflippt, als sie mit riesigen, raben-
schwarzen Skorpionen überschüttet wird und dabei zerkauten
Bananenbrei auskotzt. Bah!

YOK DANS UND TRIADEN

So wie Hollywood – besonders in den dreißiger Jahren, als Typen wie Bugsy Siegel und Mickey Cohen eine Rolle spielten –
hat auch Hongkong seinen Anteil an Skandalen und Schmutz.
Genau wie in den Dreißigern in Hollywood kam nicht sehr viel
an die Öffentlichkeit. Fragen Sie nach einem umgekommenen

Stuntman oder warum junge Spitzenschauspieler der damaligen Kronkolonie plötzlich abdankten, und Sie werden auf eine Mauer des Schweigens stoßen. Doch die Informationen, die durchgelangen, sind nicht ohne.

Fangen wir mit Amy Yip an, der »Jane Russell von Hongkong«. Die großbusige Miss Yip, Star solcher Filme wie *Ghostly Vixen*, *Jail House Eros* und *Sex And Zen*, hat ihre Oberweite von 91,44 Zentimetern gegen Verletzung und Schwund für eine Million Dollar versichern lassen. 1990 machte Amy Yip Schlagzeilen in der ganzen Welt, als ein besessener Geschäftsführer der Bank of America in den Knast wanderte, weil er versucht hatte, ihr ungerechtfertigterweise 2,4 Millionen Dollar aufs Konto zu überweisen. Er behauptete den Ermittlern gegenüber, Amy Yip sei seine Freundin und ihre ständigen Geldforderungen hätten ihn zu dieser Tat getrieben. Bevor er dieses Verbrechen beging, hatte er bereits sein Haus verkauft und seine Mutter in eine Armenhaussiedlung umquartiert, um die Beziehung zu finanzieren.

Die manchmal *Yok Dan* (»Fleischbombe«) Genannte ist in Hongkong auch bekannt als Moderatorin des Porno-Videomagazins *Le Club* und dafür, daß sie eine Hotline-Werbung für seidene Unterwäsche aufgenommen hat, die alle Telefonleitungen blockierte und den Auftraggebern pro Tag 8000 Hongkong-Dollar einbrachte. Ende 1992, als sie zu der Erkenntnis kam, daß das Softpornogewerbe »von Amateur-Schönheitsköniginnen und verträumt dreinschauenden Newcomern übernommen wurde«, wandte sich Amy Yip dem Gesang zu. Aber ihr wurde untersagt, in der Volksrepublik China aufzutreten, wegen Verbreitung »geistiger Verdorbenheit«.

Amy Yip hat immer darauf geachtet, daß sie nicht zuviel von sich preisgab. Keine Nacktaufnahmen von vorne, keine Brustwarzen. »Wenn die Leute einen vollständig nackt gesehen haben, dann sind sie nicht mehr neugierig auf dich«, erklärte sie einmal. Bei dieser hochgespielten Pin-up-Neugier kann man es den organisierten Verbrechersyndikaten Hongkongs – den Triaden – nicht besonders übelnehmen, daß von ihnen der Vorschlag kam, einen etwas gewagteren Film für eine ihrer Produktionsfirmen zu drehen. Statt ihre Keuschheit auf der Leinwand preiszugeben, bat Amy Yip die Polizei um Schutz. »Die Schikanen hören gar nicht mehr auf, und ich kann nur mit der Verzögerung meiner Antwort reagieren«, sagte sie.

Der Druck, der auf sie ausgeübt wurde, war keine leere Drohung. Die Triaden haben während der neunziger Jahre, der letzten Jahre der britischen Herrschaft, entschlossene Versuche unternommen, die Filmindustrie unter ihre Kontrolle zu bringen. Eine Darstellerin wurde mehrfach vergewaltigt, angeblich auf Geheiß eines zurückgewiesenen Triaden-Produzenten. Viele andere sind an die Öffentlichkeit getreten und haben mitgeteilt, daß sie bedroht und erpreßt wurden, um in den Filmproduktionen der Triaden mitzuwirken.

Anfang 1992 stürmten bewaffnete Männer in die Büros eines führenden Filmstudios und stahlen zwei Rollen des Films *All's Well, End's Well*, der in China kurz vor den chinesischen Neujahrsferien groß herauskommen sollte. Stellen Sie sich einmal vor, kurz vor Weihnachten würde bei der Produktionsfirma Paramount jemand die einzige Kopie des neuen Blockbusters klauen!

Viele Produzenten und Stars, darunter Amy Yip, protestierten in einem noch nie dagewesenen Maße gegen die Einmischung

Amy Yip (in ›Erotic Ghost Story‹)

der Triaden. Sie marschierten mit einem Banner mit der Auf-
schrift »Showbusineß gegen Gewalt« zum Hauptquartier der
Royal Hong Kong Police und verlangten, daß etwas gegen die
Gangs unternommen werden sollte.

Einige Monate später wurde Wong Long Wai, Eigentümer einer Filmgesellschaft und Kung-Fu-Stuntman, in einer Privatkli-
nik in Hongkong ermordet, während er wegen eines überbela-
steten Ellbogens behandelt wurde. Ein Killer stiefelte einfach
in sein Krankenzimmer und ballerte ihm mit einem 38er Kali-
ber eine Kugel in den Kopf. Einige Wochen danach trat der
Produzent Jimmy Choi Chi-ming aus einem Aufzug und genau
in den Kugelhagel von zwei Männern, die als Sicherheitsbeam-
te verkleidet waren.

»Die Gangster werden jeden Tag übler«, bekundet Chua Lam,
ein Produzent von Kung-Fu-Filmen.

The Wicked City (Mutant City)

1992
Mit Leon Lai Ming, Jacky Cheung Hok-yow, Michelle Reis
(Lee Kar-yan), Tatsuya Nakadai, Roy Cheung Yiu-yeung, Yuen
Woo-ping, Carman Lee
Regie: Mak Tai-kit

Ein ambitionierter Versuch, die dekorative Kreativität der japanischen *anime* ins Action-Kino zu übertragen. *The Wicked
City*, von Tsui Hark produziert, ist eine optisch faszinierende
Mischung aus Science-fiction und Melodram. Der Film hat das
Tempo eines Comics und verzichtet auf die langweiligen, film-
üblichen verbindenden Dinge. Die Szenen sind kurz und aus
oft extremen Kamerapositionen oder ungewöhnlichen Perspektiven gedreht, um dem Film seinen aufregenden Charak-
ter zu verleihen. *The Wicked City* läßt voller Hochachtung Szenen aus einem ähnlich betitelten japanischen Zeichentrickfilm
(auch bekannt als *Supernatural Beast City*) wieder aufleben
und bezieht seine Inspirationen auch aus *Alien Nation* und
Blade Runner.

Die Geschichte beginnt, als die Übergabe der Kronkolonie an
China 1997 unmittelbar bevorsteht. In Hongkong herrscht
Chaos, weil die Stadt von unheilanrichtenden außerirdischen
Immigranten heimgesucht wird, die man Rapter nennt. Diese

Zwei unfreundliche »Rapter« in ›The Wicked City‹

können ständig ihre Gestalt verändern, und so haben sie in menschlicher Verkleidung die Gesellschaft infiltriert. Es ist Aufgabe des staatlichen Antirapter-Büros, ihrer habhaft zu werden und sie zu eliminieren. In der stilvollen Eröffnungssequenz des Films nimmt sich unser Held, Taki (Leon Lai), Agent des Antirapter-Büros, eine schöne Prostituierte mit auf sein Hotelzimmer, entlarvt sie jedoch als Rapter. Einmal demaskiert, verwandelt sie sich in eine mörderische Insektenfrau! Takis Kollege Ken Kai (Jacky Cheung) – halb Mensch, halb Rapter – kommt gerade noch rechtzeitig, um das sinistre Biest zu enthaupten.

In Hongkong trifft ein einflußreicher Firmenchef namens Daishu (gespielt von dem japanischen Schauspieler Tatsuya Nakadai) zu einer festlichen Geburtstagsfeier ein, ohne zu ahnen, daß das Antirapter-Büro über seine nichtmenschliche Abstammung Bescheid weiß (Daishus Alter, 150 Jahre, war der Hinweis). Taki infiltriert die Party, ist jedoch überwältigt beim Anblick von Daishus hinreißender Rapter-Freundin Windy (Michelle Reis). Windy ist eine frühere Flamme von Taki, die er vor Jahren verlassen hat, als er herausfand, daß sie ein außerirdisches Monster ist. Dann aber geht es hoch her auf der Geburtstagsfeier, denn ein anderer Rapter beschuldigt Daishu, eine tödliche Droge namens »Happiness« auf der Straße gedealt zu haben, die die Gemeinschaft der Rapter zerstört.

Es stellt sich heraus, daß Daishu ein reicher, pazifistischer Polymorph (Mehrgestaltiger) ist, der friedliche Beziehungen zu den Menschen pflegen möchte. Es ist sein junger Sohn Shudo, der eigene Übernahmepläne hegt, der die zerstörerische Droge heimlich vertreibt.

Die Beziehungen zwischen den Hauptfiguren und ihr tragisches Potential sind zwar eindeutig, aber auch verstrickt. Taki liebt immer noch Rapter Windy, die auch noch etwas für ihn übrig hat, aber letztlich doch den Rapter Daishu liebt. Der Mischling Ken Kai genießt nicht das Vertrauen des Antirapter-Bürochefs und verliebt sich in seine Kollegin Orchid, der man nicht trauen sollte. Und der ständig geile Shudo ist eine mächtige Bedrohung für das Leben, wie wir es kennen. Letztlich müssen sich Taki und Ken Kai an diesem verrückten Ort gegenseitig aufeinander verlassen. Potentielle tragische Energie wird kinematographische Energie, und fast alle sterben beim großen Showdown im dritten Akt.

The Wicked City deutet die manifeste Erotik der japanischen Comicvorlage nur an. Statt dessen wird eine unaufhörliche

Reihe unglaublich bizarrer Spezialeffekte losgelassen. Dies ist ein originelles visuelles Spektakel mit vielen guten, gelegentlich aber auch abwegigen Ideen.

Die Mitglieder des Antirapter-Büros rennen in einer Gruppe durch die Gegend und benutzen Telekinese, um Taki schweben zu lassen, wann immer er aus dem Fenster eines hohen Gebäudes geschmissen wird. Flüssige Rapter halten sich in Cocktails versteckt und lassen dann den Kopf dessen, der ihn trinkt, explodieren. Eine fliegende Killeruhr jagt unsere Helden, und ein weiblicher, über zwei Meter großer Rapter verwandelt sich in eine sexuell ausgereifte Flippermaschine, an der die männlichen Figuren des Films spielen, oder ein dröhnendes Motorrad, auf dem sie fahren. *RAA*

10. Yuen, Sammo, Yuen

Die Heldentaten von Jackie Chan (siehe Kapitel 6) sind reichlich bekannt, doch die filmischen Bemühungen seiner »Brüder« eher weniger. Das ist sehr schade, denn viele davon gehören zu den besten und schillerndsten in Hongkong.

Jackie Chan war einer von vielen Waisenjungen, der in der Schule der Peking-Oper in Hongkong aufgezogen wurde, wo Kampfsportarten mit großem Einsatz unterrichtet werden. Eine Gruppe von Kindern dieser Schule, darunter Jackie Chan sowie die drei Männer in diesem Kapitel, Yuen Biao, Sammo Hung und Yuen Wah, ging als »Seven Little Fortunes« auf Tournee. Alle sieben sollten schließlich in unterschiedlichen Funktionen Action-Filme machen. Und alle tauchen kreuz und quer in den jeweiligen Projekten der anderen auf. Jackie Chan besetzte immer wieder die Yuens und Sammo in seinen Filmen bis zu *Dragons Forever* aus dem Jahr 1988, ihrem letzten gemeinschaftlichen Film.

Der Film *Painted Faces* zeigt ziemlich genau die Erziehung jedes einzelnen und ihr rigoroses Training, das aus diesen spirituellen Brüdern Martial-Arts-Idole gemacht hat.

Yuen Biao

Yuen Biao, das jüngste Mitglied der Truppe, machte zunächst mit naßforscher körperlicher Grazie in *Dreadnaught* und *The Prodigal Son* auf sich aufmerksam. Ein vorwitziger Kerl, dessen schiefe Zähne man bei seinem Grinsen erkennt. Yuen Biao hat schon alles gespielt, vom Helden bis zum Piraten, vom Bauerntölpel bis zum Kämpfer mit wehendem Zopf. Wie einige andere der Seven Little Fortunes nahm er den Nachnamen »Yuen« aus Ehrerbietung für ihren *sifu* Yuen Chan-yuan an, der jetzt in Südkalifornien lebt.

Sammo Hung Kam-bo

Sammo Hung Kam-bo, der entscheidend zur Entwicklung des modernen Action-Films beigetragen hat, ist der älteste der Seven Little Fortunes. Sammo Hung hat als Schauspieler, Regisseur und/oder Action-Regisseur bei Dutzenden von Filmen gearbeitet. Während Sammo Hungs stämmige Gestalt ihm den Spitznamen »Big Brother Big« eingebracht hat, entspricht sein argloses Mondgesicht nicht dem Image eines üblichen Hauptdarstellers. Seine Kampfsportkunst aber ist unerreicht.

Sammo Hung kommt auch mit komödiantischen Rollen sehr gut zurecht und spielt in Geisterfilmen oft den liebenswerten Trottel. Seine Name rührt von einer berühmten Zeichentrickfigur aus seiner Kindheit her: »Sam-mo« (drei Haare).

Yuen Wah

Yuen Wah ist als der »Wer war das denn?«-Typ bekannt. Sein Name wurde nie an erster Stelle genannt. Ungläubige Zuschauer wollen aber dennoch wissen: Wer war der Kerl mit der Zigarre in *Dragons Forever?* Dieser Typ mit dem Fächer in *Eastern Condors?* Der Bursche mit der seltsamen Brille in *She Shoots Straight?* Und der eisenharte Kung-Fu-Kämpfer in *A Kid from Tibet?* Er sieht zwar so aus, als wäre er der Letzte, den man bei der Aufstellung eines Softballteams berücksichtigen würde, doch er ist ein erstaunlich talentierter Kampfsportkünstler, der seine Gegner – und sein Publikum – völlig überrascht. Dieser Kerl spielt mit eingefallenen Wangen den Bösewicht Nummer eins im Hongkong-Kino.

Eastern Condors (Operation Eastern Condors)
1987
mit Sammo Hung Kam-bo, Yuen Biao, Yuen Wah, Lam Ching Ying, Joyce Godenzi, Haing S. Ngor, Dick Wei, Billy Lau, Corey Yuen Kwai, Yuen Woo-ping, Ng Ma, Melvin Wong
Regie: Sammo Hung Kam-bo

Eastern Condors ist ein spektakuläres Kriegsdrama mit einer Topstar-Besetzung und Dr. Haing S. Ngor, der 1984 den Oscar für die beste Nebenrolle erhielt *(Killing Fields/Schreiendes Land,* USA 1984). Die Action-Sequenzen sind ausgezeichnet, da die Besten im Busineß hier zeigen, was sie können.

Oberstleutnant Lam (Lam Ching Ying) wird dazu abkommandiert, 1976 ein Himmelfahrtskommando im *Dirty Dozen*-Stil *(Das dreckige Dutzend,* USA 1966) nach Vietnam zu führen.

Ein Raketendepot, das die amerikanische Armee beim Rückzug hinterlassen hatte, muß zerstört werden, bevor es in die falschen Hände gerät. Lams Schwadron setzt sich aus chinesischen Kriminellen zusammen, die aus einem Knast in New Jersey ausgebrochen sind.

Bereit zuzuschlagen, springen sie in Tarnklamotten hinter den feindlichen Linien mit Fallschirmen ab, auch wenn einer mit dem Spitznamen »Stotterer« Probleme beim Abzählen zum Ziehen der Reißleine hat. Sie stoßen gleich auf drei kambodschanische Patriotinnen, die von Joyce Godenzi angeführt werden (der zukünftigen Missis Sammo). Das Guerillatrio ist abgebrüht und kriegserfahren, und um der Geschichte noch eine Drehung zu geben, ist eine der Damen eine ausgepuffte Doppelagentin.

Ein merkwürdiger Verbündeter wird in Rat Chien (Yuen Biao) gefunden, einem Ortsansässigen, der mit seiner musikplärrenden Moped-Rikscha Whisky und Zigaretten verhökert, eine Art gutmütiger Schwarzmarkthändler. Yuen lebt mit seinem Onkel, einem harmlosen, lächelnden Einfaltspinsel (Dr. Haing S. Ngor) zusammen. Die Schwadron kann beide dafür gewinnen, die Umgebung zu erkunden.

Sie werden von Vietcong-Soldaten verfolgt, die von einem blutrünstigen General (Wu Ma) angeführt werden. Als unsere Helden von den Vietcong-Truppen gefangengenommen werden, sperren diese sie in Bambushütten, die hüfthoch mit Wasser gefüllt sind. In einer nahezu parodistischen Abwandlung von *The Deer Hunter/Die durch die Hölle gehen* (USA 1978) werden sie gezwungen, zum Amüsement ihrer Wächter Russisches Roulette zu spielen. Doch sie drehen den Spieß herum und schießen sich ihren Weg frei.

Die Vietcong-Truppen verfolgen sie in einen Wald voller Fallen, aber die Kampfsportkunst von Yuen Biao und Tung Minghsin (Sammo Hung) rettet sie. Sammo Hung entlaubt schnell Palmenwedel und wirft die Stämme wie Darts in die Genicke der Angreifer. Yuen reißt eine Kokosnuß ab, indem er in die Luft springt und sie wie einen Fußball gegen die Birne eines herankommenden Kommunisten donnert. Das ist turbulent, es ist überdreht und kein Schlafwandeln im Chuck-Norris-Stil.

Die Doppelagentin wird entlarvt und eliminiert. Dann bekommen sie es mit einem seltsamen kommunistischen Kommandeur (Yuen Wah) zu tun, der sie verfolgt. Ein mürrischer Hosenscheißer, der Seidenpyjamas und eine dicke Brille trägt. Er spricht mit Schluckauf und kühlt sich mit einem zierlichen faltbaren Fächer, während er das Gemetzel begutachtet, das unsere Helden anrichten. Er kommt erst in die Gänge, als er schwere Artillerie auf die kühne Schwadron ansetzt, die einige Verluste durch Erschöpfung zu verzeichnen hat und eine strategisch wichtige Brücke bewacht. Während er auf dem Rücksitz eines Jeeps hockt, reißt der üble Vietcong-Kommandeur seine dünnen Ärmchen in die Luft und brüllt hysterisch »FEUER!!!«, und die Hölle bricht über die Bewacher der Brücke herein.

Die übriggebliebenen Helden schaffen es, zum Munitionsdepot zu gelangen, das von glänzenden Raketen starrt. Sie initialisieren ihre Zeitbomben. Die Vietcong treffen ein, und der offene Endkampf beginnt. Nachdem einige Kämpfer aus der vordersten Linie dran glauben mußten, stehen Yuen und Sammo

Patriotin mit schwerem Geschütz: Joyce Godenzi in ›Eastern Condors‹

nur noch dem bibbernden Mr. Big gegenüber. Doch statt sich wie eine nasse Nudel flach zu legen, entpuppt sich der bebrillte Bösewicht plötzlich als meisterlicher Kung-Fu-Kämpfer. Er liefert einen exzellenten Kampf ab, wird aber trotzdem überwältigt und dann durch die alte Technik, jemandem eine Handgranate in den Mund zu stopfen, erledigt. Unsere Helden flüchten vor dem explodierenden Waffenlager und werden wohl wieder anderweitig zum Einsatz gelangen.

BIZARRE NAMEN

Chinesen werden nicht mit englischen Namen geboren, aber viele nehmen welche aus geschäftlichen Gründen an. Manchmal sind es gängige Namen wie Michael oder Linda. Aber gelegentlich legt sich ein (der englischen Sprache nicht so mächtiger) Chinese eher seltsame Namen zu – wie der Verkaufsmanager einer Transportfirma, der sich den Namen Hitler Wong zulegte. Es folgen einige unserer Lieblingsnamen von Schauspielern und Crew-Mitgliedern.

Tomato Chan: Kameramann *(Tiger Cage)*

Noodle Cheng: Teenager-Idol *(Why Wild Girls, Boys Are Easy)*

Curry Lau: Action-Regisseur *(The Ultimate Vampire)*

Elvis Tsui: Schauspieler *(Sex & Zen, Deadful Melody)*

Ridley Tsui: Regisseur *(No Regret, No Return)*

Casanova Wong: Schauspieler *(Master Strikes, Shaolin Plot)*.

Noch schräger sind einige Spitznamen von Darstellern, die oft auf spezifischen Gesichtsmerkmalen beruhen. Komödiant Richard Ng *(My Lucky Stars, Magnificent Warriors)* wird wegen seines langen Kinns »Schuhanzieher« genannt. Die hübsche Taiwanesin Brigitte Lin ist auch als »Die Wangenknochen« bekannt. Sänger Sandy Lam muß sich mit dem seltsamen Spitznamen »Trübes Schweinsauge« abfinden. Populär sind auch Beinamen, die den Status ausdrücken: Stephen Chow wird »Pate Chow« genannt, Jet Li ist »Boß Li«, und der schwergewichtige Sammo ist »Big Brother Big«. Unser Lieblingsspitzname ist der von Charakterdarsteller Shing Fui-on, dem James Coburn aus Hongkong, der liebevoll »Großer Schwachkopf« (Big Sillyhead) genannt wird.

WARNUNGEN UND RATSCHLÄGE

Noch mehr verunglückte Untertitel Ihrer Lieblingsfilme aus Hongkong (die Erklärung findet sich in Kapitel 3).

Red keinen Quatsch, Schaufel. *(Queen's High)*

Du kannst ihr nicht trauen. Ihre Rakete ist gigantisch. *(I Love Maria)*

Mit dem Bierbauch in Richtung Himmel wird er herkuleanisch! *(Mr. Vampire Part III)*

Ich schieße ziellos, wenn du nicht herauskommst! *(Pom Pom and Hot Hot)*

Ruhe oder ich sprenge deine Kehle! *(On the Run)*

Diesmal werden die Wölfe deine Titten zum Platzen bringen. *(Naked Killer)*

Laß dich von dem Dünnen nicht irritieren. Er wird von innerer Luft beschützt. *(Last Hero in China)*

Gut, jetzt bin ich aber wütend! *(A Kid from Tibet)*

Er will der oberste Kampf sein, Scheiße! *(Thirteen Cold-Blooded Eagles)*

Warte auf Tod in 18 Jahren! *(Holy Flame of the Martial World)*

Ich werde aller Welt erzählen, daß deine Brüste gespritzt sind! *(A Hearty Response)*

Erzähl bloß keinem, daß ich Höhenangst habe, sonst verprügel ich dich! *(Prison on Fire 2)*

Mehr als vom Pferd, Scheiße! *(Once a Thief)*

Steckt eure Köpfe zurück! *(Long Arm of the Law)*

Du hast eine Knarre, schick ihn mit der Kugel zurück! *(People's Hero)*

Wenn der Eiserne Affe wagt zu kommen, steckt er tief in der Scheiße. *(Iron Monkey)*

Ich schieße. Beweg dich nicht. *(Blood Ritual)*

Deine Hexe wird wilder und wilder. *(Escape from Brothel)*

Was fällt dir ein, hier getötet zu werden? *(Armour of God)*

Die fünf kleinen Kinder werden ausbrechen und Leute umbringen. *(Red Spell Spells Red)*

Der Typ ist verdammt, schlagt ihn! *(On Parole)*

Saug ihn bewußtlos. *(Armour of God II: Operation Condor)*

Irrer! Sei smart und laß sie frei, oder ich werde deinen ganzen Clan auswurzeln. *(Holy Art of the Martial World)*

Encounter of the Spooky Kind 2
1990
mit Sammo Hung Kam-bo, Lam Ching Ying, Meng Hoi
Regie: Ricky Liu Guan-wei

Sammo Hung und seine Geliebte sind auf der Flucht und verkriechen sich in einem Tempel, in dem es spukt. Innendrin verläßt ein abscheuliches Paar seine Särge, gönnt sich ein Opiumpfeifchen und tändelt mit dem zitternden menschlichen Liebespaar herum. Bald saugen die vier reihenweise Blut aus. Dies ist die Anfangssequenz, ein Traum, doch die Dinge werden für Sammo Hung nicht besser, als er erwacht.

Er ist der bettelarme Student des ewigen *sifu* (Lam Ching Ying) und hoffnungslos verliebt in Little Chu, die Tochter eines Gasthausbesitzers. Doch der alte Chu ist von Sammos prosaischer Aufrichtigkeit unbeeindruckt und gibt dem reichen, häßlichen Speichellecker Sze den Vorzug.

In einem komisch-hysterischen Kung-Fu-Kampf zwischen Sze und Sammo wird Sze von seinem Hexenmeister unterstützt, seinem teuflischen persönlichen Trainer, der einen gezähmten Affen verzaubert und dessen Fähigkeiten auf seinen Schüler überträgt. Der Zauberer lauert in der Nähe und läßt den Affen Rückwärtssaltos vollführen und tödliche Tritte, die Sze sofort dazu bewegen, das gleiche zu tun. Als ein mit Sammo befreundeter Schüler (Meng Hoi) die List bemerkt, kommt er zu Hilfe und hetzt einen deutschen Schäferhund auf den Affen.

Sammo erbittet die Unterstützung eines tugendhaften weiblichen Geistes, um Sze einen Strich durch die Rechnung zu machen. Er überzeugt seinen einseitig denkenden *sifu,* diesen

Geist nicht mit seinen taoistischen Spielchen zu vernichten. Aber als *Encounter of the Spooky Kind 2* zu nett zu werden scheint, tauchen eigenartige Gespenster auf.

Szes Zauberer wiederbelebt ein dusseliges Zombie-Paar, indem er die beiden mit lebenden Kakerlaken vollstopft. Der erschrockene Sammo kämpft gegen sie, aber ihre Köpfe platzen auf, und Unmengen von Schaben ergießen sich über seinen unbedeckten Oberkörper. Sammo kann das nicht ertragen, und seine Seele flieht splitternackt, wird aber von Szes Zauberer erwischt und in ein Ferkel übertragen. Inzwischen ist Sammos Körper, der nur noch imstande ist, »Angst, Angst« zu stottern, rasch von dem weiblichen Geist in Besitz genommen worden und setzt den Kampf gegen den scheinbar unaufhaltbaren Zauberer und seine Angriffe mit Blutegeln und pulverisierten Totenköpfen fort.

Sammos Seele kehrt zurück, aber Sze umgarnt Little Chus Vater weiterhin mit schleimigem Charme. Dann schickt er ihn los, um Sammo in Stücke zu hacken.

All das scheint für Sammos leidgeprüften *sifu* zuviel zu sein! Er errichtet rund um Sammo einen taoistischen Altar, dann duelliert er sich im Cyberspace mit dem Zauberer, der sich von seiner Geisterhöhle aus projeziert – einem eleganten Schmuckkästchen voller ausgefallener Möbel und rot angemalter Kuhschädel. Die mächtigen Bannsprüche des *sifu* machen dem Herausforderer den Garaus. Plötzlich violett strahlend und mit wildem weißem Haar dastehend, fesselt der Zauberer Sze, versteckt dann das Gegenmittel des Kneipenbesitzers Chu in den Eingeweiden des Unglücklichen.

Bei der letzten gruseligen Begegnung stehen der *sifu* und seine beiden Schüler dem Zauberer gegenüber, der Energieblitze zucken läßt, »verhexte Leichen« zum Leben erweckt und schließlich zwei großartig gespenstische und geschmeidige Schlangenkämpfer antreten läßt.

A Kid from Tibet
1992
mit Yuen Biao, Michelle Reis (Lee Kar-yan), Yuen Wah, Nina Li Chi, Roy Chiao, Wu Ma
Regie: Yuen Biao

Das Regiedebüt von Yuen Biao beginnt mit der Aufnahme des historischen Potala-Klosters in Tibet.

Die Kamera verweilt auf den Gebetsmühlen, der Halle voller betender Mönche und der Landschaft um den Himalaja, bevor sie sich auf einen verkrüppelten Mann konzentriert, der unter Schmerzen die beeindruckenden 1341 Stufen zum Kloster hinaufsteigt. Glücklicherweise ist der residierende Lama, als er dort oben ankommt, Wong La (Yuen Biao), der das Bein des Mannes mit den fröhlichen Floskeln eines Varietézauberers heilt.

Wong La war noch nie außerhalb der mächtigen Mauern des Klosters, doch er wird vom obersten Mönch zusammen mit einer Begleiterin, Chiu Seng-neng (Michelle Reis), auf eine Reise nach Hongkong geschickt. Seine Aufgabe ist es, den Verschluß der magischen Babu-Goldflasche, mit deren Hilfe vor vielen Jahren die böse »Schwarze Sektion« abgewehrt wurde, wieder zur Flasche zurückzubringen.

Aber der Lama von Hongkong, der für die Flasche verantwortlich zeichnet, wurde von einem gaunerischen Priester (Yuen Wah) und seiner bösen, hexenhaften Schwester (Nina Li) überfallen. Yuen ist ein gigantischer Schurke, ein Typ mit stahlblauem Kung-Fu, der Fenster aus dickem Glas zerbrüllen kann. Sein übles Vorhaben ist es, »Schwarzismus« als nationale Religion Tibets durchzusetzen. Deshalb schlüpft er in die Rolle des Lama und verleitet die Guten dazu, ihm den Flaschenverschluß auszuhändigen.

Inzwischen wird Wong La unvorbereitet mit dem Tempo und dem technischen Ambiente von Hongkong konfrontiert. Die Schurkin Nina Li im Trenchcoat verfrachtet Wong La in ihren roten Porsche und rauscht durch den Verkehr von Hongkong. Angesichts ihres Fahrstils macht er sich buchstäblich in die Hosen.

Auf einer verlassenen Baustelle versucht Nina, ihn dazu zu verführen, den Verschluß herauszurücken. Sie reißt sich den Trenchcoat vom Leib und entblößt ein ausgefallenes Gewand aus schwarzem Satin mit Stahlverzierungen. Wong bekommt Stielaugen, doch er kann ihren beträchtlichen Reizen widerstehen. Entlarvt (»Du hast deine Pferdefüße gezeigt!«) und wütend zeigt sie ihm ihren Ochsenziemer und versucht, per

Peitsche das zu erlangen, was ihre Schliche nicht erreichen konnten. Das Duell beginnt. Ein Stapel von 270-Liter-Ölfässern kommt Wong in die Quere, und ein Deckel fällt auf eine Stromleitung. Nina greift trotzdem danach und verbrennt sich die Hand. Dann entflieht sie durch eine Wand aus Feuer.

Wong kehrt in Chiu Seng-nengs modernes Stadtapartment in Hongkong zurück, was Stoff für das Thema »Bauerntölpel in der Großstadt« bietet, wobei einige Gags (wie z. B. das Entfachen eines Feuer auf dem Boden, anstatt die Heizung einzuschalten) etwas primitiv ausfallen. Die genervte Seng-neng sagt:»Das ist keine übernatürliche Kraft, sondern besonders blöde Kraft.«

Schließlich trifft Wong zu seinem verabredeten Treffen mit dem Flaschen-Lama ein, ohne zu ahnen, daß es sich um eine Falle handelt. Als sich der Betrug herausstellt, sind alle Voraussetzungen für den großen Schlußkampf zwischen Yuen Biao und Yuen Wah geschaffen – zwei begnadete Kampfsportkünstler, die mit Fäusten, Füßen, spirituellem Boxen und einem Paar großer und ungewöhnlicher Schwerter aufeinander losgehen.

AUSGEWÄHLTE FILMOGRAPHIE VON YUEN, SAMMO UND YUEN

Enter the Fat Dragon (1978) *(Der kleine Dicke mit dem Superschlag)*
Sammo Hung: Darsteller und Regie

Encounters of the Spooky Kind (1980)
Sammo Hung: Darsteller
Sammo Hung und Yuen Biao: Action-Regie

Prodigal Son (1981)
Sammo Hung: Darsteller und Regisseur

The Dead and the Deadly (1982)
Sammo Hung: Darsteller und Action-Regie

Zu: Warriors of the Magic Mountain (1983)
Yuen Biao und Sammo Hung: Darsteller

Righting Wrongs/Above the Law (1986)
Yuen Biao: Darsteller und Action-Regie

Shanghai Express/Millionaire's Express (1986) *(Shanghai Police – Die wüsteste Truppe der Welt)*
Sammo Hung, Yuen Biao, Yuen Wah: Darsteller
Sammo Hung: Regisseur

Spooky Spooky (1988)
Sammo Hung: Regisseur und Koproduzent

On the Run (1988) *(Hongkong Connection – On the Run)*
Yuen Biao, Yuen Wah: Darsteller

Painted Faces (1988) *(Leben hinter Masken)*
Sammo Hung: Darsteller

Portrait of a Nymph (1988)
Yuen Biao: Darsteller

Eight Tales of Gold (1989)
Sammo Hung: Darsteller

The Iceman Cometh (1989)
Yuen Biao, Yuen Wah: Darsteller

Pantyhose Hero (1990)
Sammo Hung: Darsteller, Regie und Produktion

Skinny Tiger and Fatty Dragon (1990)
Sammo Hung: Darsteller

Slickers vs. Killers (1991)
Sammo Hung: Darsteller, Regie und Produktion

Sword Stained With Royal Blood (1993)
Yuen Biao: Darsteller

Kickboxer (1993)
Yuen Biao, Yuen Wah: Darsteller
Wu Ma: Regie

Painted Faces (Leben hinter Masken)
1988
mit Sammo Hung Kam-bo, Lam Ching Ying, Ching Pei-Pei, John Sham, Wu Ma
Regie: Alex Law

Eine freundliche Mutter bringt ihren siebenjährigen Sohn zu Fuß zu seiner neuen Schule. Der Junge wird für zehn Jahre eingeschrieben mit der Auflage, daß er nicht mehr nach Hause

Spielt seinen eigenen Lehrer: Sammo Hung

zurückkehrt. Der Direktor will alles Geld, das der Junge verdient, einbehalten. Und wenn der Junge während seines Schulaufenthaltes getötet werden sollte, wäre es einfach nur schade. Nein, wir befinden uns nicht im London von Charles Dickens. Das ist die Schule der Peking-Oper im Jahre 1950 in Hongkong.

Painted Faces basiert auf den tatsächlichen Jugendjahren von Jackie Chan (hier als »Langnase« tituliert), Sammo Hung, Yuen Biao und ihrer Truppe namens »Seven Little Fortunes«. Sammo Hung selbst spielt seinen wirklichen Lehrer, Meister Yuen Chan-yuan. Meister Yuen bildet diese bettelarmen Kinder aus in Kung-Fu, Schauspiel sowie Operngesang und erhält dafür die Einnahmen, die durch ihre Auftritte erzielt werden.

255

Die Schüler erlernen ihre akrobatischen Fähigkeiten unter eisernen Regeln, zwölf bis 15 Stunden am Tag, bedroht von der konstanten Angst, vom Meister oder den anderen Schülern verdroschen zu werden.

Die erste Aufführung der Kids ist ein Desaster. Langnase spießt eine Hose auf und trägt sie mit auf die Bühne. Sammo fliegt gleich von der Bühne ins Publikum. Ein weiterer Darsteller schläft ein und verpaßt sein Stichwort, was dazu führt, daß der Vorhang fällt.

Der Meister ist wütend, nicht nur wegen des schlechten Timings, sondern auch, weil nicht alle aufeinander geachtet haben. Diese Kids, deren natürliche Familien sie nicht unterstützen konnten, gehören nun zu einer zusammengeschweißten Einheit, so wie eine Elitetruppe, in der jedes Mitglied verantwortlich für seine »Brüder« ist.

»Es dauert drei Jahre, um einen Schüler auszubilden, und weitere zehn Jahre, um ihn zum Schauspieler zu machen«, erklärt der Meister einem Schneider, der im selben Gebäude wohnt. Doch den Schneider interessiert das nicht sehr. Er möchte gerne, daß auch sein Sohn, ein mickriges, behütetes Jüngelchen, zum Profi wird. Der Schneider hat einen Grund dafür. Je härter die Seven Little Fortunes trainieren und so geschickter sie auch werden, werden die Zeiten doch schwieriger für sie. Hongkong wird modernisiert. Wir befinden uns nun in den sechziger Jahren. Kinofilme haben den Geschmack des Publikums verändert.

Die Teenager der klassischen Bühne möchten trotzdem den Beatles lauschen. Sie treffen einige Mädels eines kantonesischen Opernensembles (angeführt von der eleganten Ching Pei-Pei), doch die Mädchen sind mehr vom Sohn des Schneiders beeindruckt, der Gitarre spielen kann.

Als das Theater, in dem sie auftreten, zu einem Striptease-Schuppen wird, sprechen die Jungs als Nebendarsteller im Filmstudio vor. Obwohl untalentierte Regisseure und kriecherische Assistenten die Peking-Oper-Schüler mies behandeln, fühlt Meister Yuen, daß dies die einzige Chance ist, die er ihnen anbieten kann. Einige der Seven Little Fortunes werden auserwählt, der Rest wird abgelehnt, so daß ihr Zusammenhalt erschüttert wird.

Painted Faces enthält keine Kung-Fu-Kämpfe, keinen Sex und keine Waffen. Nur eine Gruppe von kahlköpfigen Kids und ihren Meister.

Es geht um Veränderung und Schmerz und eine gemeinsame Erfahrung, die über Freundschaft hinausgeht. Außerdem geht es auch um die Kultur und die Grundlagen, die die Schöpfer des heutigen Kinos aus Hongkong geprägt haben.   *KAT*

Peacock King
1989
mit Yuen Biao, Hiroshi Makami, Pauline Wong Siu-fung, Gloria Yip, Narumi Yasuda, Eddie Ko, Gordon Liu Chia-hui
Regie: Nam Nai Choi

Die Verderbtheit der Menschen hat die Gerechtigkeit einmal mehr untergraben, und deshalb öffnen sich nun die vier Löcher der Hölle. Jetzt liegt es an zwei gestählten jungen Buddhisten, die unheilige Dreieinigkeit – den König der Hölle, die Botschafterin der Hölle und die hübsche, aber destruktive Jungfrau der Hölle – in ihre Schranken zu verweisen.

Peacock King beginnt mit einer archäologischen Ausgrabung in Nepal, wo sich das erste Loch der Hölle öffnet. Es erscheinen die Höllenjungfrau Ashura (Gloria Yip) und die Hexe Raga, die Höllenbotschafterin (die spinnenartige Pauline Wong). Ashuras Augen verwandeln sich zu spiegelnden Kugeln, während sie Feuerbälle schleudert.

Das Sichöffnen des Höllenlochs, parallel zu Katastrophen in China und Bangladesch, deutet auf weitere Zerstörungen hin. So sendet der tibetische *sifu* Ku Fong (Eddie Ko) seinen Schüler Peacock (Yuen Biao) aus, um Ashura zu stoppen und die Wogen zu glätten. In Japans Koyasan-Kloster schickt ein anderer *sifu* gleichzeitig Lucky Fruit (Hiroshi Makami) los. Beide heiligen Männer machen sich auf den Weg zum zweiten Höllenloch, das sich in Tokios modernem Kaufhaus Odakyu geöffnet hat.

Lucky Fruit erreicht das Kaufhaus als erster, aber die skeptische Miss Okada (Narumi Yasuda) ist zu sehr damit beschäftigt, Odakyus neue Ausstellung aufzubauen, eine Gruppe von riesigen Dinosauriermodellen, um seinen Warnungen zu lauschen. Dann geht der Vodoozauber los, und natürlich mischen die Dinosaurier mit. Eine riesige Klaue dringt in die Damentoilette ein, aber gerade, als es so scheint, daß Lucky Fruit und Miss Okada in Jurassic-Fetzen zerrissen werden, wirbelt Peacock heran. Peacock klettert auf eines der bösartigen Reptilien und reitet es wie ein bockiges Pferd, während Lucky Fruit Stahl wirbeln läßt und die Mutanten zum Explodieren bringt. Miss Okada ist eine Gläubige geworden.

Das dritte Höllenloch ist in Hongkong. Höllenjungfrau Ashura taucht in einem Vergnügungspark auf und langweilt sich. Sie beschleunigt die Geschwindigkeit der verschiedenen Fahrgeschäfte, was dazu führt, daß etliche Leute herausgewirbelt werden. Peacock beschimpft sie zwar, verspricht ihr aber, sie weiterhin zu unterhalten, weil er das Kind in ihr erkannt hat. Die Hexe Raga ist nicht so nett; sie schleift Ashura zu einem Versteck in einem Abwasserkanal und tadelt sie heftig, während sie einen Snack von frischem Fleisch zu sich nimmt, das sie aus einem schreienden Opfer zupft.

Die zwei Mönche (verfolgt von Paparazzi) stöbern Raga auf, aber sie verwandelt sich in ein biomechanoides Monster mit vertikalen, zahnreichen Mäulern. Sie setzt die silberäugige Ashura auf die Mönche an und verspeist einige der überraschten Fotografen, bevor sie davongaloppiert.

Ashura wird überwältigt, nachdem sie durch Ragas Wüten einige innere Verletzungen davongetragen hat. Die Mönche bringen sie nach Tibet, um sie vom *sifu* kurieren zu lassen. Dort erfahren Peacock und Lucky Fruit, daß sie Zwillinge (mit gleichem Horoskop) sind, die bei der Geburt getrennt worden sind und ihre Yang-Kraft nutzen müssen, um den Höllenkönig unschädlich zu machen. Der *sifu* von Lucky Fruit trifft ebenso ein wie Kubira (Gordon Liu), ein freiberuflicher Killer. Sie warten darauf, daß sich das vierte und letzte Höllenloch öffnet.

(Die Beleuchtung deutet es schon an.) Die Sonne ist verfinstert. Ladies and Gentlemen, der Höllenkönig tritt auf. Seine Vorhut ist die Biomechanik-Monsterhexe, die im Kloster auftaucht und den einen oder anderen Mönch mampft, bevor unsere Helden sie enthaupten können. Der Höllenkönig ist ein Giftzahn-Riese, der so aussieht, als sei er einem Sindbad-Film mit den Spezialeffekten von Ray Harryhausen entsprungen.

Er verwandelt Kubira in ein zu entsorgendes Knäuel, aber Peacock und Lucky Fruit schließen ihre Yang-Kräfte zusammen und triumphieren. Der Höllenkönig geht unter, die Erde überlebt, und die gesamte Menschheit kann weiter ihrer Verderbtheit frönen.

Righting Wrongs

1986
mit Yuen Biao, Cynthia Rothrock, Melvin Wong, Karen Shepherd, Wu Ma, Fan Siu Wang
Regie: Corey Yuen Kwai

Righting Wrongs ist eine trostlose Version von *The Star Chamber* (USA 1983; Regie: Peter Hyams) aus Hollywood. Glücklicherweise sind die Gerichtssaalszenen auf ein Minimum gekappt. Action spielt die wichtigere Rolle. Der Film wurde von einem weiteren Mitglied der Seven Little Fortunes inszeniert, Corey Yuen Kwai. Er ist eine Plattform für die Kunstfertigkeit von Yuen Biao und der amerikanischen Kampfsportkünstlerin Cynthia »Blonde Fury« (Blonder Hitzkopf) Rothrock.

Biao spielt einen frustrierten Ankläger aus Hongkong, dessen Fälle schwieriger werden, als angeklagter Abschaum das Apartment einer Zeugenfamilie in die Luft jagt. Diese Leute sind so mies, daß der Richter privat eine Hinrichtung dieser Widerlinge durch eine Bürgerwehr empfiehlt. Biao nimmt den Wink auf, bricht in das Büro eines Mieslings ein und erwürgt ihn.

Rothrock spielt eine Hongkonger Kripobeamtin namens Shih Li-Yi, auf die wir treffen, als sie siegreich aus einem Tumult in einem *Mahjong*-Spielpalast hervorgeht. Sie zeigt einen schönen Martial-Arts-Trick, indem sie vier Typen an Händen und Füßen zusammenfesselt – wobei sie nur einen Stuhl und ein Paar Handschellen benutzt. Eisenhart erklärt sie ihren Untergebenen: »Nehmt sie wegen Mordversuchs fest, dazu noch wegen Drogendealerei, Körperverletzung, Entführung und (indem sie einen ohrfeigt) ekelhaftem Aussehen!«

Inzwischen ist Biao in einer haarsträubenden Szene in einer Tiefgarage von Schlägern aus der Unterwelt angegriffen worden. Er springt auf das Dach eines fahrenden Autos, und während es gegen ein anderes saust, rollt er herab und fällt genau unter die zusammenkrachenden Kühler. Unbeirrt macht er sich daran, einen weiteren Übeltäter zu beseitigen, doch ein abtrünniger Polizist, gespielt von Melvin Wong, kommt ihm zuvor. Shih Li-Yi findet Biao bei der Leiche. Nach einem Handgemenge fesselt er sie an einen Balkon und flüchtet. Der besagte Richter versorgt Biao mit einem Alibi, aber Shih ist wild entschlossen, ihn aus dem Verkehr zu ziehen.

Wong beginnt jeden zu ermorden, gut oder schlecht, der etwas von seinen üblen Machenschaften mitbekommen hat. Nachdem er einen Kollegen umgebracht hat, beginnt das Publikum zu zischen, als er heuchlerisch den schluchzenden Vater des Toten tröstet.

Die Leichen stapeln sich, als eine eisige *gwailo*-Attentäterin (gespielt von Karen Shepherd) sich mit Shih anlegt. In der besten Kampfszene des Films (zwei weiße Mädels vertrimmen einander mit Füßen, Fäusten und Mode-Accessoires) bewegen sich die beiden Damen an Bambusgerüsten und mit Aufzügen hinauf und hinab, mit jener graziösen Intensität, die Filme aus Hongkong erzielen können. Shih triumphiert hier, ist aber nicht so glücklich bei der finalen Kehle-gegen-Handbohrer-Begegnung mit Oberbösewicht Wong.

Der wachsame Biao findet schließlich den abtrünnigen Polizisten, aber Wong erklärt: »Wir sind beide Killer.« Niemand steht über dem Gesetz, wie das überraschende Finale von *Righting Wrongs* verdeutlicht – aber nur, nachdem unser Herz in die Hose gerutscht ist, weil Biao an einem endlos langen Seil an einem Flugzeug baumelt!

11. Ungehobelte Fäuste

Die Kampfsportkünste sind jahrhundertealt und haben die Entwicklung der chinesischen Geschichte entscheidend geprägt. (Haben Sie sich jemals darüber gewundert, woher der »Boxer-Aufstand« seinen Namen hat?) Sie sind ein typisch asiatisches Phänomen, und es gehören viele konkurrierende Schulen und Philosophien dazu. Doch selbst eine oberflächliche Untersuchung der Kampfsportkunst würde den Rahmen dieses Buches sprengen.

Das ist auch gut so. Wir beurteilen weder die *washu*-Wettbewerbe, noch argrumentieren wir darüber, ob Bruce Lee den Allerwertesten von Jet Li mit seinen Füßen malträtieren würde oder nicht. Einige Fans beschweren sich, daß sie annehmen, die Kämpfer würden bei ihren fliegenden Angriffen mit Hilfe von Drähten bewegt.

Unsere Meinung ist, daß – falls daraus eine spektakulärere Filmszene entsteht und man als Zuschauer die Drähte überhaupt nicht erkennen kann – das gar kein Problem darstellt. Das Außerkraftsetzen von Glaubwürdigkeit ist ein konstanter Bestandteil des überdrehten und exzentrischen Kinos aus Hongkong. Sicherlich erwartet niemand, daß Clint Eastwood oder Chow Yun Fat ihre Schußwaffen mit echten Patronen laden, und niemand beschwert sich darüber, daß Joey Wong nicht tatsächlich durch diese Bäume fliegt!

»Action« hieß nahezu ausschließlich Martial-Arts-Action, bis sich in der Mitte der achtziger Jahre eine »Neue Welle« im Kino aus Hongkong breitmachte. Regisseure wie John Woo und Taylor Wong präsentierten in ihren Filmen übertriebene Schießorgien – ein populistischer Schachzug –, und die geschickte Handhabung einer Beretta oder eines AK-47 wurde ebenso wichtig wie eine ausgefeilte »Drunken Monkey«-Technik.

Schließlich waren es die Chinesen, die das Schießpulver entdeckt haben – zum Zwecke der Unterhaltung.

The Assassin

1993

mit Zhang Fengyi, Benny Mok Siu-chung, Rosamund Kwan
Chi-lam

Regie: Billy Chung Siu-hung

Obwohl das Filmplakat den Eindruck erweckt, es handle sich
um einen Schwertkampffilm aus den Studios der Shaw Brothers, zeigt der Film Zhang Fengyi (der kurz davor *Farewell,
My Concubine* drehte) als Killer und kommt von der Grund-
idee her Clint Eastwoods *Unforgiven* näher. Doch große
Schwerter ersetzen in dieser gewaltträchtigen Sage um Macht-
kämpfe in der Zeit der Ming-Dynastie die sechsschüssigen Revolver.

Zhang spielt Tong Po Ka, der ein idyllisches Leben als Blu-
menzüchter auf dem Lande gemeinsam mit seiner Geliebten
Yiu (Rosamund Kwan) plant. Doch korrupte Beamte, angeführt von dem abscheulichen Eunuchen Mi, nehmen ihn gefangen und werfen ihn ins Gefängnis. In einer zu Herzen ge-
henden Szene erhält er dort die »augenschließende Bestra-
fung«: Seine Augenlider werden zusammengenäht, während
ein Bach von Blut seine Wangen herunterrinnt.

Er und sieben andere ähnlich bestrafte Gefangene werden in
eine Arena geführt. Ihre Augenlider werden geöffnet, und
große Schalen mit Essen werden serviert. Als die fast verhun-
gerten Männer das Essen verschlingen, werden die Voraussetzungen für einen Endkampf nach dem Darwinschen Motto
»Nur der Stärkste überlebt« vorgelesen. Sie müssen bis zum
Tod kämpfen, wobei der einsame Gewinner als Lehrling Sung
Chung, dem Oberkiller, dienen darf.

Die sieben anderen Unglücklichen schlachten sich gegenseitig,
während Tong so viel von dem Essen reinwürgt, wie er nur
kann, wobei er ein Auge auf die Kämpfe hat. Dann entledigt er
sich des Gewinners. In dieser bedauerlichen Situation findet
unser Held Ehre nur im einfachen Überleben.

Sein Sieg bringt ihm eine Audienz bei dem gleichermaßen abscheulichen Eunuchen Ngai ein, der sich einer Vielweiberei
hingibt, wie sie nur total Machtkorrumpierte (und die Partner,
von denen sie geliebt werden) ansprechend finden können.

Wenn es zur Sache geht, muß sich Ngai auf seine fetischistischen Zylinder verlassen, um die dreckige Arbeit zu verrichten. Doch für einen Eunuchen macht er seine Sache ganz gut. Der unheimliche weißhaarige Eunuch verleiht unserem Helden (zutreffenderweise) den Namen Tong Chop und gibt ihm den Auftrag, Kehlen aufzuschlitzen.

»Ich morde, um zu überleben«, sagt der Schlächter, weil er keine andere Wahl hat. Nichtsdestotrotz zieht er einen ergebenen, nihilistischen Schüler an, Wong Kau (Benny Mok, der eine Heavy-Metal-Perücke trägt). Tong bringt ihn zu einem Berg aus Knochen, den er in Brand setzt – »um die Luft der Hölle einzuatmen«, und Wong sieht sich im Buddy-Himmel. Doch schon beim nächsten Anschlag erblickt Tong Chop seine frühere Geliebte in der Menge und zwingt Wong dazu, seinen Auftrag zu erledigen.

Tong entschließt sich dazu, seine blutige Karriere zu beenden, und versteckt sich auf der Farm seiner ehemaligen Flamme Yiu, die jetzt eine neue Familie hat. Aber er wird von denen zurückgeholt, die seine Schwertkünste bewundern. Der Showdown mit Lehrling Wong und dem Eunuchen Ngai ist gesichert.

Die Schwertduelle in *The Assassin* sind lang und wuchtig. Die winterliche Landschaft wird von Kameramann Zhao Fei, der für den chinesischen Regisseur Zhang Yimou den Film *Raise the Red Lantern* drehte, zu erstaunlichen Aufnahmen genutzt. Das Blut fließt in Strömen, und die Tötungstechniken des Eunuchen Ngai (die Sorte von »Reißt sie auseinander«-Methoden, die von bestimmten Brutalfilmfans und Freunden von Videospielen geliebt werden) brachten dem Werk die Kategorie »nur für Erwachsene« ein.

WER SIND DIESE WEISSEN JUNGS?

Die unbekanntesten Action-Helden im Hongkong-Kino sind die Legionen anonymer *gwailo*-Kämpfer, die kurz erscheinen, um in der Regel irgend etwas Böses zu tun, bevor sie flott ins Jenseits befördert werden. Wer sind sie? Nun, wir wissen es auch nicht.

Wir haben einige wenige identifiziert, die mehr als einmal auftauchen – wie Karen Shepherd, die mit Cynthia Rothrock in *Righting Wrongs* kämpft; oder wie Louis Roth, der in *Naked Killer* einen Narren von einem Polizei-Captain spielt, der die sexuellen Anzüglichkeiten nicht kapiert, mit denen seine kantonesischen Kunden sich über ihn lustig machen, und an den Chow Yun Fat in *A Better Tomorrow II* jene Frage stellt, die dem Publikum so gut gefällt: »Du magst meinen Reis nicht?« Meist bezieht man sich auf diese namenlosen Nebendarsteller als »dieser bärtige Typ, den Cynthia Khan in *In the Line of Duty 3* verprügelt« oder »dieser bärtige Typ, den Chow Yun Fat in *Tiger on Beat* mit dem Bajonett aufspießt«. Eine Liste einiger dieser Darsteller erschien jedoch in den Schlußtiteln von *In the Line of Duty 4*, und mit dem Ziel, die vielen unbekannten Helden zu ehren, nennen wir sie hier stellvertretend: Stephan Berick, Blaine Camoureux, Tim Hyland, Eddie Maher, David Petersen, Ray Pachette, John Salvitti.

The Big Heat (The Big Heat)
1988
mit Waise Lee Chi-hung, Kuo Chui, Matthew Wong, Lo King Wah, Paul Chu Kong, Stuart Ong, Joey Wong Jo-yin
Regie: Andrew Kam und Johnny To Kei-fung

Ein wilder Ritt durch die seelenlose Welt der Kriminellen, die Hongkong vor 1997 verlassen wollen. Der Film besitzt visuellen Reichtum, ist gut besetzt und außergewöhnlich brutal. Die Eröffnungsszene zeigt, wie eine Bohrmaschine eine menschliche Hand durchdringt!
Die Handdurchbohrung, so stellt sich heraus, war nur ein Traum. John Wong (Waise Lee) ist ein Polizist, der an einer Art von Streßsyndrom durch Polizeiroutine leidet. Seine rechte Hand ist bei Schußwechseln immer plötzlich gelähmt. Zuviel Pulver verschossen?
Sein Arzt empfiehlt ihm, sich in den Ruhestand versetzen zu lassen. Doch als sein Partner Skinny Tse in Malaysia abgefackelt wird, setzt er erst einmal alles aus, sogar seine bevorstehende Hochzeit, bis er den Fall aufgeklärt hat. Wong und seine Leute untersuchen die Beweise: Tses verkohlten Körper, einen Schiffsfahrplan und eine Reihe von erpresserischen Fotos, die den reichen und machtvollen Mr. Ho (Stuart Ong) in

Original-Plakat ›The Big Heat‹

hitzigen Umarmungen mit einem Strichjungen zeigen. Wongs Leute finden heraus, daß sie selbst überwacht werden. (»Ich habe geglaubt, daß nur die Polizei Leute verfolgt, wie kommt es, daß wir jetzt verfolgt werden?«) Sein Landsmann Kam (Kuo Chui) will den Strichjungen verhören, doch zu spät, denn der Punk wird gerade ermordet. Als Wong und Kam den Verfolgern gegenübertreten, werden die Waffen gezückt, und die Leinwand entzündet sich zu einer furiosen Jagd, die damit endet, daß einer der Schurken auf verschiedenen Ebenen eines Freeways zermanscht wird.

Die Polizisten betätigen sich als Erpresser, um Ho zu zwingen, den Namen seines Bosses preiszugeben. Ho schlitzt sich wütend die Pulsadern auf, doch Wong verfrachtet ihn ins Krankenhaus und zwingt ihn, endlich den Kontakt zu Ching Han (Paul Chu) aufzugeben, einem merkwürdigen Malaysier, der Ho dazu zwingt, eine seltsame Substanz in Milchpulverdosen zu schmuggeln. Im Krankenhaus wimmelt es nur so von Hans Attentätern, und ein Feuergefecht bringt die Krankenschwester Ada (Joey Wong) in die Schußlinie und beendet Hos Leben. Ching Han, der vermutet, daß er überführt worden ist, trifft sich mit Wongs Truppe und steckt ihnen ein Bündel Geldscheine zu, die die Cops freudig in die Luft schmeißen! Als Wong seine Verlobte Maggie das Zeug aus den Milchpulverdosen analysieren läßt (es stellt sich heraus, daß es reines Kokain ist), bringt Han sie ebenfalls um. Der Schurke transferiert dann eine große Geldsumme auf Wongs Konto, was Wong eine Klage wegen Korruption einbringt. Han will nur reich werden und dringend aus Hongkong verschwinden, wobei er mit einem russischen Schmuggler, dem üblen Mr. Molotov (!), zusammenarbeitet.

Natürlich findet Han sein verdientes Ende in ultrabrutaler Form, indem er mitsamt seinem Auto von einem Müllwagen zerquetscht wird. Doch mit seinem Tod ist noch nicht alles zu Ende. Ein abtrünniger Polizist, der Han bei der Schmuggelei behilflich war, taucht auf und richtet seine Schußwaffe auf Wong, der blutüberströmt auf dem Boden liegt. Unser Held hat wieder mit seiner plötzlich gelähmten Hand zu kämpfen. Was tun? Kurz entschlossen betätigt er den Abzug mit Maggies Halskette und feuert einen Schuß genau in das Magazin des mit einem Schnellfeuergewehr bewaffneten Killers. Die verbliebenen Gewehrpatronen explodieren und zerreißen den üblen Polizisten in Fetzen wie in einem Zeichentrickfilm.

Noch mehr verkorkste Untertitel Ihrer beliebtesten Filme aus Hongkong (siehe Kapitel 3 zur Erklärung).

BESCHWERDEN

Lucky Fruit, die getrocknete Leiche ist fürchterlich! *(Peacock King)*

Ich bin verdammt unzufrieden, auf diese Weise umgebracht zu werden. *(Holy Weapon)*

Ich habe in letzter Zeit viel zu oft eine Scheißangst gehabt. *(Final Victory)*

Bitte richten Sie Ihre Schußwaffe nicht auf den Kopf meines Klienten. *(Satin Steel)*

Jüngling, ich glaube, dein Gehirn ist nutzlos. *(A Kid from Tibet)*

Du bist verrückt, irrer Spinner. *(Royal Warriors)*

Es ist hart für mich, solch eine Zicke zu ertragen. *(Raped By an Angel)*

Fräulein, eine Gruppe von Heftern verfolgt mich. *(Tiger on Beat)*

Ich hasse diesen scherenhaften Typen. Er ist so bleich wie ein Geist. *(Run Lover Run)*

Das mag meine Innereien in Unordnung bringen. *(Eastern Condors)*

Ob ich nicht schlafen kann? Sie Diktator, es ist noch nicht 1997! *(My Better Half)*

Verdammt, was für ein Bekloppter! *(Seeding of a Ghost)*

Du änderst dich nie, du kämpfst, selbst wenn du tot bist. *(A Chinese Ghost Story)*

Boß, Zhao ist lächerlich. *(Angel Enforcers)*

Fettklops, Sie haben mit Ihrer dicken Visage meinen Innenrist verletzt. *(Pedicab Driver)*

Warum müssen Sie mir immer das Blut von Besoffenen bringen? *(Doctor Vampire)*

Fong Sai Yuk (Der Vollstrecker)
1993
mit Jet Li, Josephine Siao Fong-Fong, Michelle Reis (Lee Kar-yan), Sibelle Hu Hui-ching, Paul Chu Kong, Zhao Wen Zhou, Chen Sung Yung, Adam Cheng Siu-chau
Regie: Corey Yuen Kwai

Jet Li spielt wieder eine mythologische Rolle aus der Geschichte Chinas, diesmal nicht Wong Fei-hong, sondern Fong Sai Yuk. Während die kunstfertige Kampfsporttechnik und die moralische Rechtschaffenheit dieser beiden Helden vergleichbar sind, ist Fong Sai Yuk der Verspieltere der beiden. Wenn Fei-hong der Fred Astaire der mythischen Kampfsportkunst-Figuren ist, dann kann man Sai Yuk mit Gene Kelly vergleichen.
Fong Sai Yuk ist ein Bilderbuch der Kampfsporttechnik von Jet Li, aber eines, das Bezüge herstellt, die auf die komischen Kostümfilme aus Hongkong aus der Vergangenheit verweisen. Sai Yuks Mutter wird von einer wunderschönen Schauspielerin namens Josephine Siao dargestellt. Sie und Fong senior (Paul Chu) betreiben ein Stoffgeschäft in Kanton. Ein früherer Verbrecher namens Tiger Lu (Chen Sung Yung) versucht seinen Reichtum zu legalisieren und unterstützt einen Kampfsportwettkampf. Er bietet die Hand seiner Tochter als Preis an. Die Aufgabe ist einfach: Ein hölzerner Turm, der von Lus Frau Siu Lee Wan (Sibelle Hu) bewacht wird, muß erklommen werden, und man hat gewonnen.
Sai Yuks Freunde erklären ihm, daß die Tochter Ting Ting (Michelle Reis) einen mit ihrer Schönheit wirklich betört, so daß er naiv am Wettbewerb teilnimmt. Die Mitstreiter fressen reihenweise Staub, weil Lus gestählte Frau sie alle vom Turm schleudert. Fong Sai Yuks und Siu Lee Wans Kampf breitet sich aber bis zu den Zuschauern hin aus; sie duellieren sich dabei auf den Köpfen der Menschen stehend (wer den Boden berührt, hat verloren). Obwohl Sai Yuk ein Auge auf Ting Ting geworfen hat, verschwindet sie von der Bildfläche, und Lus Dienstmädchen ersetzt sie; als das reizlose Gesicht des Dienstmädchens zum Vorschein kommt, verliert Sai Yuk absichtlich und zieht sich zurück.

Das paßt seiner Mutter überhaupt nicht, die sich männliche Kleidung anzieht und den Kampf aufnimmt, indem sie sich als Fongs Bruder ausgibt, der die Familienehre retten will. Natürlich gewinnt sie und verdient sich dadurch die unendliche Liebe von Siu Lee Wan! Die beiden Familien werden verbunden, als Lu einen warmen Körper zur Verlobung verlangt. Und Sai Yuk heiratet wohl oder übel seine Geliebte.

Die Dinge werden komplizierter, als herauskommt, daß Yuks Vater ein geheimes Mitglied der rebellischen Red Flower Society ist, einer Organisation, die sich dazu verschworen hat, die korrupte Mandschu-Dynastie zu stürzen. Der größte Gegner der Red-Flower-Bewegung, Gouverneur Oryeetor (Zhao Wen Zhou), taucht auf und versucht, eine Liste der Mitglieder der Red-Flower-Rebellen in die Hände zu bekommen. Sai Yuk tritt zu einem langen Kampf mit Stangen gegen den Gouverneur an, der unentschieden ausgeht.

Trotzdem nehmen die Mandschu-Truppen den Vater gefangen und rufen damit den Showdown auf dem Hinrichtungsplatz hervor. Die Revanche zeigt den Gouverneur und Sai Yuk in einem atemberaubenden Kickkampf.

KURZBESPRECHUNGEN

BLOODSTAINED TRADEWINDS
1990
Ein Ein-Toter-pro-Minute-Thriller über zwei langjährige Freunde (Waise Lee und Alex Fong), die ideologische Differenzen hinsichtlich ihrer Pflichten in einem Hongkonger Verbrechersyndikat haben. Als ein japanischer Gangsterboß seine Hongkonger Operation ausbauen will, hallen die Hügel vom Echo der Schüsse wider. Es gibt so viel Blutvergießen in diesem Film, daß das nebulöse rötliche Bild, das der Titel heraufbeschwört, tatsächlich Sinn macht.

BURY ME HIGH
1990
Feng shui-Freaks werden jubeln angesichts dieses Films, der die geographischen Weissagungsfähigkeiten von Protagonist und Antagonist zelebriert. Wisely (Chin Kar Lok) ist ein Hacker aus Los Angeles, der wahrsagerische Fähigkeiten besitzt und

einen IQ von 200. Er muß nach Indochina reisen, um sich um Bestattungsprobleme seiner Vorfahren zu kümmern (die seinen inoperablen Hirntumor verursacht haben!). Yuen Wah hat die dankbarste Rolle als indochinesischer Militärkommandant, der Wahrsagungen benutzt, um ein despotisches Utopia zu schaffen. Moon Lee als Geschäftsfrau aus Los Angeles und Sibelle Hu aus Indochina führen phantastische Garderoben bei gesellschaftlichen Anlässen vor, schlüpfen aber in etwas Bequemeres, wenn es darum geht, ordentlich Tritte auszuteilen. Viel Krach und Wüterei, jede Menge Panzer, Minen, schwere Geschütze und anderes Kriegsmaterial – und dann ist da noch Yuen Wah, der ein Blofeld-artiges *feng shui*-Diorama hat, das sich auf Knopfdruck aus dem Boden erhebt!

KUNG FU CULT MASTER
1993
Weil das Metronom für das Tempo der Handlung wie rasend tickt und sich 1000 Leute auf der Leinwand tummeln, kann man dem Geschehen und den Darstellern ohne Inhaltsangabe kaum folgen bei diesem unterhaltsam altmodischen Film. Jet Li spielt die Hauptrolle des Mo-kei, der »die große Sonnen-Stellung« gelernt hat, um Rache zu nehmen an einer langen Liste von bösen Sektenführern, darunter »Meister Gnadenlos«, der als Kind seine Eltern in den Selbstmord getrieben hat. Lis Begleiterin dabei ist die flotte Siu Chu (Chingmy Yau), aber die Funken beginnen wirklich zu fliegen, wenn Li mit seinem Können und seinen Schwertern antritt gegen den verführerischen, aber auch verräterischen Chao-Min. Der Film zeigt einige große Schlachten mit riesigen Armeen, die in der Mitte von Nirgendwo kämpfen – mit flatternden Fahnen, verspiegelten Schildern, aus denen fliegende Enthauptungsgeräte werden, und in den Boden gegrabenen Fallen, die Mann und Pferd verschlucken. Selbstverständlich beherrschen alle in diesem Film die Kampfkünste.

IRON MONKEY (IRON MONKEY)
1993
Geradliniges Martial-Arts-Remake des gleichnamigen Kung-Fu-Films aus den siebziger Jahren. Yu Rang Guang spielt den »Eisernen Affen«, eine Art Robin-Hood-Typ, der tagsüber beim örtlichen Kräuterarzt arbeitet. Die korrupten Beamten der Ching-Dynastie sind mächtige Gegner, aber Iron Monkey versichert sich der Hilfe von Wong Kei-ying (Donnie Yen) und

seines Sohnes Wong Fei-hong. Seltsamerweise wird die Rolle des jungen Volkshelden Wong Fei-hong gespielt von Jean Wang, einem kleinen Mädchen mit exquisitem Martial-Arts-Können.

LAST HERO IN CHINA
1993
Diesmal braucht Wong Fei-hong (Jet Li) eine größere Kung-Fu-Schule für all seine eifrigen Studenten. Seine Assistenten machen ein nettes Gebäude in Kanton ausfindig, aber als Wong ankommt, entdeckt er, daß die Schule direkt neben dem örtlichen Bordell liegt. Die Boxer-Gesellschaft verursacht Wong noch mehr Ärger, und er muß in einem Kampfsportwettbewerb gegen sie antreten. Die Boxer schicken ein Dutzend Kämpfer auf einmal los, wobei jeder einen Teil eines großen Tausendfüßlerkostüms trägt, dessen Kopf Feuer spuckt. Wong zieht sich einen Hühnerkammhelm auf und eiserne Krallen an – und besiegt den Tausendfüßler mit Hühner-Kung-Fu!

SEVEN WARRIORS
1989
Akira Kurosawas Klassiker *Die sieben Samurai* (1953) wurde von Hollywood mit dem Titel *Die glorreichen Sieben* (1960) neu verfilmt. Das hier ist die Hongkong-Version. Angesiedelt in der heutigen Zeit, ist der Film mehr von Sergio Leones Italowestern inspiriert als von irgend etwas anderem, wenn Adam Cheng, Benny Mok, Wu Ma, Jacky Cheung, Tony Leung Chiuwai, Sammo Hung und andere zur Sache kommen.

TAI CHI MASTER (TAI CHI)
1993
Jet Li und Chin Siu Ho spielen befreundete Schüler in einem Shaolin-Tempel, doch Chins aggressive Ambitionen haben seinen Ausschluß zur Folge. Auch Jet verläßt den Tempel, um seinem Freund in der Welt da draußen zu helfen. Sie treffen Michelle Yeoh, die eine Rebellion gegen den bösen und mächtigen Eunuchen Jin anführt. Jet schlägt sich auf die Seite der Rebellen, Chin auf die des Eunuchen. Die beiden früheren Freunde treten mit Breitschwertern gegeneinander an, wonach Jet unter Gedächtnisverlust zu leiden hat. Aber während er sich erholt, erfindet er den neuen und mächtigen Tai-Chi-Stil – das perfekte Instrument, um Chins Technik der »eisernen Handfläche« zu besiegen.

Jet Li und Michelle Khan alias Yeoh in ›Tai Chi Master‹

TIGER CAGE
1990

Jacky Cheung und Donnie Yen sind zwei Polizisten, die Drogendealer auf Hongkong-Art mit ihrer Zweifausttechnik dingfest machen. Abweichend von ihren üblichen komischen Rollen spielt Carol »Do Do« Cheng hier eine Polizistin, deren Verlobter von den Freudenpulverhändlern ermordet wurde. Als Donnie herausfindet, daß der Kollege Ng Man-tat von den Drogenhändlern bestochen wird, wird er wütend und schlägt Ng einen Beutel Koks ins Gesicht, so daß er ganz weiß wird. Polizeichef Simon Yam kommt dazu, aber auch er ist nicht sauber, und er verspritzt Donnies Blut über das weiße Gesicht des erniedrigten (aber lebenden) Ng. Als Jacky schließlich durchblickt, fliegen die Kugeln zuhauf. Eine düstere Geschichte über Verrat, Loyalität und Rache.

Gunmen

1988

mit Tony Leung Kar-fai, Adam Cheng Siu-chau, Carrie Ng Kar-lai, Elizabeth Lee Mei-fung, Elvis Tsui Kam-kong, Waise Lee Chi-hung, Mark Cheng Hau-nam, David Wu Da-wei

Regie: Kirk Wong Chi-keung

Kirk Wongs Filme sind für ihre indirekten Ansätze in Sachen Krimi beachtenswert. Wong ist ein subtilerer, dunklerer Regisseur als John Woo oder Tsui Hark, obwohl es seinen Werken nicht an Action-Szenen mangelt. Wie Ringo Lam scheint auch Kirk Wongs Hauptinteresse in erster Linie bei den Beziehungen zwischen den Filmfiguren zu liegen, und er beschert uns ernsthafte Momente von Zärtlichkeit inmitten des Gemetzels. *Gunmen* ist ein Film, der in den turbulenten dreißiger Jahren in Shanghai angesiedelt ist. Ding Chun-bee (Tony Leung) spielt einen Polizisten aus Shanghai, der sich zwischen seinen Pflichten und seiner Familie, der pflichtbewußten Ehefrau Chu-chiao (Carrie Ng) und der jungen Tochter Sze-Sze, hin- und hergerissen fühlt. Die Dinge werden noch dadurch kompliziert, daß die wunderschöne Kurtisane Mona Fong (Elizabeth Lee), die früher ein Straßenkind war, als Dings Informantin fungiert und als Gegensatz zu Chu-chiao. Ding ist entschlossen, ein opiumschmuggelndes Syndikat in Shanghai zu zerstören, doch er verliert sein Gesicht gegenüber seinen Polizeikollegen, als sein Tip nicht zu einer Verhaftung führt. Die Polizisten, die in langen, mit Vlies gesäumten Mänteln und mit stilvollen Hüten auftreten, erhalten einen besseren Tip und haben sich bald vor dem Hauptquartier der Gang verschanzt.

Innen streitet Haye (Adam Cheng) über Profite mit einigen Lakaien, als ein Tumult ausbricht. Haye bespritzt die Gegner mit Benzin und zündet sie an. Sie kämpfen gegeneinander und schreien sich an, während sie brennen und man ihre Gesichter deutlich in den Flammen erkennt. Die Polizei dringt ein, und Ding erschießt Hayes Boß Uncle Liang. Haye revanchiert sich dafür, indem er Dings Boß, Captain Kiang, erschießt. Der Polizist schwört Rache gegen den Gangster, und ein bedrohlicher Wind weht das blutdurchtränkte Hemd von Kiangs noch warmer Leiche davon.

Dings Kummer wird noch größer, als er einen knallharten Vorgesetzten (Elvis Tsui) bekommt, der von französischen Bürokraten beauftragt wurde, die Polizeikorruption auszumerzen. Er wird in eine Jagd durch die bevölkerten Straßen von Shanghai involviert und von einer Gruppe Rikschafahrern verprügelt, die die unehrlichen, brutalen Polizisten nicht mögen. Doch die Fahrer stellen sich als die alten Kriegskameraden Kwong, Ching und Fan (Mark Cheng, Waise Lee und David Wu) heraus! Ding vergeudet keine Zeit, sie als Waffenkollegen zu engagieren. Die Dinge entwickeln sich rasch zum katastrophalen, gewaltsamen Ende.

Das Finale von *Gunmen* ist eine Reminiszenz an die epischen Westernfilme. Rikschas, große Lastwagen und berittene Gegner treffen aufeinander. Jeder wird mehrfach getroffen. Schließlich wird der beängstigende Haye von Dings Tochter Sze-Sze vernichtet, die sich eine 38er greift und eine Kugel in den Gangster jagt! Es folgt ein glückliches Ende für alle, mit Ausnahme der »scharlachroten Frau« Mona Fong, die für die Wiedergeburtslotterie bessere Chancen bekommt.

Legacy of Rage (Born Hero)
1987
mit Brandon Lee, Michael Wong Man-tuk, Regina Kent, Chan Wai Man, Meng Hoi, Kuk Fung, Shing Fui-on, Ku Feng
Regie: Ronny Yu

Der verstorbene Brandon Lee, der Sohn von Bruce Lee, hat nur eine kleine cinematographische Erbschaft hinterlassen. *Legacy of Rage* – hergestellt im Jahre 1986 für Dickson Poons D&B-Studios – ist ein Film, der mehr zu bieten hat als seine langweiligen Hollywood-Filme *Showdown in Little Tokyo, Rapid Fire* und *The Crow/Die Krähe* (bei den Dreharbeiten zu letzterem wurde er irrsinnigerweise durch den Schuß aus einer irrtümlich scharf geladenen Filmpistole erschossen). Mit seinem guten Aussehen, seinen berühmten Muskeln und seinem finsteren, »Keine Bewegung!« signalisierenden Blick muß man sich fragen, was Lee hätte erreichen können, wenn er so produktiv wie die meisten anderen Stars des Action-Films aus Hongkong hätte werden können.

Tony Leung (oben) in ›Gunmen‹; unten mit David Wu

In *Legacy of Rage,* einem Frühwerk von Ronny Yu, dem Regisseur von *Bride With White Hair,* spielt Brandon Lee einen harten Arbeiter, der zwei Jobs zu erledigen hat: Er bedient einen Kran auf einem Schrottplatz und kellnert in einem Nachtclub. Er träumt davon, sich ein Motorrad kaufen und ein glückliches Familienleben mit seiner Freundin führen zu können, der Nachtclubkollegin May (Regina Kent). Seine unerklärliche Freundschaft mit dem Drogendealer Michael Wong führt ihn jedoch in den Ruin. Michael begehrt May, und als Brandon ein lukratives Drogendeal-Angebot ablehnt, läßt ihn Wong den Sündenbock spielen für den Mord an einem rivalisierenden Drogenboß. Rechtsanwälte und korrupte Polizisten tun sich zusammen, um Brandon als Totschläger abzustempeln. Er erhält eine achtjährige Gefängnisstrafe. Inzwischen haben Michaels gewalttätige sexuelle Attacken auf May diese bewogen, in das südamerikanische Land »Basil« auszuwandern, und zwar zusammen mit einem gutmütigen alten Knacker, der ihren Cancan-Tanz bewundert. Brandon freundet sich mit dem bebrillten Mithäftling Four Eyes (Meng Hoi) an und brennt auf Rache für Michaels Betrug.

Die acht Jahre sind vergangen, und Michael hat sich zu einem widerlichen Kokainpaten entwickelt, als er Brandon wieder begegnet. Er kidnappt May und ihren Sohn (der von Brandon ist, was er nicht weiß) und setzt seine Leute auf Mays betagten Bewunderer an. Diese bringen ihn schnell unter die Erde. Brandon jedoch entkommt dem Anschlag, indem er sich in einem Hühnerstall versteckt, aber die Federn fliegen wirklich, als er das befestigte Versteck der Gangster mit Hilfe seines alten Knastfreundes Four Eyes angreift, durch dessen Waffenschmuggelgeschäfte die erforderliche Ausrüstung bereitsteht.

Brandon Lees Leinwandpräsenz und die »Chemie« mit Michael Wong lösen den Wunsch aus, daß sie wenigstens einmal gemeinsam als Helden aufgetreten wären. Das abschließende Waffengefecht, offensichtlich inspiriert von Brian de Palmas *Scarface* (USA 1982), ist in humorvoller Form apokalyptisch, obwohl Brandon Lees Duelle mit dem altgedienten Bösewicht Shing Fui-on und mit Michael Wong spannend und blutrünstig sind. Das bittersüße Ende vereint Brandon wieder mit seinem Sohn.

Flatternde Gewänder und Knotenfrisuren. Handlung? Charaktere? Nix – Kämpfe! Kämpfe mit Toneffektcollagen von frischem Fisch, der auf Beton knallt, und von nassen Handtüchern, die auf entblößte Hintern klatschen. Miserabel synchronisiert, lieferten immer wieder dieselben schlechten Sprecher Sprüche wie »Chan, du bist einfach zu arrogant, nicht? Also müssen wir deiner Frau die Arme abhacken.« *(The Crippled Avengers)* Hierzulande kann man diese Filme gelegentlich bei den Privaten sehen oder in Videotheken finden. In den USA waren sie in den letzten 25 Jahren ein gefundenes Fressen für schlaflose Fernsehsüchtige oder Großstadtkids, die sich ein Double-Feature im Action-Kino an der Ecke reinzogen.

»Chopsockies« nennt man die Filme in den USA, und sie bieten sich geradezu für Parodien an, die amerikanische Komiker auch geliefert haben, seit die Filme in den frühen siebziger Jahren auftauchten. Ob in *Kentucky Fried Movie* (1973) oder in *Wayne's World* (1993), die Scherze sind dieselben. »Chopsockies« sind ein Teil des kulturellen Lexikons geworden, wozu auch Nebenprodukte wie die *Kung Fu*-Fernsehserie und Carl Douglas' 74er Top-40-Hit *Kung Fu Fighting* beigetragen haben. Aber es bleibt das Problem bestehen, daß diese schlecht übersetzten Reproduktionen chinesischer Kultur und Geschichte für viele im Westen das asiatische Kino verkörpern. So kann man dem Hongkong-Kino respektive dem ganzen asiatischen Kino leicht eine Clownsmaske aufsetzen. Wenn Hongkong-Film-Fans, die sich für John Woo, Jackie Chan oder Tsui Hark interessieren, dies kundtun, bekommen sie oft ein erstauntes »Was? Du magst solche Filme?« zu hören. Alte Stereotypen sind schwer auszumerzen.

Vielleicht sollten wir an dieser Stelle darauf hinweisen, daß es weit mehr als nur ein paar Kostbarkeiten unter den Tausenden von Chopsockies gibt, die in den siebziger Jahren heruntergekurbelt wurden. Daß man die Filme immer noch in den Videotheken findet, hat einen guten Grund – die Leute leihen sie weiterhin aus. Wir haben unsere Lieblingsfilme im Kapitel über die Shaw Brothers aufgelistet, denn die meisten wurden in den Shaw-Studios produziert. Aber der Name, der einem unweigerlich – mit einem Salto über die gedeckte Tafel – in den Kopf springt, ist Bruce Lee.

Was Elvis Presley für den Rock 'n' Roll war, war Bruce Lee für das Kung-Fu-Kino. Bruce begann im US-Fernsehen als Side-kick Kato in der Serie *The Green Hornet*. Dann wurde er von Golden-Harvest-Boß Raymond Chow entdeckt; sein erster Film, *The Big Boss,* war ein Riesenerfolg. Obwohl Lee nur eine Handvoll Filme gemacht hat (darunter *Fist of Fury, Enter the Dragon* und *Game of Death),* besaß er großes Charisma und eine sexuelle Ausstrahlung, die eine stolze»Underdog«-Männlichkeit signalisierte. Sein markantes, eckiges Gesicht und sein erstaunlicher Körper waren sowohl in Hollywood wie auch in Hongkong legendär. Sein Ruhm half Amerikanern wie Chuck Norris oder Jim Kelly, Karriere zu machen. Darüber hinaus galt sein Trainingsanzug-Sonnenbrillen-Look einige Zeit unter Prominenten als sehr schick.

Erst nach seinem Tod im Jahr 1973 im Alter von 33 Jahren begann der Vermarktungsboom. Bruce-Lee-Nachahmer wie Bruce Li, Bruce Le und Dragon Lee tauchten aus dem Nichts auf, als Produzenten die Legende auszupressen begannen. Betty Ting Pei, die dabei war, als Bruce Lee starb, spielte sich selbst in einem fiktiven Sexfilm, den sie auch geschrieben hatte. Der Titel: *Bruce Lee: His Last Days, His Last Nights.*

Brandon Lee trat in die Fußstapfen seines Vaters, kam aber bei einem tragischen Unfall während der Dreharbeiten zu *The Crow* ums Leben. 1993 schließlich kam *Dragon: The Bruce Lee Story* in die Kinos, ein Biopic mit Jason Scott Lee (keine Verwandtschaft) in der Titelrolle. Wer Bruce Lee die Ehre erweisen möchte, kann seinen Stern auf dem Hollywood Walk of Fame besuchen (vor Mann's Chinese Theatre, wo sonst) oder sein Grab auf dem Lakeside-Friedhof in Seattle, auf dem nördlichen Hang des Capitol Hill, wo Bruce und Brandon nebeneinander begraben sind.

Long Arm of the Law (Hong Kong Vice)
1984
mit David Lam Wai, Wong Yan Tat, Wong Kin, Yeung Ming
Regie: Johnny Mak Dong-hung

Dieser bahnbrechende Film gab eine Vorahnung auf den gewaltträchtigen Realismus der nachfolgenden Arbeiten von Ringo Lam, John Woo und Kirk Wong. Der Film basiert auf einer Serie von Raubüberfällen, die in Hongkong von Festlandchinesen begangen wurden. Die Geschichte hätte den Titelblät-

Auch in der Luft: ›Long Arm of the Law‹

tern der *South China Morning Post* entstammen können. Das
von Neonlampen erleuchtete Ambiente von Hongkong in der
Weihnachtszeit hat niemals gemeiner ausgesehen.
Der Gauner Tung (David Lam) aus Hongkong besteigt den
Zug zum Festland nach China, um sich mit seinen früheren
Kumpels aus der Armee wiederzutreffen. Gemeinsam planen
sie einen 48stündigen Ausflug nach Hongkong mit einem Ju-
welen-Raubüberfall als Hauptattraktion. Die Männer werden
durch die Geldsumme, die Tung anbietet, angezogen, doch sie
beschweren sich, daß sie nicht genug Zeit hätten, um in einen
Massagesalon zu gehen. (»Nicht einmal genug Zeit zum Ein-
kaufen!«)
Der Ärger beginnt, als sie über den Zaun an der Grenze zwischen Hongkong und China klettern. Einer von ihnen wird von
deutschen Schäferhunden zerrissen. Als sie den Ort des Über-
falls auskundschaften, werden sie von Streifenbeamten aufge-

halten; es kommt zu einer Schießerei auf den belebten Straßen in Kowloon, und sie entfliehen in einem requirierten Taxi.

Tung entscheidet sich, drei Tage lang zu warten, um dann den Raub erneut zu versuchen. Während die Bande keine kriminellen Vergehen auszuüben hat, vergnügt sie sich mit Nachtclubhostessen. Einer der Bauerntölpel, Rooster (Wong Yan Tat), landet bei einer hochnäsigen Dirne, fuchtelt mit einem Bündel Bargeld herum und verlangt Befriedigung. Sie schlägt ihm vor, Fernsehen zu schauen, wenn er nicht mindestens 10.000 Hongkong-Dollar auf den Tisch legt. »Ich geb' dir zehn, wohin soll ich sie dir geben?« brüllt Rooster und zieht seine 45er! Während er eine lächerliche Krone aus Papierfolie trägt, läßt er sie mit vorgehaltener Waffe auf dem Boden herumkriechen. Gentlemen sind diese Herren nicht.

Dem Hehler Tai (Yeung Ming), Boß der Crimson Kid Video Arkade, gefällt es gar nicht, als Tung ohne Ware auftaucht, aber er hat immerhin einen Coup nebenher anzubieten: einen fetten, fiesen Typ namens Fatso auszulöschen. Die Gang führt den Anschlag durch, und Fatsos Schwanengesang endet auf der Eisbahn eines Einkaufszentrums. Als Tungs Leute im zerkleinerten, blutigen Eis Handschellen entdecken, erkennen sie, daß Tai sie reingelegt hat, so daß sie einen Polizei Detektive ermordet haben. Voller Wut fesselt Tung den Gangsterboß in einem Auto, überschüttet es mit Benzin und zündet es an. Als Tai aus dem brennenden Auto herausschreit, läßt Tung die Flammen löschen und spricht wieder mit Tai. Verhandlungen unter extremen Bedingungen. Tai verrät Tung trotzdem.

Wie Sie vielleicht ahnen, geht der Raubüberfall, als er schließlich zustande kommt, völlig daneben. Die Gang kann gerade noch abhauen, doch als sie ihre Beute verhökern will, sieht sie sich mit einem Bataillon aufgebrachter Polizisten konfrontiert. Während der Schießerei wird Tai von beiden Seiten mit Kugeln durchlöchert. Tungs Mann Blockhead (Wong Kin) bekommt auch einige Kugeln ab. Blockhead (Klotzkopf) hat nur eine Chance – einen Untergrundarzt in der berüchtigten Walled City, einem geschlossenen Stadtteil, für den reguläre Polizisten nicht zuständig sind (siehe Glossar). Aber die Frau des Arztes verrät sie, und ein Sondereinsatzkommando stürmt heran. Das folgende Feuergefecht, das in den klaustrophobisch engen Straßen von Walled City ausgetragen wird, bekräftigt die Reputation von *Long Arm of the Law* unter den Fans als knallharter Gangsterfilm aus Hongkong.

Rock 'n' Roll Cop

1994
mit Anthony Wong Chau-sang, Wu Hsin-kuo, Carrie Ng
Kar-lai, Yu Rong Guang
Regie: Kirk Wong Chi-keung

Einen eingebildeten Polizisten aus Hongkong mit einem spießigen Gegenpart vom chinesischen Festland zusammenzubringen ist ein beliebtes Schema der jüngeren Action-Filme aus Hongkong. Als Reaktion auf die damals bevorstehende Rückgabe an China boten diese unrealistischen Filme einem verängstigten Publikum einen Hoffnungsschimmer. Das ungleiche Paar von Gesetzeshütern gerät ständig aneinander, bevor es endlich kapiert, daß nur Kooperation zum Erfolg verhelfen kann. Diese Konstellation wurde bereits erfolgreich in Jackie Chans *Police Story 3: Supercop* angewandt und in *Rock 'n' Roll Cop* zu einer Mischung aus Melodram und Action wiederaufbereitet.

Anthony Wong spielt einen unorthodoxen Polizisten aus Hongkong namens Hung. Er verfolgt eine mörderische Räubergang von Hongkong nach Shenzen auf dem chinesischen Festland, wo Hung nur widerwillig die Unterstützung der Autoritäten des Festlands erhält, weil die gleiche Gang für die brutale Ermordung eines dortigen Polizisten verantwortlich ist. Hung bildet zusammen mit Polizei-Captain Wang Kung (Wu Hsin-kuo, der den naiven Schüler in *Green Snake* gespielt hat) ein Team. Trotz unterschiedlicher Auffassungen darüber, wie die Untersuchung durchgeführt werden soll, sind die beiden bald auf einer heißen Spur hinter den Gesetzlosen her. Dazu benutzen sie die Geliebte eines der Mitglieder, Hou-yee (Carrie Ng), als unwissende Komplizin.

Die Dinge werden etwas komplizierter, als sich herausstellt, daß Carrie, bevor sie zur Gangsterbraut wurde, die Freundin von Wang Kung war.

Rock 'n' Roll Cop bringt den Abgrund zwischen Hongkong und dem chinesischen Festland rasch auf den Punkt, und am Ende bietet er einen halbherzigen Appell zur Zusammenarbeit der beiden Seiten an. Unter der Regie von Kirk Wong spielt der Film politische Botschaften zugunsten von seifenoperähnlichen Herz-Schmerz-Szenen herunter, durchsetzt mit Ausbrüchen aufreibender Gewalttätigkeit. Kirk Wong schlängelt sich durch die Geschichte mit einem aggressiven Regiestil, der die spannenden theatralischen Momente bis zum Siedepunkt aufheizt. Das funktioniert hier ganz gut, speziell in einer Szene, in der der Polizist aus Hongkong und sein Kollege vom Festland verzweifelt die ernsthaft verwundete Carrie Ng auf einer improvisierten Trage ins Krankenhaus transportieren müssen. *Rock 'n' Roll Cop* ist ein weiterer von Kirk Wongs unterhaltsamen, harten Filmen über das Vorgehen der Polizei. Er ist voller lebhafter Porträts von Polizisten am Rande des Nervenzusammenbruchs und zeigt das Talent des Regisseurs in voller Blüte. *RAA*

Tiger on the Beat (Born Hero 2)
1988
mit Chow Yun Fat, Conan Lee, Nina Li Chi, Gordon Liu Chia-hui, Tsui Siu-keung
Regie: Liu Chia-liang (Lau Kar-leung)

Der Schauspiel- und Regieveteran Liu Chia-liang drehte *Tiger on Beat*, als Chow Yun Fat seinen Ruhm mit Rollen in Krimis wie *A Better Tomorrow* und *City on Fire* erwarb. Francis Li, Chows Rollenname in *Tiger on Beat*, wird mit einem Hardrock-Titellied der Powerdiva Maria Cordero aus Hongkong eingeführt. Es ist eine völlig entgegengesetzte Rolle zu jener modisch-mörderischen mit der Doppel-Beretta in *A Better Tomorrow*. Er trägt eine komische lederne Kappe, fährt einen aufgemotzten Renault – jemand, der gerne so wäre wie Chow Yun Fat. Während er ein dahingerotztes Frühstück mit gebratenen Eiern und Schinken (gefolgt von einem Glas voll roher Eier wie in *Rocky)* in einer der unzähligen Fastfood-Abfütterstätten Hongkongs hinunterwürgt, daß es einem den Magen umdreht, erleidet unser Held die Schmach, bei einem bewaffneten Raubüberfall als Geisel genommen zu werden. Sein ver-

deckt ermittelnder Kollege Michael Cho (gespielt von Muskelpaket Conan Lee) befreit ihn, aber nicht, bevor Francis in Panik in die Hosen gepinkelt hat und ohnmächtig zu Boden ge-
gangen ist. Hinterher wird Michael Francis als Partner zugeteilt. Das Duo wird auf einen Fall von Drogenschmuggel ange-
setzt. Mohnpulver wird in ausgehöhlten Surfbrettern von Tsui

Siu-keung und seiner Gang fieser *gwailos* unter Anleitung des Oberbösewichts Gordon Liu befördert.

Die Aerobictrainerin Marydonna (Nina Li) wird dazu gebracht, Drogen für ihren üblen Bruder zu schmuggeln. Der Bruder kommt als Resultat seiner ruchlosen Aktivitäten um, was Marydonna inspiriert, alles auszuplaudern. Francis und Michael verhindern das große Drogengeschäft. Aber trotz einer haarsträubenden Autoverfolgungsjagd (mit Stuntmännern, die sich an die Motorhauben fliegender Mittelklassewagen klammern) entkommen die Bösen. Sie kidnappen voller Rachegelüste Francis' Schwester, die aus einem Lagerhaus voller schwerbewaffneter Schlägertypen befreit werden muß.

Im Kampf ist Chows Figur so weit von dem in *A Better Tomorrow* mit Gucci- und Armani-Ausstattung und in Zeitlupe ballernden Dandy entfernt, wie man es sich nur denken kann. Hyperaktiv improvisiert Francis Waffen aus Billigladenzutaten, etwa ein um die Ecke schießendes Gewehr. Trotz Chows Heldentaten bringt der Martial-Arts-Kampf zwischen dem verrückten Gordon Liu und Conan Lee den Kick des Films. Haben wir erwähnt, daß der Kampf mit Kettensägen ausgetragen wird? Also keine mickrigen Bowiemesser fürs Lagerfeuer am Wochenende, sondern laute Sägen für Hartgehölz, die auch Fleisch zerreißen. Die Kontrahenten gehen es an. Funken sprühen, und blauer Rauch bläst aus den Geräten, während sie sich durch das Lagerhaus jagen, um sich gegenseitig zu zerteilen. Dieses grausame Schlußgefecht steht bei den Liebhabern von Filmen aus Hongkong permanent in den Top ten.

12. Die Shaw Brothers

Gegründet wurde die Firma von Sir Run Run Shaw, dem Sohn eines wohlhabenden Textilfabrikbesitzers aus Shanghai, und seinen drei Brüdern. Die Shaw-Brüder bauten ein Nachkriegs-Zelluloidimperium auf, das Produktion, Verleih und Kinos quer durch Asien umfaßte. Trotz der Konkurrenz der Firma Golden Harvest (deren Boß Raymond Chow sowohl Bruce Lee wie auch Jackie Chan entdeckte) war der Name Shaw Brothers jahrzehntelang ein Synonym für die Filme aus Hongkong.

Sir Run Run Shaw wurde von der britischen Regierung geadelt und gründete in Hongkong die Shaw-Universität, während sein Bruder Runme die Aktivitäten in Singapur beaufsichtigte. Mitte der achtziger Jahre stießen die Shaw Brothers plötzlich die Filmproduktion ab und gründeten HK-TVB, heute in Hongkong die größte Produktionsfirma von Seifenopern fürs Fernsehen.

Teilansicht des Filmstudios der Shaw Brothers in Hongkong

Die Shaw-Studios waren ein feudalistisches Unternehmen. Die Stars lebten oft in Schlafsälen, erhielten einen Hungerlohn und hatten kein Recht, etwas darüber zu sagen, mit welchen Kostars oder Regisseuren sie zusammenarbeiten wollten. Zum Ensemble der Shaw Brothers gehörten Darsteller wie Gordon Liu Chia-hui *(Tiger on Beat, Peacock King)*, Ti Lung *(A Better Tomorrow 1* und *2)*, David Chiang *(Once Upon a Time In China 2)*, Lo Lieh *(Police Story 3: Supercop)* und Kuo Chui *(Hard Boiled)*, und alle drehen heute noch Filme.

Was die Regisseure anbelangt, war das Shaw-Brothers-Studio aufgeteilt in zwei Sparten: Filme, in denen Mandarin, und Filme, in denen Kantonesisch gesprochen wurde. Die Mandarin-Abteilung wurde von dem Regisseur Chang Cheh angeführt, der von den japanischen Gangsterfilmen der sechziger Jahre beeinflußt war, speziell von den Filmen des Regisseurs Seijun Suzuki *(Detective Bureau 23: Go to Hell, Bastard)*. Chang Cheh war ein eingefleischter Gewaltbewunderer, und selbst dramatische Musicals wie *The Singing Thief* (1969) enthielten brutale Kampfszenen, in denen die Widersacher sich schlagen, aufspießen und gegenseitig verbrennen.

Chang Chehs blutdurchtränkter Film *One Armed Swordsman* (1967) zeigte Jimmy Wang Yu als begabte Todesmaschine, und die Einspielergebnisse waren höher als die Stapel der Leichen. Chang Cheh drehte mehr als 100 einfallsreich blutrünstige Filme wie *Five Deadly Venoms, Human Lanterns* und *Attack of the God of Joy,* bevor er Mitte der achtziger Jahre aufhörte.

Die kantonesischsprechende Abteilung der Shaw Brothers wurde von einem Schauspieler und Regisseur namens Liu Chia-liang (auch als Lau Kar-leung bekannt) geleitet. Liu Chia-liang war ein Kampfsportkünstler der alten Schule, dessen Kung-Fu-Abstammung bis zum tatsächlichen Volkshelden Wong Fei-hong zurückreicht. Liu brachte frischen Wind in die ermüdenden Kung-Fu-Handlungen. Er begann seine Karriere bei den Shaw Brothers als Choreograph von Action-Szenen für Chang Cheh, bevor er 1975 schließlich seinen ersten eigenen Film inszenierte, und er ist heute noch aktiv. Er spielte in dem exzellenten *Pedicab Driver* (1988) von Sammo Hung mit und inszenierte *Drunken Master II* (1994) mit Jackie Chan.

Diese zwei Regisseure waren nur ein Teil derer, die für die

Shaw-Brothers-Maschinerie Hunderte, nein Tausende von Filmen drehten. Hier folgen einige der besseren.

Challenge of the Ninja / Shaolin Challenges Ninja / Heroes of the East
1979
mit Gordon Liu Chia-hui, Yuko Mizuno, Shoji Kurata
Regie: Liu Chia-liang (Lau Kar-Leung)

Regisseur Liu Chia-liang baute seine Karriere bei den Shaw Brothers auf mit wegbereitenden, kreativen Kung-Fu-Filmen und belebte damit ein Genre wieder, das viele schon abgeschrieben hatten. Die Philosophie, die *Challenge of the Ninja* zugrunde liegt, unterscheidet sich ziemlich von den üblichen Schlachtorgien in den Filmen der Shaw Brothers. Zum einen ist es ein Kung-Fu-Film, der zwar vollgepackt ist mit Action, in dem aber keiner umkommt. Im Vergleich mit Chang Chehs Blutbädern wie *Super Ninjas* und *One Armed Swordsman,* in denen ein Kämpfer Hunderte von Gegnern in einer einzigen Szene niederstreckt, bedeutet Liu Chia-liangs *Challenge of the Ninja* eine radikale Änderung des Tempos.
Viel wichtiger ist, daß der Film ethnische und nationale Stereotypen angreift. Die Chinesen und die Japaner waren immer gegeneinander eingestellt, und die japanische Okkupation Chinas während des Zweiten Weltkrieges trug bestimmt nicht zu einer Verbesserung des Verhältnisses bei. Japaner sind die Standardbösewichter in Dutzenden von Kung-Fu-Filmen. Und, wie vorauszusehen ist, sind sie ruchlose, blutdürstige Killer. In *Challenge of the Ninja* erleben wir jedoch etwas völlig anderes. Gordon Liu Chia-hui spielt Ho Tao, einen Chinesen, der die Japanerin Kun Tse (Yuko Mizuno) heiratet. Selbst während der Hochzeit gibt es Anzeichen von kulturellen Zusammenstößen. Aber erst in der Hochzeitsnacht kommt es richtig zum Durchbruch der alten Vorurteile. Das Paar verbringt Stunden damit, darüber zu diskutieren, welche Kampfsportarten die effektiveren seien, die japanischen oder die chinesischen. Niemals sind Eßstäbchen und Reisschalen mit solch tödlicher Absicht geworfen worden!
Liu triumphiert in jeder Auseinandersetzung, bis seine Frau die

elliptische Kunst des *ninjitsu* anwendet, um über ihn zu siegen. Liu ist jedoch nicht beeindruckt von »der Kunst der schmutzigen Tricks«, wie er es nennt. Wegen unvereinbarer Auffassungen von Kampfsportkunst verläßt seine Frau ihn und kehrt nach Japan zurück. Liu begreift, wie sehr er seine Frau liebt, und macht einen – jedoch wenig überzeugenden – Versuch, sie zurückzugewinnen, in dem er sich brieflich entschuldigt. Der Brief wird von ihren im Kampfsport ausgebildeten Bruder gelesen und als Herausforderung interpretiert. Man muß nicht erwähnen, daß sie diese akzeptieren.

In dem daraus folgenden Gefecht stellt sich heraus, daß keine Nationalität tapferer ist als die andere. Als einer der Japaner sein Schwert Liu als Zeichen des Respekts mit dem Griff nach vorne anbietet, schlägt Liu es fort, nicht wissend, was diese Geste zu bedeuten hat. In *Challenge of the Ninja* sind die wirklich Bösen die Ignoranz gegenüber einer anderen Kultur, der Mangel an Verständnis und die fehlende Bereitschaft, neue Ideen zu begreifen oder zu akzeptieren und alte Traditionen aufzugeben.

Glücklicherweise wird diese Botschaft inmitten eines Hagels exzellent choreographierter Kung-Fu-Kämpfe vermittelt. Zum Schluß des Films empfinden Liu und seine Widersacher gegenseitigen Respekt, Bewunderung und Freundschaft füreinander, und auch das Paar findet mit gewachsenem Verständnis wieder zueinander.

KURZBESPRECHUNGEN

ATTACK OF THE GOD OF JOY
1983
Ein Ensemble der Peking-Oper schlitzt einen aufrichtigen, aber lästigen Schauspieler auf. Die Rache folgt auf dem Fuß, als der Geist des Schauspielers seine alten Eingeweide wie einen Seiltrick der Hindus verwendet, um seine Mörder zu erwürgen, während Blut aus seiner Wunde spritzt. Er wird bei weiteren Missetaten unterstützt von einem übergeschnappten Baby-Doll-Gesicht, dem »God of Joy«, der wie ein Alien aus dem Bauch eines Zuschauers geboren wird. Eine gewaltige, übernatürliche Schlacht entbrennt, wobei feuerspeiende Geister früherer Figuren der Peking-Oper und das fliegende Puppen-

gesicht mitmischen. Totale Rache. Der Regisseur? Unser
Freund Chang Cheh.

THE CHINATOWN KID
1977
Nachdem er in Schwierigkeiten mit den örtlichen Gangs in
Hongkong geraten ist, flieht ein junger Mann (Alexander Fu
Sheng) nach San Francisco, wo die gleichen Gangs immer noch
Probleme verursachen. Er wird Mitglied einer dieser Gangs,
entscheidet sich aber schließlich dazu, die Gangs gegeneinander aufzuhetzen, um die Stadt zu säubern. Es gibt jede Menge
moralischer Botschaften über Gier, Drogen und Gewalt sowie
jede Menge Szenen voller Gier, Drogen und Gewalt.

DIRTY HO
1979
Die Kung-Fu-Version von *Melvin und Howard* (USA 1979).
Dirty Ho präsentiert ein altkluges Straßenkind, das einen verkleideten Prinzen verteidigt, dann aber im Staub zurückgelassen
wird. Gordon Liu Chia-hui spielt den ausgeflippten Prinzen, der
den Palast verlassen hat, um sich einmal den Wind um die Nase
wehen zu lassen. Jimmy Wang Yu spielt Dirty Yo, einen Juwelen-
dieb, den der Prinz unterwegs kennenlernt. Der Prinz muß sich
seinen Weg zurück in den Palast freikämpfen, um rechtzeitig zur
Verkündung des neuen Kaisers anwesend sein zu können. Dies
ist einer der ersten Kung-Fu-Filme, der selbstkritisch ist und die
Charaktere tatsächlich entwickelt, wobei der Zusammenprall
von Fäusten und Schädeln natürlich nicht fehlt.

EIGHT DIAGRAM POLEFIGHTER
1983
Dies ist eine wilde Geschichte über Mordlust und Betrug. Die
Stimmung ist trostlos, bösartig und deprimierend. Daß einer
der von den Shaw Brothers bevorzugten Schauspieler, Alexander Fu Sheng, während der Dreharbeiten bei einem Autounfall
ums Leben kam, war auch ein schlechtes Omen. Im spektakulären Endkampf treffen Gordon Liu Chia-hui und Kara Hui
Ying-hung auf eine Verbrechergang in einem Raum, der mit einer Pyramide von Särgen gefüllt ist. Ein Bataillon von Mönchen taucht auf, um »den Wölfen die Zähne zu ziehen«. Eine
grausame Sequenz, in der die Mönche Stäbe oder ihre blanken
Hände benutzen, um den Bösewichtern die gesamten Kaulei-
sten herauszureißen!

Szene aus ›Flying Guillotine 2‹

FLYING GUILLOTINE
1976
Der Kaiser wird paranoid und beauftragt einen loyalen Untergebenen, eine Waffe zu erfinden, die unbesiegbar ist. Das Resultat ist eine fürchterliche fliegende Guillotine, eine Art von
Hutschachtel, die an einem Seil befestigt ist. Wenn sie wie ein
Frisbee geworfen wird, setzt sie sich auf dem Kopf einer Person fest, und mit einem Zug am Seil schneidet sie diesen blitzschnell ab. Das Gerät wird zurückgerissen, und der Frisch-
geköpfte sinkt zu Boden. Die infernalische fliegende Guillotine
tauchte auch in *Master of the Flying Guillotine* auf.

HOUSE OF TRAPS
1981
Dieser Film war der letzte mit dem kompletten Venom-Team,
das für die Shaw Brothers arbeitete. Unsere Helden suchen

sich einen Weg durch eine mit Fallen vollgepfropfte Pagode, um an den sich drinnen befindenden Schatz zu gelangen. Natürlich kommen aus den Wänden Hagelschauern von tödlichen Speeren und Pfeilen, aus dem Boden wachsen Wälder von Spießen, und die Treppen sind gespickt mit rasiermesserscharfen Klingen, die den Leuten die Zehen abtrennen. Es ist keine Überraschung, daß der Regisseur des Films Chang Cheh war.

ONE ARMED SWORDSWMAN (DAS GOLDENE SCHWERT DES KÖNIGSTIGERS)
1967
Ein hervorragender Schwertkämpfer wird angegriffen, aber er wird von seinem Diener gerettet, der statt seines Meisters dahinscheidet. Der Schwertkämpfer adoptiert dessen Sohn Fong Kong (Jimmy Wang Yu) und bringt ihm alle seine Kampftechniken bei. Aber die Tochter des Schwertkämpfers wird eifersüchtig auf Fong Kong, und in einem Angriff, den sie inszeniert, wird Fongs Arm abgehackt. Er zieht sich zurück, studiert eifrig und erlernt die Technik des einarmigen Schwertkampfes. Dann kommt er zurück und schlachtet alle ab. Dies ist der erste Schwertkämpferfilm voller extremer Gewalt und Brutalität, was zum Standard für alle Martial-Arts-Filme wurde, die danach folgten.

THE LEGEND OF THE SEVEN GOLDEN VAMPIRES (DIE SIEBEN GOLDENEN VAMPIRE)
1973
Das britische Hammer-Filmproduktionsstudio brachte seine Welt des grotesken Horrors in dieser Koproduktion mit den Shaw Brothers nach Hongkong. Regie führte Roy Ward Baker. Dracula nimmt die Gestalt eines taoistischen Priesters an und flieht nach China, wo er eine Armee chinesischer Zombies zusammenstellt. Der Dämon wird von Dr. Van Helsing (Peter Cushing) verfolgt, der von dem Nachwuchsschauspieler des Shaw-Studios, David Chiang als Hsi Ching, unterstützt wird. Das »Osten trifft Westen«-Thema erreicht seinen absurden Höhepunkt, als Peter Cushing David Chiang erklärt, daß in China ein Kruzifix bei der Bekämpfung von Vampiren nichts bewirken kann. Es muß schon eine Statue Buddhas sein, um die Untoten abzuwehren!

SUPER NINJAS
1982
Eine weitere Chang-Cheh-Zerstückelungsorgie. Ein Kung-Fu-

Clan wird von einer aus Japan eingereisten Bande von Ninjas dezimiert. Die Ninjas bringen anschließend die Leute um, die für ihrer Einreise gesorgt haben, und spielen sich selbst als Herrscher des Kampfsports auf. In einer Szene wird ein Mann in den Unterleib gestochen, kämpft aber weiter, wobei langsam seine Eingeweide aus seinem Bauch heraustreten. Er kommt um, weil er versehentlich über seine eigenen Eingeweide stolpert und hinfällt. Am Ende reißen die Helden den Oberbösewicht mit bloßen Händen auseinander.

Crippled Avengers (Vier gnadenlose Rächer)
1978
mit Kuo Chui, Chiang Sheng, Lo Mang, Sun Chien, Lu Feng, Chen Kuan-tai
Regie: Chang Cheh

Der Film *Five Deadly Venoms* von Regisseur Chang Cheh basierte auf einer einfachen Grundlage: Fünf Kerle mit starken Kampfsportfähigkeiten machen ihre Gegner nacheinander und sich selbst untereinander fertig. Der Film erwies sich als erfolgreich. Cheh entschied sich, die Besetzung von *Five Deadly Venoms* in einem noch verrückteren Nachfolgefilm einzusetzen: *Crippled Avengers.* Die fünf Darsteller – Anführer Kuo Chui, Chiang »Cutie Pie« Sheng, der klotzgesichtige Lo Mang, der hoch tretende Sun Chien und der raffinierte Lu Feng – werden am Anfang fürchterlich verkrüppelt. Doch statt Rampen für Rollstühle zu verlangen oder Brailleversionen von *Dream of the Red Chambers,* entwickeln unsere Helden unter den Herausforderungen ihrer Gebrechen eigene Kung-Fu-Techniken.

Ein Edelmann (Chen Kuan-tai) wird zum Wahnsinn getrieben, als seine Familie dahingemetzelt wird und die Arme seines Sohnes von ruchlosen Feinden abgehackt werden. Nachdem er seinen Sohn mit mechanischen Armen ausgestattet hat, die sich verlängern lassen und Pfeile abschießen können, wird der Edelmann zu einem rachsüchtigen Berserker. Doch statt einen durchdachten, umfassenden Racheplan zu entwickeln, marschiert er herum und verstümmelt jeden, der ihm nicht gefällt. Ein Schmuckhändler (Kuo Chui) begeht den Fehler, zu erwähnen, daß der Sohn keine echten Arme mehr habe: »Der hat ja keine Arme!« – »Aber du hast keine Augen.« – »Wie meinst du das? Ich habe Augen. Ich habe … AAAH! AAAAAHH!«

Der wahnsinnige Edelmann hackt auch noch einem Passanten (Sun Chien) die Füße ab und macht einen glücklosen Schmied (Lo Mang) taub. Doch die größte Qual bleibt aufgehoben für einen Kampfsportler, der die Stadt von diesem durchgedrehten Blaublüter befreien soll. Er wird zum Geisteskrüppel, indem ein Metallband um seinen Schädel langsam immer enger gezogen wird!

Die vier Behinderten schließen sich zusammen und suchen den jetzt geistig minderbemittelten *sifu* auf. Sie lernen, trotz ihrer Behinderungen zu kommunizieren, und entwickeln spezielle Kung-Fu-Techniken. Der Mann ohne Füße zum Beispiel wird mit tödlichen, mechanischen Füßen ausgerüstet. Ihre Chance kommt, als eine Galaparty für den geistig umnachteten Edelmann gegeben wird. Die Sicherheit soll durch jeden üblen Kung-Fu-Meister des Königreichs gewährleistet werden. Unbeeindruckt davon macht sich die Gruppe von Krüppeln auf, den Verlust ihrer geliebten Teile zu rächen. Im furiosen Endkampf wird der *sifu* von einem Schauer von Pfeilen, die der Sohn des Edelmanns aus seinen künstlichen Armen abfeuert, tödlich getroffen. Trotz des Verlustes ihres Mentors vollenden die übriggebliebenen Krüppel ihre blutige Aufgabe.

Fans von Underdogs werden diesen blutdurchtränkten, exzentrischen Film lieben. Obwohl einem entscheidende Körperteile abgeschlagen werden, ist man noch lange nicht untauglich als Kampfsportheld oder zum Sieg. Obwohl *Five Deadly Venoms* der klassische Giftfilm ist, bringt *Crippled Avengers* einen großartigen (mechanischen) Kick.

Descendant of the Sun

1983
mit Cherie Chung Chor-hung, Derek Yee Tung-shing, Ku Kun-chung, Lung Tin cheung
Regie: Chu Yuan

Einer der am schönsten fotografierten Filme der Shaw-Brothers-Filmstudios ist *Descendant of the Sun*. Er erweckt die Bilder aus alten chinesischen Schriftrollen zum Leben. Unglücklicherweise kann man ihn nur auf Videokassette oder Laser Disc bekommen. Fans der hübschen Cherie Chung *(Peking Opera Blues, Once a Thief, Wild Search)* werden ihn sehen wollen. Es ist ihre erste größere Filmrolle.

Descendant of the Sun ist ein Märchen, in dem es um ein Paar übernatürlicher Babies aus dem Märchenland geht. Natürlich ist das eine rechtschaffen, das andere böse. Das gute Baby wird in einem riesigen, glühenden Obelisk entdeckt und von einem freundlichen Holzfäller befreit, der es als sein eigenes aufzieht. Als das Kind Shih Sheng acht Jahre alt wird, zeigt es einige bemerkenswerte Fähigkeiten: Es kann Pfirsiche an abgestorbenen Ästen wachsen, Feuer entstehen und Leute schweben lassen. Seine Pflegeeltern raten ihm weise, seine Fähigkeiten nicht kundzutun, so daß es ohne Zwischenfälle zu einem strammen jungen Mann (Derek Yee) heranwächst.

Als aber korrupte Regierungsbeamte damit beginnen, den Dorfbewohnern einen Arbeitsdienst aufzuzwingen, schlägt er sie mit seinen Superkräften. Er flieht in einen nahegelegenen Palast. Dort gerät er in Streit mit den dreisten Dienerinnen Pao und Pei, weil er versehentlich deren eingesperrte Vögel freigelassen hat. Doch er wird vor der drohenden Enthauptung von der Prinzessin (Cherie Chung) gerettet. Er ruft die Vögel, die sich aus dem Staub gemacht hatten, wie durch ein Wunder wieder zurück. Dann überredet er den Papagei des Palastes, die bewegende Volkssage »Dream of the Red Chamber« vorzutragen!

Dieser erstaunliche Trick bringt ihm einen Job als Hausboy im Palast ein. Bevor er seinen neuen Job antritt, besucht er jedoch den glühenden Obelisk, um ihn um Rat zu fragen. Der Geist darin erzählt ihm von dem bösen Kind, das die Welt bedroht.

Inzwischen entschließt sich der Regent der Provinz zu einem Euthanasieprogramm. Er will alle Babies sammeln und die schwachen vernichten. Als er erkennt, daß die Prinzessin niemals diesem Programm zustimmen würde, entschließt er sich, sie zu ermorden. Deshalb schickt er eine Killertruppe zum Palast. Shih Sheng zieht sich rasch einen gold-weißen Outfit an, um die Banditen abzuwehren, ohne dabei seine Clark-Kent-

Identität als Hausboy preiszugeben. Die Prinzessin wird gaga angesichts des mysteriösen Supermanns.

Unglücklicherweise läßt der üble Regent, bevor die Liebe erblühen kann, das böse Kind aus seinem schrillgrünen Sarg, und es wird sofort erwachsen. Ärger steht ins Haus. Der freigelassene Böse kämpft mit Super-Shih, wobei sich beide in gigantische Kampfobjekte verwandeln: Schere gegen Teppich, Axt gegen Holz. Schließlich verwandelt sich der Böse in einen Krebs, aber Shih wird zu einer monolithischen Steinsäule und kippt um, das Schaltier zermalmend. Für den Bösen sieht es schlecht aus, aber er zaubert sich auf einen *feng shui*-Spiegel und beginnt mit der Beschwörung: »Komme alles Böse mir zu Hilfe!« Erde und Mauern brechen auseinander, als hämische Geister auftauchen, um Shih anzugreifen! Schließlich aber kommt der Böse durch eine Explosion um, und die Tugend regiert wieder.

FALSCHE IRRTÜMER

SMALL TALK

Noch mehr mißglückte Untertitel aus Ihren beliebtesten Filmen aus Hongkong (die Erklärung dazu finden Sie in Kapitel 3).

Geben Sie mir Ihren Urin … Urin kuriert innere Verletzungen. – Wollen Sie noch mehr? – Nein. Ihrer ist nicht so gut. *(The Untold Story)*

Ich bin zu 80 Prozent erholt. – Ich bin zu 80 Prozent ruhelos. – Dummes Geschwätz. Ihr seid beide zu 80 Prozent tot! *(Mr. Vampire)*

Überprüfst du, ob in meiner Unterhose ein Loch ist? – Nein, ich sah eine kotzende Krabbe. *(Full Contact)*

Sex ist etwas Notwendiges in Leben. – Gut, dann bist du mein Freund. *(A Chinese Torture Chamber Story)*

Rauchen verboten, ich weiß, aber das ist Hanf. *(The Nocturnal Demon)*

Laß mich ein Zeichen auf deine Brust machen. – Nein, ich will tiefe Ausschnitte tragen. *(God of Gamblers)*

Es ist schlecht, wenn wir Top-Gigolos werden. Wir werden jeden Tag gefoltert. *(Pom Pom and Hot Hot)*

Die Zunge ist so häßlich. Laß uns einbilden, sie wäre Tom Cruise. *(My Neighbours Are Phantoms)*

Ein Schachspiel? Welcher Art? – Das Biest-Auszieh-Spiel. *(The Informer)*

Nach ihrer stotternden Reaktion scheint es kompliziert zu sein. *(Malevolent Mate)*

Ich verbrenne meine Binden immer, damit die Vampire sie nicht als Teebeutel benutzen, verstehst du. *(Eternal Evil of Asia)*

Bring uns einige Limos, Affe. *(Long Arm of the Law)*

Eine normale Person würde keine Hirnanhangdrüsen stehlen. – Das macht Sinn. *(Brain Theft)*

Sag ihm, daß heute nacht ein Berg mit seinem Auto zusammenstoßen wird. *(Queen of Temple Street)*

Die beiden mit den Tätowierungen sind Fanatiker. Sie stammen von Kannibalen ab. Provozieren Sie sie nicht. *(Marianna)*

Sie haben wirklich ein einziges Auge? – Sie glauben mir nicht: Hier, schauen Sie! *(Night Caller)*

Five Deadly Venoms
1978
mit Chiang Sheng, Sun Chien, Kuo Chui, Lo Mang, Lu Feng, Wei Pai, Ku Feng, Wang Lung Wei
Regie: Chang Cheh

Five Deadly Venoms war der erste Film einer sehr erfolgreichen Serie der Shaw-Brothers-Filmproduktion. In allen Folgen wirkten die gleichen fünf Schauspieler mit. Ein Favorit des Kung-Fu-Theatre im US-TV. Er wurde im Spätprogramm des amerikanischen Fernsehens ausgestrahlt, und Millionen Kids sahen ihn. Viele bastelten anschließend Venom-Masken aus Einkaufstüten und rannten hinaus, um die anderen als Lizard und Toad (Skorpion und Kröte) zu erschrecken. Es ist eine wilde Geschichte über Gier, Betrug und Freundschaft.
Der hochverehrte *sifu* des Giftclans liegt im Sterben. Sein letz-

ter Schüler steht ihm bei. Im Laufe seines Lebens hat er noch fünf weitere Schüler unterrichtet, jeden in einer anderen tödlichen Technik: Snake (Schlange), Centipede (Tausendfüßler), Scorpion (Skorpion), Lizard (Eidechse) und Toad (Kröte). Schüler Nummer sechs, Yan Tieh (Chiang Sheng), ein rechtschaffener Mann, wurde in allen fünf Gifttechniken ausgebildet. Der *sifu* ringt Yan Tieh das Versprechen ab, die anderen fünf wiederzufinden und diejenigen zu töten, die Böses tun.

Das Problem ist, daß er es nicht allein schaffen kann. Da er von jeder Technik nur einen Teil erlernt hat, ist er in keiner Disziplin der Meister. Um irgendeinen der fünf auszulöschen, muß er sich mit einem weiteren Venom zusammentun. Yan Tieh hat einen Anhaltspunkt dafür, die anderen Venoms zu finden. Der alte Partner des *sifu* hat ein Vermögen mit der Vermittlung von Gifttechniken verdient. Er hat sich nun unter einem Pseudonym zur Ruhe gesetzt. Der *sifu* glaubt zu Recht, daß die anderen fünf Venoms auftauchen werden, um den Schatz an sich zu bringen.

Alle Venoms kommen zusammen, aber sie wissen nicht, wer der Partner des *sifu* ist. Sie kennen sich nicht einmal untereinander, weil jeder einzeln trainiert wurde und dabei eine Maske trug. Toad, der nette Fleischklops mit eiserner Haut (Lo Mang), findet Lizard (Kuo Chui), einen ehrlichen Polizisten. Beide beschließen, sich in den Besitz des Schatzes zu bringen, um die Gang zu »erlösen«. Inzwischen finden Centipede (Lu Feng) und Snake (Wei Pai) den Partner des *sifu* zuerst und schlachten seine ganze Familie ab. Kein Schatz wird gefunden, aber ein Nachbarsjunge beobachtet, wie Centipede die Szene verläßt. Doch Snake hat gute Verbindungen, und mit Hilfe eines bestochenen Zeugen wird die Anklage gegen Centipede fallengelassen. Aber Toad wird zu Unrecht angeklagt, unter Drogen gesetzt, gefoltert und getötet.

Lizard und Yan Tieh schließen sich zusammen, um Centipede zu finden und zu töten. Als sie ihren Rachefeldzug starten wollen, stoßen sie auf den tugendhaften Captain Ma (Sun Chien), der den Polizeidienst quittiert hat. Er will ihnen helfen, die umherstreunenden Venoms zu vernichten.

Snake weiß, daß er die Herausforderung annehmen muß, und wartet auf sie. Er legt sich auf eine Chaiselongue mit weißem

Seidenbezug und Perlen. Lizard und Yan Tieh kämpfen gegen ihn und seinen Partner Centipede, während Captain Ma keine Partei ergreift und sich weigert zu kämpfen. Snake konfrontiert ihn schließlich mit den Worten: »Ich weiß, wer du bist. Du bist Skorpion.«

Der alte Captain Ma lacht bösartig und reißt dann Centipede die Eingeweide aus dem Leib. Yan Tieh und Lizard sind jedoch unbesiegbar. Als sie sich Snake und des enttarnten Scorpion entledigt haben, nehmen sie sich Scorpions Schatzkarte und kommen an ihr Ziel. Yan Tieh will sich noch an dem unehrlichen Richter rächen, doch Lizard sagt: »Alle Richter sind unehrlich, und der nächste könnte noch schlimmer sein. Du kannst sie einfach nicht alle umbringen.« Einige Dinge ändern sich nie.   *KAT*

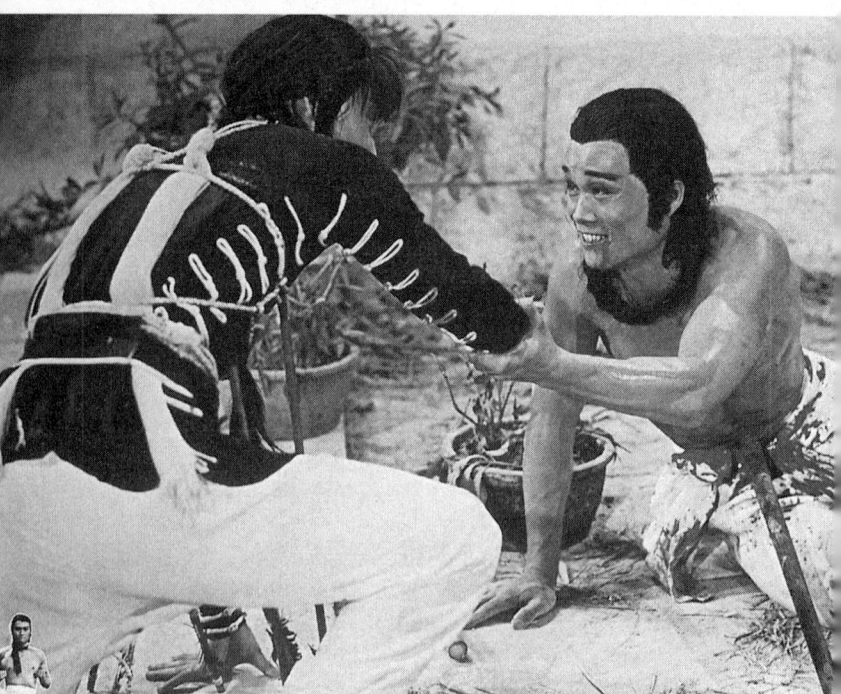

Einige Dinge ändern sich nie: eine typische Blutbad-Szene aus dem Chang-Cheh-Klassiker ›Invincible Shaolin‹

Five Fingers of Death / King Boxer
(Karato – Fünf tödliche Finger)
mit Lo Lieh, James Nam, Wang Ping, Tong Lin, Nangong Xun,
Tian Fong, Gu Wenzhong
Regie: Cheng Chang Ho

Five Fingers of Death war der erste Kung-Fu-Film, der auf dem
amerikanischen Markt einschlug. Ohne den Erfolg von *Five
Fingers of Death* hätte vielleicht sogar ein Bruce Lee nicht solchen Respekt gefunden.

Five Fingers of Death zeigt, wie Augen ausgestochen, Eingeweide herausgerissen und Hände in brennenden Sand gepreßt
werden. Es ist ein Festival der Blutbäder, das wirklich nicht vor
dem Ende vorbei ist. Keine der Figuren ist zu gering, als daß sie
es vermeiden könnte, auf grauenhafte Weise umgebracht zu
werden.

Lo Lieh spielt Chow Chi-hao, ein netter Waisenjunge, der bei
seinem Kung-Fu-Meister Sung Wu-yang (Gu Wenzhong) lebt.
Der *sifu* sagt, falls er den bevorstehenden Kung-Fu-Wettbe-
werb gewinnen würde, könnte er seine süße Tochter Ying-Ying
(Wang Ping) heiraten.

Inzwischen will der *sifu* einer konkurrierenden Schule, Meng
San-yeh (Tian Fong), selbst Gewinner des Wettbewerbs werden. Das Problem ist, daß sein Sohn (Tong Lin) ein unbegabter
Gangster ist, der permanent eine Zigarettenspitze in seinem
spöttischen Mund trägt. Die Lösung? Ganoven anzuheuern,
um alle Gegner bereits vor dem Wettbewerb umzubringen.
Der Sohn des Gangsters trifft sich mit einem widerlichen Bösewicht namens Chan auf dem Marktplatz und nimmt ihn mit
nach Hause. Vati mietet eine Gruppe »japanischer« Kämpfer
an (Chinesen mit erschreckenden schwarzen Perücken), nur
für alle Fälle.

Der alte Sung schickt Chow los, um mit Hilfe eines langjährigen Freundes sein Können zu verbessern. Der gegenwärtige
Favorit in der neuen Trainingshalle, Han Lung (Nangong Xun),
wird eifersüchtig und läuft zu den Bösen über. Sie benutzen ihn
eine Weile, bevor sie ihm die Augen ausstechen und ihn auf die
Straße schmeißen. Sie töten Chows alten Lehrer und hämmern
Chows Hände platt, so daß er die Iron-Palm-Technik nicht ler-

nen kann (was er trotzdem tut). Einige Typen sind einfach richtig böse.

Der böse Meng schickt seine japanischen Attentäter los, um Chow auf dem Weg zum Wettbewerb im Hinterhalt aufzulauern, doch der wilde Chan hat genug japanische Grausamkeiten gesehen und gibt Chow einen Wink, was er letztlich mit dem Leben bezahlt. Chow schafft den Weg zum Wettkampf rechtzeitig und gewinnt ihn. Das klingt wie das Ende des Films? Nein! Meng sticht aus Gehässigkeit Chows neuen Lehrer nieder und macht sich auf den Weg zurück nach Hause.

Der blinde Han Lung hat sich inzwischen in Mengs Schule versteckt. Als Meng und sein Sohn das verdunkelte Gebäude betreten, blendet er den Sohn. Mit Hilfe der Anweisungen einer Sängerin (»Hoch zielen!« – »Jetzt geradeaus!«) schafft er es, Meng senior zu bekämpfen. Er bringt ihn sogar dazu, versehentlich seinen eigenen Sohn umzubringen. Voller Wut bringt Meng beide um. Chow kommt zu spät, um sie noch zu retten. Er greift Meng an, der Selbstmord begeht. Das klingt doch jetzt nach dem Ende des Films? Falsch! Der Anführer der Japaner trifft ein und trägt des Effektes wegen den Kopf von Chan. Chow muß ihn zweimal durch eine Mauer aus Ziegelsteinen werfen, bevor er endgültig stirbt. Erst dann kann Chow mit seinem Mädchen abziehen.   *KAT*

Holy Flame of the Martial World
1983
mit Benny Mok Siu-chung, Mary Jane Yung, Yang Ching-ching,
Liu Lai-ling, Yau Chui-ling, Kuo Chui
Regie: Lu Chin Ku

Wie die meisten Filme der Shaw Brothers, werden Sie auch diesen nur auf Videocassette zu sehen bekommen können: als ein Quadrat, das aus der Mitte eines Breitwandfilmes herausgeschnitten wurde, und mit Untertiteln, die am Anfang und am Ende des Satzes abgehackt sind. Und das ist eine verdammte Schande. Ein Film, der so viel Spaß bietet, gehört auf die große Leinwand eines Kinos, das mit Familien auf einem Nachmittagsausflug vollgepackt ist, mit Kids, die begeistert kreischen, bis die zerkauten Tintenfisch-Snacks ihnen aus den kleinen Nasenlöchern herausgeschossen kommen.

Holy Flame of the Martial World hat ein Tempo von einer Meile pro Sekunde, was die Zuschauer ganz schwindlig machen kann. Die Widersacher verbringen mehr Zeit in der Luft als auf dem Boden. Sie purzeln ständig übereinander, liefern sich Schwertkämpfe und verschießen Energiestrahlen. Martial-Arts-Kräfte verändern die Farben der Leute in ein strahlendes Blau, Gold oder Rot und pellen Fleisch von Knochen, was zu Instant-Skeletten führt. Trotz der Anwesenheit des Schlangenkönigs und des Blutsaugerclans ist der Film eher albern als angsterregend – eine Méliès-Mixtur für die Matinee, wenn Sie so wollen.

Angeführt von dem bösen weiblichen *sifu* Yi Tsing-Yin, überfallen und töten die Seven Clans ein unschuldiges Paar, das sich geweigert hat, den Ort zu verraten, an dem sich eine schlagkräftige Kung-Fu-Waffe befindet. Madam Yi und ihr Gefolgsmann Ku Pan-kuai machen sich gerade daran, die Kleinkinder des Paars niederzumachen, als sie von *sifu* Yama Elder (Kuo Chui) heimgesucht werden, der die Szene mit seiner speziellen Art des Kampfsports aufmischt: »Geister-Schreie«. Die Kinder überleben. Der Junge, Yin Tien-chu, wird von Yama Elder großgezogen, während das Mädchen an Madam Yis O-Mei-Schule für jungfräuliches Schwertfechten aufgenommen wird.

18 Jahre später ist Yin zu einem stämmigen jungen Mann geworden (Benny Mok) und wird von Yama losgeschickt, die »Heilige Flamme« zurückzuholen, eine besonders geformte Waffe, die seine unglücklichen Eltern in einer Höhle versteckt hatten. Yin muß ein sehr physisches Rätsel lösen, wobei ein enormer *feng shui*-Spiegel und körpergroße chinesische Ideogramme (Bildzeichen) durch ein Zimmer rotieren und fliegen. Eine große Trommel bricht auf, und heraus kommt ein Skelett mit einem Buch in der einen Klaue und der Heiligen Flamme in der anderen.

Die Waffe kommt gerade richtig, als Tu Chuan-erh (Mary Jane Yung), die wohlgestaltete Tochter des örtlichen Schlangenfängers, von Lin gekidnappt wird, dem üblen Anführer des Blutsaugerclans, der das Blut von Jungfrauen dazu braucht, um sein Lieblingsmonster wiederzubeleben. Der Zauberer belebt Dämonen aus gemalten Schriftrollen, die wild mit Yin und seinem Freund Tuan kämpfen, die die gegnerischen Mutationen verbrennen. Lin erweckt dann das Monster zum Leben, das wie ein mexikanischer Catcher maskiert ist, nur Englisch spricht und mit übermenschlicher Kraft kämpft. Nur die Heilige Flamme kann es durchdringen und auflösen!

Inzwischen gibt ein glücklicher Schlangenbiß dem Zeigefinger der Tochter des Schlangenfängers die Kraft, Leute mit Energieblitzen auszuknocken. Es stellt sich heraus, daß es noch eine zweite Holy Flame gibt (die blaue Yin-Version von Yins roter Yang-Version); Yin und Yi vereinen sie und pusten die Bösewichter als Skelette ins Jenseits, wobei in den Gängen des Kinos kleine herausgekicherte Tintenfischstückchen zurückbleiben.

KAT

Human Lanterns

1982
mit Lo Lieh, Chen Kuan-tai, Liu Yung, Sun Chien
Regie: Chang Cheh

Dies ist eine wundervolle, schaurige Geschichte vom Mächtigen, der durch Stolz zu Fall kommt. Lo Lieh spielt Chao Chun Fang, tagsüber Lampionhersteller, nachts brabbelnder Verrückter. Wenn der Geist ihn packt, springt er in einem Affenkostüm und mit einer Totenkopfmaske herum, entführt schöne Frauen und zieht ihnen die Haut für seine Lampions ab. Stolz, Eifersucht, Mißverständnisse und Gewalt. Ruinierte Leben, schöne Frauen, die lebend gehäutet werden. Ein weiterer Thriller von Chang Cheh.

Chun Fangs Kunden sind der stolze Lung Shuai (Liu Yung) und Tan Fu (Chen Kuan-tai). Diese beiden örtlichen Emporkömmlinge sind reich, machtvoll und irrsinnig eifersüchtig aufeinander. Beide wollen die Stadt regieren, und jeder glaubt, daß dieses Ziel alle Mittel rechtfertigt.

Lung wird Chun Fang vorgestellt, dem Hersteller von Tans wunderschönen Lampions. Er erkennt in ihm den alten Liebesrivalen wieder, dessen Gesicht er einst verletzt und in einem langen Duell Narben zugefügt hat. Lung schlägt Chun

Fang vor, »die Vergangenheit zu vergessen, reich und berühmt zu werden«, und macht mit ihm einen Vertrag, die schönstmöglichen Lampions herzustellen, was immer auch dazu erforderlich sein mag. Was notwendig ist – und er nicht weiß, sind die Häute von Lungs favorisierter Kurtisane, seiner Frau und Tans Schwester.

Als Tans Schwester, Yen Chu, die Schönste der Stadt, verschwindet, denkt der Wachtmeister Pan (Sun Chien), daß Lung sie aus Eifersucht gekidnappt habe. In Wirklichkeit wird sie von Chun Fang in einem Keller gehäutet.

Tan vermutet, daß Lung dahintersteckt. Er engagiert einen Killer, um ihn zu erledigen. Doch der Killer Kuei (Lu Feng) ist ein alter Freund des irren Lampionherstellers. Während Kuei gegen Lung kämpft, kidnappt Chun Fang dessen Frau. Als es Kuei nicht gelingt, Lung umzubringen, bringt Tan Kuei um, indem er einen mit Messern bestückten Fächer benutzt.

Tan wird allmählich klar, daß die Sache außer Kontrolle gerät. Tans Leute bringen den Leichnam Kueis aus der Stadt, um ihn zu beseitigen. Chun Fang bringt sie jedoch aus Vergnügen alle um und hängt ihre Köpfe auf dem Marktplatz auf. Er stellt danach klar, daß Lung genau weiß, wer Kuei in erster Linie angeheuert hat. Tan erkennt, daß er ebenso wie Lung hereingelegt wurden. Es entstehen Gerüchte, daß Lampions aus menschlicher Haut hergestellt wurden. Lungs Verdacht führt ihn zurück zu Chun Fang. Er bricht in die alte Mühle ein, in der Chun Fang arbeitet, und findet seine abgehäutete Frau vor sowie drei schöne Lampions. Einer davon weist ganz deutlich den Schönheitsfleck seiner Frau auf. Tan erscheint, um Chun Fang zu fragen: »Warum ich?« Chun Fang antwortet: »Du bist sein Rivale. Nun wißt ihr beide, daß Geld und Reichtum nichts bedeuten können.«

Fäuste und Schwerter werden eingesetzt, um dieses Chaos zu beenden. Während des Kampfs gerät die Mühle in Brand und kollabiert, wobei Chun Fang und Tan sterben und Lung mit grauenhaften Verbrennungen überlebt. In der Schlußszene begreift Lung, daß er seine Frau verloren hat, seine Gesundheit und sein Aussehen. Wachtmeister Pan erklärt ihm: »Es ist vorbei. Vergessen Sie es!« Lung macht genau das und geht in ein Kloster, um für seinen dummen Stolz zu büßen.   *KAT*

Legendary Weapons of China
1982
mit Liu Chia-liang, Liu Chia-yung, Gordon Liu Chia-hui,
Alexander Fu Sheng, Hsiao Ho, Kara Hui Ying-hung
Regie: Liu Chia-liang (Lau Kar-leung)

Während der 1890er Jahre, als viele Teile Chinas unter fremder
Kontrolle standen, versuchten einige Kung-Fu-Gemeinschaf-
ten ein »spirituelles« Kung-Fu zu entwickeln, das stark genug
ist, Kugeln abzuwehren. In der Eröffnungssequenz von *Legendary Weapons of China* stehen vier Kampfsportschüler vier
Scharfschützen gegenüber. Deren Gewehre zielen auf ihre
blanken Oberkörper. Peng! Sie bleiben stehen. Ein singender
Shaolin-Mönch klebt gelbe Papierstücke mit heiligen Beschwörungen auf die Einschußlöcher.
Diejenigen, die der Demonstration beigewohnt haben, lächeln
und nicken: Die Unverwundbarkeit gegen Kugeln ist erreicht!
Dann kippt das Quartett tot um. Die *sifus* seufzen. Früher oder
später werden sie es schon schaffen, wenn ihnen vorher nicht
die Schüler ausgehen.
Sicherlich ist das keine Art, seine Schüler zu behandeln, und *sifu* Lei Kung (Liu Chia-liang) erkennt die Sinnlosigkeit dieser
Situation. Er verschwindet aus der Schule und dem Blickfeld
und gründet eine neue Existenz als Holzfäller. Die anderen *sifus* wollen nicht, daß die Fremden von seiner Skepsis erfahren.
So beschließen sie, daß er sterben muß.
Die Attentäter Ti Tan (Gordon Liu), ein Shaolin-Mönch, und
Tieh Hou (Hsiao Ho) werden losgeschickt. Als sie aufbrechen,
um Lei Kung zu suchen, werden sie von der Nichte des Mön-
ches (Kara Hui, als Mann verkleidet) verfolgt. Sie treffen in
Kwantung zusammen, wo schmale Alleen ein Labyrinth bilden, in dem sich die Attentäter zum Informationsaustausch
treffen.
Weil alle erwarten, einen prahlenden, angeberischen Lei Kung
zu finden (der die Dorfbewohner mit einer verblüffenden Ansammlung von Kung-Fu-Stunts überzeugt), finden sie genau
dies vor. Aber es ist nicht wirlich Lei Kung. Es ist ein Betrüger
(Alexander Fu Sheng), der Lei Kung nachmacht, weil dessen
Bruder Lei Yung ihn dazu engagiert hat. Lei Yung ist ein zwie-

lichtiger Hypnotiseur, der Voodoo benutzt, um aus dem falschen Lei Kung ein Kung-Fu-As zu machen. Er hofft, seinen Bruder aus seinem Versteck zu locken, um ihm zu zeigen, wer der wahre Boß ist.

Die Nichte des Mönchs spürt den wirklichen Lei Kung auf. Sie ist davon überzeugt, daß Lei Kung recht hat und die Gesellschaft aufgelöst werden sollte. Lei Kung freundet sich auch mit Tieh Hou an. Als Tieh Hou nach einem Kampf gegen den verrückten Schwindler in einer Jauchegrube (das mußte es schon sein!) krank wird, pflegen er und seine Nichte ihn, bis er wieder gesund ist.

Der arme Tieh Hou. Jedesmal, wenn er versucht, sein Bett zu verlassen, um Lei Kung zu ermorden, wird er mit heißer Suppe und Sympathie versorgt. Schließlich wechselt er auf die andere Seite über. Doch da ist noch der böse Bruder Lei Yung, mit dem man fertig werden muß. Das letzte Drittel des Films befaßt sich mit dem Kampf des Mönchs mit dem Zauberer – in dem alle 18 Ihrer beliebtesten Waffen verwendet werden.

Am Schluß ist klar, daß »spirituelles« Kung-Fu keine Herausforderung für die traditionellen Kampfsporttechniken darstellt. Als der Zauberer schließlich ermattet aufgibt, ein zerstörtes Wrack, sagt ihm Lei Kung: »Erzähl nur, daß du mich umgebracht hast.« Für Lei Kung ist nichts unwichtiger als Ruhm in der Welt der Martial Arts, denn dieser bescheidene *sifu* ist ein wirklicher Kampfsportheld.   *KAT*

Mad Monkey Kung Fu (Das Schlitzohr mit der Affentechnik)
1979
mit Liu Chia-liang, Liu Chia-yung, Gordon Liu Chia-hui, Alexander Fu Sheng, Hsiao Ho, Kara Hui Ying-hung
Regie: Liu Chia-liang (Lau Kar-leung)

Mad Monkey Kung Fu ist ein kompakter, schriller, raketenschneller Wahnsinn. Die Helden tragen keine Kampfkleidung. Sie baumeln an Dachsparren, kratzen sich und lachen wie die Blöden. *Mad Monkey Kung Fu* ist ein typisches Märchen der Shaw Brothers von Reue und Rache, doch Regisseur Liu Chia-liang, der auch die Hauptrolle spielt, biegt die spröde Meister-Schüler-Rache-Geschichte in etwas Humorvolles und sogar Würdevolles um.

Liu spielt Chen Po, einen reisenden Darsteller der Peking-Oper. Nach einer erfolgreichen Bühnenaufführung in der Rolle des Königs der Affen nimmt er eine Einladung des bösen, süffisant grinsenden örtlichen Bosses Tuan (Lo Lieh) an. Chen hat solch eine hohe Meinung von sich selbst, daß er gar nicht bemerkt, wie Tuan seiner Schwester (Kara Hui) lüsterne Blicke zuwirft. Zum Beweis für den Spruch »Je höher der Affe klettert, desto deutlicher sieht man ihn«, besäuft er sich so sehr, daß er bewußtlos umfällt. Tuans böse Frau, eine Bordellbesitzerin, beschuldigt Chen zu Unrecht der Vergewaltigung. Zu allem Übel wird Chens Schwester auch noch als Liebessklavin an Tuan geliefert. Chens Hände werden mit Bambusstangen platt geschlagen.

Der gebrochene Chen besorgt sich einen Affen und verkauft Süßigkeiten auf der Straße. Seine verkrüppelten Hände sind in schwarze Bandagen gehüllt. Er freundet sich mit einem Straßenkind mit dem Spitznamen Monkey an (Hsiao Ho, einer von Liu Chia-liangs wirklichen Schülern), der mit allerhand Tricks die Schutzgeld-Dandies beklaut.

Aber als Chan nicht genug Schutzgeld auftreiben kann, schlagen die üblen Gangster seinen Affen mit dem Kopf gegen einen Baum. Der menschliche Monkey vertritt den echten Affen, was den Kids gut gefällt. Monkey überredet Chen, ihm beizubringen, wie man auf Affenart kämpft, und integriert seine eigenen Mätzchen in diesen Stil. Halb ausgebildet und noch nicht trocken hinter den Ohren, geht Monkey auf die Typen mit den Zigarettenspitzen los. Mit seinem wilden, affenartigen Kampfstil knotet er sie buchstäblich zusammen.

Als einer der Maskierten hervorprescht und seine Chi-Energie projeziert, sagt Monkey: »Das ist altmodisch. Das will doch keiner mehr sehen.« Dann verprügelt er den Typ mit dessen eigenen Schuhen.

Monkey findet heraus, daß Tuan hinter der Schutzgelderpressung steckt, doch Tuan nimmt ihn gefangen und haut seinen Kopf durch eine Tischplatte. Tuan will ihn als »lebendes Affenhirn, ein gutes Wintergericht«, servieren. Chens Schwester, immer noch Tuans Konkubine, ist auch anwesend – mag aber kein Hirn. »Zufällig« zieht sie der Frau vom Boß das Hemd vom Leib und verursacht dadurch ein Durcheinander, das Monkey ermöglicht zu fliehen. Monkey entkommt, doch das Mädchen wird vom Balkon geschmissen, wobei es umkommt.

Chen und Monkey suchen das Bordell auf, um Rache zu nehmen. Chen kann kämpfen, aber wegen seiner verletzten Hände nicht gewinnen. Monkey preßt Tuans Hände in eine Glaslampe. Als er sich das blutige Resultat anschaut, sagt Monkey: »Auge um Auge, nicht wahr, Meister?« Chen ist sich da nicht so sicher. Der Code, den er er gebrochen hatte, hieß Mäßigung, was ihm sein ganzes Unglück eingebracht hat. Doch bevor er eingreifen kann, liegt Tuan tot am Boden, und Monkey steht kurz davor, jeden anderen im Bordell umzubringen. Chen schüttelt einfach nur seinen Kopf. Gemeinsam gehen sie von hinnen. Monkey ist immer noch der Schüler, Chen immer noch der Meister.

Seeding of a Ghost
1982
mit Philip Kao, Tsui Siu-keung
Regie: Yang Chuan

Ein Hexen-und-Rache-Drama, das seine Inspiration aus Slasher-Movies, US-Billig-Sexfilmen und John Carpenters *The Thing* (USA 1981) bezieht. Die Geschichte des Films erinnert an den dadaistischen »exquisiten Leichnam«, wo eine Person mit einer Story beginnt, die dann von einer anderen Person mit dem letzten Satz des Vorgängers fortgesetzt wird. Es wird den Grindhous/Drive-in-Kunden besonders gefallen, deren Vorstellung vom Paradies ein Schlachtfest ist, das von der Abenddämmerung bis zum Morgengrauen dauert.

Chou (Philip Kao), ein Taxifahrer aus Hongkong, überfährt versehentlich einen wandernden Zauberer. Obwohl es so scheint, als sei der Zauberer bei dem Unfall unverletzt davongekommen, spricht er über Chou und seine Familie einen Fluch aus. Der Taxifahrer spottet über den Fluch – bis die Dinge grauenhaft falsch zu laufen beginnen.

Zunächst brennt ihm seine Frau Irene mit einem verheirateten

Mann namens Fang Ming durch. Als Fang Ming sich weigert, sie zu heiraten, stürmt sie mitten in der Nacht aus seinem Auto auf eine verlassene Straße, wird von ein paar jugendlichen Kriminellen überfallen und stürzt versehentlich in den Tod.

Der hinterbliebene Ehemann, der sich an den Fluch erinnert, kehrt zum Zauberer zurück, um ihn um Unterstützung bei der Rache für den Tod seiner Frau zu bitten. Der Zauberer vollführt ein altes Ritual, das als »Seeding of a Ghost« bekannt ist. Er warnt den Ehemann vor den harten Konsequenzen dieses Rituals. Irenes Leiche wird ausgegraben (wobei sie aussieht, als sei sie schon vor 80 Jahren beigesetzt worden), und Chous Lebensenergie fließt auf übernatürliche Weise in den Leichnam. Dabei wird ein Killer-Zombie-Baby erzeugt, das gleich loslegt!

Bis zu diesem Punkt sieht *Seeding of a Ghost* wie jeder andere drittklassige Film aus Hongkong aus. Wir sahen Irene unter der Dusche, während das obligatorische Cool-Jazz-Saxophon im Hintergrund spielte und die Kamera auf ihre Brüste zoomte. Wir sahen sie beim Umhertollen mit ihrem Liebhaber, wie sie in Zeitlupe ohne BH durch die Brandung lief. Und wir sahen natürlich Irene und Fang Ming beim Sex mit noch mehr Saxophon-Jazz. Mit einer brutalen Vergewaltigungsszene wird der Film bösartig und erinnert einen an amerikanische Sexfilme aus der Mitte der sechziger Jahre.

Plötzlich betrachten wir einen anderen Film. Nun wird *Seeding of a Ghost* zum Kriminaldrama. Die Polizei untersucht den Tod der Frau. Einige Szenen später schwenkt der Film ins Reich des Übernatürlichen. Buddhistische Priester kämpfen mit dem Zauberer um den Besitz eines weiteren Frauenkörpers. Bevor der Film zu Ende ist, hat er sich auch noch in einen billigen Monsterfilm verwandelt, als ein *mahjong*-Spiel durch einen Mutterkuchen mit Zähnen unterbrochen wird!

Seeding of a Ghost ist eine Achterbahnfahrt, die in eine Richtung führt, dann jedoch plötzlich in einem rechten Winkel abknickt. Obwohl Yang Chuan als Regisseur angegeben ist, sind die Veränderungen des Tons und der Geschichte so unvermittelt, daß es den Anschein hat, als habe alle 15 Minuten ein anderer die Regie übernommen. Aber darüber nachzugrübeln ist nutzlos. Geben Sie auf und genießen Sie.   *JM*

13. Völlig drüber
(Over the Edge)

Over-the-Edge-Filme sind nichts für Kids, für Übersensible oder solche, denen schnell übel wird. Die meisten der Filme taugen auch nicht für Vegetarier. Doch das bedeutet nicht, daß sie Billigfabrikate von der Stange sind. Versuchen Sie zum Beispiel die Geschichte von *The Silence of the Lambs/Das Schweigen der Lämmer* (USA 1991) jemandem zu erzählen, der den Film noch nicht gesehen hat. Dann erklären Sie ihm, warum Sie ihn mochten und warum er haufenweise Oscars gewann. Als Hannibal Lecters nekrophile Faxen in Amerika ein Vermögen einspielten, spitzten die Regisseure in Hongkong die Ohren. Der Titel des Hongkong-Films *Doctor Lamb* wurde nicht zufällig gewählt.

Die Filmemacher aus Hongkong schrecken vor einer saftigen Geschichte nicht zurück. Anders als bei *Silence of the Lambs,* der auf urbaner folkloristischer Legendenbildung beruht, basieren viele dieser Filme auf Tatsachen. Hongkongs enge Verhältnisse haben mehr als nur ein Problem für die Mörder in der ehemaligen Kronkolonie mit sich gebracht, wenn es darum ging, Leichen verschwinden zu lassen. Säurebäder lagen nahe. Sweeney-Todd-ähnliche Vorfälle wie in *The Untold Story: Human Meat Roast Pork Buns* (etwa »Die verschwiegene Geschichte: Brötchen mit Schweinebraten aus Menschenfleisch«) haben tatsächlich stattgefunden. So auch die Greueltaten aus der Kriegszeit, die in dem schwerverdaulichen Film *Men Behind the Sun* dargestellt werden. Andererseits hat es so etwas wie in *Story of Ricky* niemals gegeben und könnte es auch gar nicht geben.

Wenn Sie eines von diesen Werken in den Videorekorder geschoben haben, schließen Sie am besten die Vorhänge oder lassen die Jalousien herunter. Verstecken Sie Ihre Schallplatten von Linda McCartney (die eine bekannte Vegetarierin und Vertreiberin vegetarischer Kost war; Anm. d. Übers.). Dann drücken Sie auf Play/Start, und blicken Sie vorsichtig durch die vor die Augen gehaltenen Hände.

Doctor Lamb

1993
mit Simon Yam Tat-wah, Danny Lee Sau-yin, Kent Cheng
Regie: Danny Lee Sau-yin

»Geben Sie mir bitte einen Kuchen aus Scheiße!« brüllt ein
frustrierter Jugendlicher aus den Tiefen des überbevölkerten
Stadtteils Mongkok in Hongkong. So beginnt die blutrünstige
Geschichte von Doctor Lamb, einer Serienkillerstory, die als
stilvoller Polizeikrimi beginnt und in einem ungebändigten
Wirbelsturm von Rückblenden endet, bei dem Leichenteile
durch die Luft segeln und mit nacktem Wahnsinn der Versuch
gestartet wird, neue Standards für das gewinnträchtige Ex-
tremkino aus Hongkong der untersten Kategorie (III) anzu-
streben.

Der Star ist Simon Yam, Hongkongs liebenswürdigstes Chamä-
leon – ein babygesichtiger Charmeur in einer Situation, ein
skalpellschwingender Fleischfreak in der nächsten –, als Lam
Gor-yu, der friedfertige Taxifahrer, der eine besonders widerliche Freizeitbeschäftigung hat. Regisseur und Produzent Danny
Lee spielt einen zielstrebigen Polizisten, und der rundliche Kent
Cheng tritt als sein beredter Sergeant auf.

Als in einem Fotolabor ein Stapel mit verdächtigen Fotos entdeckt wird (eine nackte, blutüberströmte Frau, deren Leichnam sich in einer seltsam verdrehten Position befindet), wird
die Polizei alarmiert. Rasch verhaften sie den Taxifahrer Lam
Gor-yu und beginnen ein gnadenloses Verhör. Während sie ein
Telefonbuch gegen seine Brust schlagen und mit einem Gürtel
seine Fußsohlen malträtieren, schaffen es die Polizisten trotzdem nicht, ein Geständnis aus ihm herauszuholen. Nur Detective Lee, von dem Lam Gor-yu unerklärlicherweise besessen
ist, kann den Taxifahrer zum Geständnis überreden, was die
zweite Hälfte des Films ausmacht.

Es stellt sich heraus, daß Lam – ein Einzelgänger, der in einem
überfüllten Apartment zusammen mit seinem Vater und assor-
tierten Halbgeschwistern lebt – in seiner Kindheit durch den
Tod seiner Mutter und die Grausamkeit seiner Stiefmutter
traumatisiert wurde. In einer regnerischen Nacht kotzt eine be-
trunkene Nutte sein Taxi voll, ehe sie ohnmächtig wird. Erregt

durch den Geruch der Korruption, heult Lam den Mond an und erdrosselt die Prostituierte. Er versteckt ihre Leiche im Frühstückstisch; sobald alle das Apartment verlassen haben, zerlegt er den Körper. Dem Himmel sei Dank für die stets offenen Läden in Mongkok: Wo sonst hätte man so schnell eine Kreissäge herbekommen?

Die Zerstückelung der Hure (eine von vielen, wie sich herausstellt) ist eine makabre Tour de force: Lam hantiert mit dem Körper wie mit einer Marionette, spielt mit den Brüsten, sägt die Frau dann auseinander, wobei er ihr Gesicht, das Zimmer, sein Aquarium und die Kamera mit Blutgeysiren überschüttet. Lams Miniaturleichenhaus wird die blutige Bühne für Yams exaltierte Darstellung: Er zuckt, hackt und spitzt die Lippen wie ein schwuler Goldfisch, heult obendrein pathetisch den Mond an. Schließlich findet Lam (selbst noch unberührt) eine naive angehende Krankenschwester, bei der er seine dunkelste Sehnsucht ausleben kann: die (schwitzend und grunzend ausgeführte, liebevoll gefilmte) nekrophile Erorberung einer ebenfalls unberührten Frau.

Noch bizarrer als Lams extremer Mumpitz ist Regisseur Lees Angewohnheit, den Horror mit Clownereien seines Polizisten zu unterschneiden. Der Höhepunkt dieser (komischen? übelkeitverursachenden?) Kontrastierung ist erreicht, als während einer Durchsuchung vom Lams Apartment eine abgeschnittene weibliche Brust aus einem Formaldehyd-Behälter auf Kent Chengs Kopf fällt, der sie dann einer versteinerten Polizistin in den Rücken wirft. So sieht ein großer Teil des Films aus: dunkel und erschreckend die eine Minute, grotesk komisch die nächste. Irgendwo unter den Slapstick-Einlagen und den Bergen abgetrennter Glieder kann man einen Kommentar finden zu den beengten Lebensverhältnissen in Hongkong und der fehlenden Kommunikation in Familien. Aber suchen Sie nicht zu heftig nach dem Subtext – Sie könnten die andere Brust finden.   *CS*

MONDO-DOKUMENTARFILME

Das Wort *mondo* bekam seine moderne Bedeutung durch den italienischen Dokumentarfilm *Mondo Cane* (wörtlich »Hundewelt«, ins Englische übersetzt aber als »Brutale Welt«). Der Film stellte ungewöhnliche Ereignisse aus der ganzen Welt dar: religiöse Geißelungen in Europa, von Haien verstümmelte Fischer aus der Südsee, Nobelrestaurants in den USA, die in erster Linie Insekten servieren. Einige der Szenen waren erfunden, doch der Film wurde ein Riesenerfolg. Der Titelsong »More« schaffte in Vor-Beatles-Zeiten den Weg in die Hitparade. Der Erfolg von *Mondo Cane* inspirierte viele Nachahmer *(Mondo Bizarro, Mondo Pazzo, Mondo Mad* etc.), so daß der Ausduck *mondo* zu einem Synonym für bizarre Geschehnisse oder einen exzentrischen Blick auf die Welt wurde.

Die Filmemacher in Hongkong nutzten die Nachbarschaft zu vielen der *mondo*-exportierenden Staaten, um eigene moderne Dokumentationen dieser Art zu schneidern. Die meisten der *mondo*-Filme aus Hongkong konzentrieren sich auf das Festland Chinas. Sie erforschen die kuriosen Gebräuche der verschiedenen Stämme, die das Reich der Mitte bevölkern. Der Kommentar wird in einem überdrehten Kantonesisch vorgetragen, immer dann akzentuiert mit einem lauten »Waahhh!«, wenn ein Affe enthauptet wird oder unter einem Hochzeitsschleier eine alte, zahnlose Frau zum Vorschein kommt.

AMAZING MARRIAGE CUSTOMS

Ein faszinierender Blick auf Brautwerbungsrituale unter den chinesischen Völkerstämmen, die noch nicht von der modernen Welt vereinnahmt wurden. Strahlend bunte Kostüme, Paarungstänze, kichernde junge Bräute. Ein Mädchen ruht auf ihrem Bett; mögliche Freier kündigen sich außerhalb des Hauses an. Dann stecken sie einen Strohhalm durch ein Loch in der Wand. Sie ergreift den Halm ihres Favoriten.

Amazing Marriage Customs enthält eine Menge solcher Episoden, darunter die öffentliche Anklage eines Paares wegen Ehebruchs. Sie werden vom Schuldirektor verurteilt, und die Strafe wird in Anwesenheit der gesamten Dorfbevölkerung vollzogen. Sie müssen dreimal um ein Feuer herummarschieren mit Teilen von frischgeschlachteten Wasserbüffeln, die sie über ihre Köpfe halten. Die Frau erhält den Kopf, und der Mann erhält das Hinterteil, aber wir haben keine Ahnung, ob dies von Bedeutung ist.

THE SEX LIFE OF THE ANIMALS

Wußten Sie schon, daß der männliche Tiger in den Nacken des Weibchens beißt, statt Süßigkeiten oder Blumen zu überreichen? Daß ein Schlangenpenis wie der Bohrer auf einer Öl-plattform aussieht? Oder daß weibliche Hummer komplett aus ihrer Schale herausmüssen, um neue kleine Hummer zu ent-binden? Keine Untertitel, aber das macht keinen Unterschied. Die Entertainerin Charo benutzte Ausschnitte aus diesem Film in ihren Nachtclubauftritten.

SHOCKING ASIA (SHOCKING ASIA)

Dieser monströse Schockumentarfilm ist schwer zu überbieten. *Shocking Asia* erhielt in den Vereinigten Staaten Aufmerksam-keit im meinungsbildenden Fanmagazin *Sleazoid Express,* als er im Jahre 1984 in die Kinos in der 42. Straße kam. »Sätze wie ›Schockwirkung‹ oder ›extrem‹ langweilen auf die Dauer, wenn man den Film beschreibt«, schrieb Herausgeber Bill Landis. Das Werk startet mit der Beschreibung des Hindufestivals von Thaipusam, wo die Anhänger sich mit eisernen Speeren auf-spießen und brennende, harte Holzscheite auf ihre Zungen le-gen. Die Japaner präsentieren Zwergcatchen und Sadomaso-Spektakel in Nazi-Uniformen. In chinesischen Restaurants werden ganz frische, immer noch lebendige Schlangen, Fleder-mäuse und Schildkröten aufgetischt, und die blutrünstigen Höllenstatuen von Tiger Balm Gardens werden vorgestellt. Ein Blick auf die Transvestiten in den Hintergassen von Singa-pur endet mit einer Geschlechtsumwandlung – fünf Minuten chirurgisches Material, bei dem man bestimmt sein Mittagessen von sich gibt. *Sleazoid Express* formulierte es folgendermaßen: »Zu diesem Zeitpunkt ist das Publikum ein einziges Stöhnen.« *Shocking Asia* ist eine Art von Meisterwerk und wird Ihre Freunde entweder begeistern oder schreiend die Flucht ergrei-fen lassen.

SHOCKING ASIA 2 (SHOCKING ASIA 2)

Mehr vom selben, aber nicht so erinnerungswürdig wie das Original. Ein Besuch in einem Thai-Kloster zeigt erbrechen-verursachende Methoden, Heroinsüchtige zu heilen. Philippini-sche Go-go-Tänzerinnen produzieren sich. Ein japanischer Angestellter besucht verschiedene Sexetablissements: einen »no-pan« Coffee Shop, eine Domina, die ihn in Windeln steckt und in eine Wiege legt, und ein »Luck Hole«-Imperium, das am besten unbeschrieben bleibt.

TIBET

Obwohl Tibet offiziell ein Teil Chinas ist, befindet sich »das Dach der Welt« weit weg von den zentralen Machthabern in Peking. Diese Dokumentation präsentiert Pilger, Gebetsmühlen und singende Mönche im Bergkloster Potala. Eine erschreckende Begräbniszeremonie, bei der die Leiche von Geiern gefressen wird, befindet sich oft nicht auf den Videos.

FALSCHE IRRTÜMER

GUTE FRAGE

Was ist eine Kindleiche, Opa? *(Hello Dracula)*

Du bist ein böser Junge, wo ist deine Bibliothekskarte? *(Enforcing the Law)*

Bist du ein verrückter Schnüffler, oder was? *(Queen of Temple Street)*

Schon wieder Schußverletzungen? *(Rich and Famous)*

Wie kannst du meine Eingeweide als Geschenk benutzen? *(The Beheaded 1000)*

Ein roter Mond? Warum sagst du nicht ein blauer Hintern? *(The Holy Virgin Versus the Evil Dead)*

Miss, sollen wir's machen? *(Ghostly Vixen)*

Pistolen! Denkst du, ich meine Würstchen? *(Madam City Hunter)*

Wie kann ich Liebe machen ohne Fernsehen? *(Brother of Darkness)*

Du betrügst Geister, um Tofu zu essen? *(The Ultimate Vampire)*

Wie kann eine Kugel atemlos sein? *(Saviour of the Soul)*

Keine Ausbeutung? Wie wär's mit Onanie? *(Queen of Temple Street)*

Oh, kauen Sie Kaugummi, oder höre ich schlecht? *(Madam City Hunter)*

Warum machst du nicht was anderes, als die Knochen von Toten zu sammeln? *(Amazing Stories)*

Fühlst du nicht den Stink-Geruch? *(Operation Pink Squad 2)*

> Du hast mich beschnitten wegen meiner Erkältung. Und jetzt
> mein Blinddarm wegen meiner Kopfschmerzen? *(Doctor Vampire)*
>
> Könnt ihr paar Leute die hängenden Särge in die Luft jagen?
> *(Bury Me High)*

Men Behind the Sun
1988
mit Wong Kong, Wong Ying Git, Cheung Kwok Man
Regie: Mou Tun-Fei

Gelegentlich gibt es Filme, die die akzeptierbaren Grenzen des *cinema verité* in Frage stellen. *Mondo Cane, Medium Cool* und *Faces of Death* riefen Kontroversen hervor aufgrund ihrer zunehmend eskalierenden Darstellung von Elend und Blutvergießen. *Men Behind the Sun* gehört zu dieser Tradition. Der Film ist unter Anhängern des Blutgenres *(gore)* schon längst eine Legende und wurde in England verboten. Selbst Zuschauer, die an die blutigen Zeitlupeneffekte von George Romero und David Cronenberg gewöhnt sind, wo schon mal Köpfe explodieren, finden *Men Behind the Sun* schockierend.

Eine Katze wird in einen Raum voller Ratten geworfen. Wir sehen sie herumspringen bei dem Versuch, sich gegen die Horde von Nagern zu verteidigen. Schließlich bricht sie zusammen, während die Ratten am Kopf und Nacken der sterbenden Katze knabbern. In der spektakulärsten Szene des Films sehen wir Hunderte von brennenden Ratten, sich in Agonie windend, um der Opferung zu entgehen.

Dennoch ist *Men Behind the Sun* kein billiger Versuch, bloß Kohle zu machen. Er basiert auf der wahren Geschichte des 731. Mandschu-Bataillons und eines entsetzlichen Konzentrationslagers in der Mandschurei, das die Japaner während des Zweiten Weltkriegs bauten, um neue biologische Waffen zu entwickeln und die Auswirkungen extremer Bedingungen auf Menschen zu studieren.

Lieutenant General Jiro Ishii, ein Mediziner und der Kommandant des Lagers, war ein ernsthaft geistig kranker Mann, der chinesische und russische Bauern als Versuchskaninchen

MEN BEHIND THE SUN

黑太陽 731

benutzte. Als es für Japan im späteren Stadium des Krieges nicht mehr gut aussah, war es Ishiis Hauptziel, eine Bombe zu entwickeln, die die Pest verbreiten sollte (das erklärt die vielen Ratten). *Men Behind the Sun* suggeriert, daß Ishii sein Ziel erreichte, jedoch nicht rechtzeitig genug, um das Blatt für Japan zu wenden.

Der Film versucht seine Wut über das japanische Vorgehen nicht zu verbergen. Chinesische Gefangene werden *maruta* ge-

nannt (Feuerholz), und Mitglieder des japanischen Jugend-
korps, die im Lager stationiert sind, werden geohrfeigt, wenn
sie die Gefangenen als menschliche Wesen bezeichnen. Aber
die Japaner werden auch nicht als einfach nur böse dargestellt.
Takamura, der Sicherheitschef des Lagers, wird als leidenschaftlich, aber irregeführt dargestellt; er glaubt wirklich, daß
im Lager wichtige Arbeit geleistet wird. Doktor Ishii ist krank
und grausam, aber der Film stellt ihn klar als geisteskrank dar,
eher als ein Opfer chemischer Unausgeglichenheit denn als
bloß dämonisch.

Men Behind the Sun ist gut gemacht, und deswegen noch schwe-
rer zu ertragen. Szenen von der Zerstörung des Lagers mischen
nahtlos Inszeniertes mit Dokumentarischem, und die Autopsie
eines lebenden Jungen sieht verstörend real aus. In einer Szene wird der letzte überlebende Gefangene – ein Junge, der sich
unter Leichen versteckt hat – getötet, während eine japanische
Frau ein Kind gebiert. Der Film bewegt sich zwischen diesen
beiden Szenen in einem beunruhigenden Rhythmus hin und
her. Das Symbolische der Szene ist offenkundig, aber auch wirkungsvoll. Die Brutalität des Films mag für manche Zuschauer
zu realistisch sein, doch der Stoff verlangt es.

Remains of a Woman
1993
mit Carrie Ng Kar-lai, James Pak, Loretta Lee Lai-chum,
Jacqueline Law Wei-kun, Melvin Wong, Dennis Chan, Kenneth
Tsang
Regie: Clarence Ford (Fok Yiu-leung)

Remains of a Woman basiert auf einem tatsächlichen Mordfall,
der Hongkong in den neunziger Jahren erschütterte. Ein Chinese aus Übersee kehrt nach Hongkong zurück und gerät in
ein Liebesviereck: Junge trifft Mädchen; Junge trifft anderes
Mädchen; Junge bringt das erste Mädchen dazu, ihm zu helfen,
das andere Mädchen zu beseitigen; Junge gibt vor, im Gefängnis Erlösung zu finden, weil er ein drittes Mädchen getroffen
hat, kommt frei und läßt das erste Mädchen als Mörderin da-
stehen.
Die Geschichte wird in hektischen Rückblenden erzählt, als

Billy Chan (James Pak) sich auf die Wiederaufnahme des Verfahrens vorbereitet, in dem er angeklagt war, die Leiche der Stewardeß Lisa (Jacqueline Law) in Säure aufgelöst zu haben. Als ein jüngerer Chan Judy (Carrie Ng) trifft, betrachtet er sie als leichte Beute. Judy zeigt ausgesprochenes Suchtverhalten in allen möglichen Sachen – Liebe, Sex, Kokain, Hörigkeit. Schon bald unterschlägt sie an ihrer Arbeitsstelle Geld und gibt es Billy.

Als Billy sich auch mit Lisa einläßt, streiten sich die Frauen seinetwegen, sehr kindisch und voll mit Koks. Der Freak hat alle Hände voll zu tun: Wenn er nicht gerade damit beschäftigt ist, auf Pferde zu wetten oder sich Zeug die Nase hochzuziehen, betreibt er mit Lisa Amateurpornographie oder mit Judy S&M-Spiele.

Als die Rückblenden den Zeitpunkt des Todes der Stewardeß erreichen, wird dieser als *Sid and Nancy*-artiges Chaos beschrieben, dem *grand guignol*-Irrsinn folgt. Weil Billy zu ausgerastet und zu zittrig ist, um die Leiche zu beseitigen, muß Judy das erledigen. Sie spritzt sich Kokain in die Zunge und schreit dann die Leiche mit den weitgeöffneten Augen an »Starr mich nicht an!«, bevor sie sich daranmacht, sie in Einzelteile zu zerlegen.

Nachdem er verhaftet und ins Gefängnis geworfen worden ist, scheint Billy der perfekte Kandidat für fromme Reue zu sein, und er überzeugt die mit einer Bibel bewaffnete Gefängnisbesucherin Annie Cheung (Loretta Lee) von seiner Unschuld. Annie wiederum überzeugt die Verantwortlichen davon, daß der reuige Billy ein neues Verfahren verdient. Was er natürlich wirklich verdient hätte, wäre der Strick.

Es ist vor allem Carrie Ngs Darstellung, die *Remains* Qualität verleiht. Ihre Großaufnahmen im Gerichtssaal, die sie ohne Make-up spielt, machen ihre verdrehte romantische Besessenheit deutlich. Für ihre sinnlich-verstörende Darstellung wurde Carrie Ng 1993 in Taiwan mit dem Golden Horse Film Award als beste Darstellerin ausgezeichnet.

Das Erschreckendste an diesem Film ist nicht das Blut, sondern die Art und Weise, wie Billy Frauen zu willfährigen Werkzeugen macht, indem er ihnen Kokain oder religiöse Heuchelei bietet. Gutaussehend und seelenlos, gehört Billy zu jener

Sorte herzloser Bastarde, für die sonst rational reagierende Frauen über Glas kriechen, während nette Jungs wie wir nur ratlos und resigniert mit den Schultern zucken können. In *Remains of a Woman* kriechen die Frauen über viel Schlimmeres.

The Story of Ricky (The Story of Ricky)
1992
mit Fan Siu Wang, Yukari Oshima, Frankie Chin, Gloria Yip, Ko Chui
Regie: Lan Nai Kai

Viele »Völlig drüber«-Filme geraten zu nervigen voyeuristischen Reisen, weil sie ihre Vorgänger mit noch mehr rotem Sirup an den Wänden und noch mehr abgetrennten Gliedmaßen und Glibber zu übertreffen versuchen. Das ist bei *The Story of Ricky* nicht der Fall; der Film ähnelt mehr einem durchgeknallten japanischen Comic. Das hat einen guten Grund: Diese schrille Knastgeschichte basiert tatsächlich auf einem durchgeknallten japanischen Comic, einem *manga* mit dem Titel *Rikky Oh*. Dessen Bestandteile sind zerhackt und hier zu einem neuen Horroreintopf verarbeitet worden.

Im 21. Jahrhundert sind die Gefängnisse privatisiert worden, wahrscheinlich, um noch übleres Wachpersonal präsentieren zu können. Unser Held, Ricky Ho, ist ein geschmeidiges Muskelpaket (gespielt mit klotzköpfiger Gleichgültigkeit von Fan Siu Wang), der wegen der Ermordung eines Drogenbosses sitzt, der für den Selbstmord seiner Schwester verantwortlich war. Seine Mitgefangenen sind abscheuliche Typen (sie mögen Drogenbosse) und drohen ihm körperliche Verletzungen an.

Das scheint Ricky nicht weiter zu beeindrucken; rammt man ihm scharfe metallische Objekte ins Fleisch, ist er allenfalls leicht genervt. Dafür kann er selbst ganz gut austeilen: Als man einen minderbemittelten, sumogroßen Sadisten losschickt, um Ricky unter der Dusche zu zerquetschen, greift unser Junge mit den bloßen Händen in den mächtigen Bauch des Deppen und holt seine Eingeweide heraus.

Dieser Trick bringt Ricky eine Audienz beim stellvertretenden Gefängnisdirektor ein, einem abscheulichen, fleischfressenden Grobian, der Pfefferminzbonbons in seinem Glasauge aufbewahrt und dessen Bücherregale ausschließlich Pornovideos enthalten. Unbeeindruckt von der Knasthierarchie, duelliert sich Ricky mit dem miesen Boß des Nordflügels, dem reichlich mit Muskeln und Tattoos ausgestatteten Hai. Ein etwas harter Schlag auf Hais Hinterkopf läßt ein Auge herausspringen, das sofort von Raubvögeln gefressen wird. Der Hüne versucht hastig, *seppuku* zu begehen, aber nur um zu versuchen, Ricky mit seinen hervorquellenden Eingeweiden zu erdrosseln!

Hais Abgang zwingt die drei anderen Knastbosse, sich mit Ricky auseinanderzusetzen. Dieses ungleiche Trio – ein gruseliger, affenartiger Nadelschleuderer, ein riesiger Tölpel mit Elvis-Koteletten und eine sehr androgyne Yukari Oshima – macht Ricky das Leben schwer, aber ein Hauch von Komik weht durch den Film mit der Ankunft des Gefängnisdirektors und seines dicken, verwöhnten Sohnes.

Dieses schreckliche Kind ist das größte Monster des Films – bis der Direktor einen Voodoozauber anwendet, um sich selbst in ein knapp drei Meter großes, aufgeblasenes Gummimonster zu verwandeln. Im Schlußkampf, der an Ted V. Mikels *The Corpse Grinders* erinnert, gerät der Direktor in einen riesigen ... na, Sie wissen schon.

Diese Comic-strip-Innereien kann man nicht ernst nehmen; einmal wird ein die Schädeldecke zertrümmernder Schlag mit einer Röntgenaufnahme als genau das gezeigt. Jedenfalls ist dies kein Film, auf den man zufällig stößt; dies ist ein Film, den man sucht und genießt – falls Sie nach dieser Art von Genuß suchen.

The Untold Story
1993
mit Anthony Wong Chau-sang, Danny Lee Sau-yin, Julie Riva
Regie: Herman Yau Lai-to

Manchmal geht in der Übersetzung etwas verloren. Nehmen Sie zum Beispiel den Titel dieses Films. Der englische Titel – *The Untold Story* (wörtlich: Die nicht erzählte Geschichte) – ist harmlos genug. Der chinesische Titel aber heißt wörtlich übersetzt: »Das Restaurant ›Die acht Unsterblichen‹: Brötchen mit Schweinebraten aus Menschenfleisch«. Offen gesagt, das ist der weitaus erhellendere Titel für diesen Film, nach dem Sie sich garantiert das nächste Brötchen mit Schweinebraten, das Sie sich kaufen, genau ansehen.

Chan Chi Leung (Anthony Wong) flieht von Hongkong nach Macao, nachdem er im Kampf einen Mann getötet hat, der ihn beschuldigte, beim *mahjong* betrogen zu haben. (Er hat betrogen, aber das fand Chan nicht relevant.) Er legt sich einen neuen Namen zu und arbeitet in der Küche des Restaurants »Die acht Unsterblichen«, zerlegt Schweine und macht die besagten Brötchen. Als der Restaurantbesitzer ihn ebenfalls des Betrugs beim *mahjong* beschuldigt, zerlegt Chan ihn und seine Familie, jagt sie durch den Fleischwolf, verarbeitet sie in den Brötchen und übernimmt das Restaurant.

The Untold Story vermischt ohne Scham primitiven Humor mit hervorragenden Gags. Der Chef der Mordkommission (Danny Lee) erscheint jedesmal mit einem anderen Callgirl im Arm, während eine verliebte, aber ignorierte Polizistin sich schließlich provozierend anzieht, um seine Aufmerksamkeit zu erringen. Chan erntet anfangs die Dankbarkeit der Polizei, weil er Sammelbestellungen für Schweinefleischbrötchen stets großzügig ausführt. Ausführliche Aufnahmen von Polizisten, die kostenlose Brötchen verschlingen (ohne zu wissen, woraus sie gemacht sind, was aber das Publikum weiß), lassen die Zuschauer im Kino immer wieder unisono aufstöhnen.

Sobald die Scherze vorbei sind, sind wieder Vergewaltigung, Verstümmelung, Folter, Prügel und Morde angesagt. Als verpackte Überbleibsel des Restaurantbesitzers und seiner Familie ein paar Tage später am Strand angespült werden, verfolgt die Polizei die Spur zurück zu Chan. Er wird verhaftet, aber erst nach Tagen psychologischer und physischer Folter erzählt Chan, was an jenem Abend im Restaurant »Die acht Unsterblichen« wirklich geschehen ist.

The Untold Story ist eine ganz gute Charakterstudie, die Sympathie für den Mörder weckt (zumindest am Anfang), ohne daß man ihn mögen muß. Anthony Wongs Killer ist abstoßend und wahnsinnig, aber er bleibt ein menschliches Wesen. Für seine beeindruckende Darstellung wurde Wong 1993 als bester Darsteller mit dem Hongkong Film Award ausgezeichnet, dem Äquivalent zum Oscar.

DREI KATEGORIEN

Hongkong-Filme werden in drei Kategorien freigegeben. Die Kategorien werden mit einer römischen Ziffer in einem geometrischen Symbol bezeichnet, das um so eckiger wird, je größer die Beschränkung ist. Niemand kümmert sich um den Unterschied zwischen Kategorie I (mit der Ziffer in einem Kreis) und Kategorie II (mit der Ziffer in einem Quadrat). Kategorie III aber (mit der Ziffer in einem markanten Dreieck) bedeutet, daß die Filme für Zuschauer unter 18 Jahren verboten sind.

Öffentliche Verlautbarungen in Hongkong zeigen Teenager, die unzeremoniös aus Kinos entfernt werden, die solche Ware zeigen. Nicht selten stehen bei solchen Filmen lebensgroße, streng blickende Papp-Polizisten in den Foyers der Kinos. Die meisten Filme der Kategorie III sind billige, schnell heruntergekurbelte Softsex-Wunder, in der Regel mit sofort vergessenen Starlets in den Hauptrollen. Die Mädels werden fabriziert und verbraucht wie Instantnudeln: Wasser heiß machen und runter damit. Manchmal wird ein wenig blutiger Grusel mitgeliefert. So wenig wir etwas gegen das Triviale und seine Ausbeutung haben – die meisten dieser Filme sind reine Zeitverschwendung.

Kategrie III dient auch für das, was in den USA »NC-17« ist – keine Zuschauer unter 17 ohne Begleitung Erwachsener. So bekommen manchmal sehenswerte Filme das Dreieck mit der Drei, wie beispielsweise Jacob Cheungs prämierter Film *Cageman,* eine sensible Darstellung des Lebens in der Walled City von Kowloon. Der Film zeigt keinen Sex, keine Gewalt und nichts Nacktes, sondern wurde in die Kategorie III eingestuft, weil er kantonesischen Gossen-Jargon höchst einfallsreich einsetzte.

LASSEN SIE SICH NICHT NARREN

Wenn Sie Hongkong-Filme mögen – und das hoffen wir –, wird man Sie früher oder später zum Narren halten. Früher oder später stoßen sie auf einen Film, dessen Videocover, Plakat oder Titel sagt: »Ich bin großartig.« Aber er wird nicht großartig sein. Er wird Sie narren. Das passiert jedem. Es ist uns passiert. Es wird Ihnen passieren. Deshalb folgen hier einige besonders verlockende Beispiele, die Sie unbedingt meiden sollten.

Ein weiteres Beispiel für einen Hongkong-Trash-Film: ›Dead Target‹

THE AVENGING QUARTET (AVENGING ANGELS)
Werfen Sie einen Blick auf das Plakat – vier potent aussehende
Heldinnen mit eleganten Waffen, die böse Motorradfahrer nie-
dergemacht haben. Doch *The Avenging Quartet* ist ein lahmes
Melodram mit Moon Lee und Cynthia Khan, die sich unerklärlicherweise nach dem Maler Waise Lee verzehren. Yukari Oshima und Michiko Nishiwaki erscheinen nur kurz als böse
Mädchen; ein depperter Polizist, der sich endlos nach Moon
sehnt, ist viel häufiger zu sehen. Die Action ist langsam und
sporadisch.

BLACK PANTHER WARRIORS
Der verwirrte Regisseur Clarence Ford versammelte eine
großartige Besetzung – einschließlich Carrie Ng, Tony Leung, Simon Yam und Brigitte Lin – für diesen Film, der wie ein wüstes
Action-Abenteuer aussieht. Fotos von Carrie Ng und ihrer geliebten Beretta werden Sie ins Kino ziehen. Aber dieser halb-
herzige Pseudo-Superhelden-Film degeneriert schnell zu einer
langsamen, unzusammenhängenden Komödie. Vergessen Sie's.

BLACK MAGIC WITH BUDDHA
Horrorfilm über einen Hongkie, der ein blutendes, atmendes
Gehirn ohne Körper aus Indonesien schmuggelt. Hört sich gut
an, aber diese Billigproduktion (unter der Regie von Shaw-
Brothers-Veteran Lo Lieh) gerät vom Horrorkurs ab und
drückt dann nur noch auf die Tränendrüsen. Man schaut weiter, wartet und hofft auf irgend etwas – Nacktszenen, verunglückte Untertitel, explodierende Gespenster …, bis man aufgibt und die Eject-Taste drückt.

CROCODILE DEVIL
Das Cover der Videokassette ist verlockend, und ein Thai-Bar-
mädchen muß Liebe mit einem großen Gummikrokodil machen. Allerdings – es gibt keine untertitelte Version, dafür aber
viele Szenen ohne Krokodile oder etwas anderes Böses.

LABORATORY OF THE DEVIL
Ein Plagiat des höchst verstörenden Films *Men Behind the
Sun,* einer dramatischen Präsentation von Experimenten in
biologischer Kriegsführung, die japanische Truppen in der besetzten Mandschurei gegen Ende des Zweiten Weltkriegs
durchführten. Doch während *Men Behind the Sun* den Horror
dadurch ausglich, daß man einen Eindruck von Sinn und
Zweck bekam, so fehlt dies in *Laboratory of the Devil* völlig.
Der Film basiert auf einer läppischen Lovestory zwischen einem japanischen Offizier und einem Mädchen im Kimono, das
er zurückläßt, und benutzt die grausamen Details lediglich als
Vorwand. Igitt.

MALEVOLENT MATE
Das cartoonartige Plakat zeigt zwei Armskelette (mit Händen
in gebratener Panade) auf einer japanischen Sushiplatte vor einem Hintergrund von Flammen und einem blutverschmierten
halben Gesicht mit starrenden Augen. Aushangfotos von Bon-

nie Fu (der Schlampe und Diebin aus *Full Contact)* in vollem Freak-Outfit sehen gut aus. Aber der Film ist nur eine uninspirierte Nachahmung von *The Untold Story,* und seine ziellose Gewalt ist wirklich brutal. Hier schlagen die Polizisten die Verdächtigen und foltern sie mit Elektrizität, um ein Geständnis zu erpressen (und das war vor 1997!). Aber das ist noch nicht alles: Sie quälen die Tochter der Verdächtigen, indem sie ihren Teddybären verbrennen!

MY BETTER HALF
Das Plakat erweckt den Eindruck, als handle es sich hier um eine Art feministischen Nachfolger von *Doctor Lamb:* eine blutverschmierte Schlampe mit einem enormen Messer, eine Kettensäge und ein ominöser Topf auf der Küchenanrichte. *My Better Half* verbindet drei Stories durch nichts außer Langeweile, und man muß über eine Stunde Unsinn durchstehen, ehe man an »die Säge« gelangt. Selbst dann wird's nicht wirklich gut.

NINJA KIDS
Sie wissen, daß es keine Untertitel gibt, aber Sie denken, ein Film der Kategorie III mit diesem Titel muß was sein, oder? Falsch! Zuwenig Kämpfe und zuwenig Sex. Lahm, lahm, lahm – trotz eines Bösewichts mit Ninja-Maske.

RAPED BY AN ANGEL
In der Werbung als *Naked Killer II* bezeichnet, fehlt diesem Werk aber die Ausgelassenheit und Nostalgie von *Naked Killer.* Noch schlimmer, es fehlt *Raped By an Angel* die Anwesenheit von Carrie Ng, der Prinzessin von *Naked Killer.* Statt dessen bekommen wir Mark Cheng als Serien-Vergewaltiger, der Kondome benutzt und Chingmy Yau hinterherhechelt, dem Star eines Werbespots für »Fitty Milk«. Schmutzig, aber sinnlos.

SEXUAL DEVIL
Nun, das Cover der Kassette sah gut aus.

ULTRACOP 2000
Das Plakat zeigt die atemberaubende Yukari Oshima in schwarzem, paramilitärischem Outfit. Leider gibt es in diesem in Manila gedrehten Langweiler wenig Action, doch um so mehr idiotische Szenen. Die unbegreifbare Handlung (irgend etwas mit Aliens, die auf die Erde kommen, um zu kämpfen; und das einzige, wovor ein böser Alien Angst hat, ist ein Schwuler mit AIDS) treibt Sie in den Wahnsinn.

UNDER THE ROSE
Soll eine im *mondo*-Stil gedrehte Dokumentation über Hongkongs, äh, verruchtere Seiten sein. Absolut einschläfernd. Erzähler James Wong plappert immer wieder über »Undercover«-Entdeckungen von Topless-Bars in Wanchai, Telefonsex
und ähnliches. Begleitet von aberwitzigen Untertiteln oder gar
keinen Untertiteln.

14. Die Apokalypse um 17.15, 19.30 und 22 Uhr

Auf der Suche nach Hongkong-Filmen in Asien haben wir eine ausführliche Pilgerfahrt in »das Herz der Dunkelheit« unternommen. Unsere Reisepässe setzten eine bunte Patina an, die sich aus Zollstempeln und Curryflecken ergab.

Thailand

In der riesigen (Freiluft-)Marine-Bar in Chonburi hüpfen Horden freudig herum, während es auf einer großen Cinemascope-Leinwand zur Sache geht. Musik weht von den Thai-Boxkämpfen herüber, die in einem Ring nur 60 Meter entfernt stattfinden, und sie tritt in Konkurrenz mit dem auf volle Lautstärke aufgedrehten Film-Soundtrack, der die Lautsprecher klirren läßt.

Katzen streunen auf der Suche nach Kakerlaken und anderen Leckerbissen unter den Tischen umher. Fledermäuse fliegen vor der Leinwand vorbei, kurzzeitig Schattenspiele verursachend. Ein Trio tätowierter Thai-Mädels kichert und pfeift, als die Schauspielerinnen Cynthia Khan und Moon Lee auf der Leinwand einigen Memmen zeigen, wo's langgeht.

Der Besuch eines Hongkong-Films in Asien ist eine Sache für sich.

Selbstverständlich hat das enorme Wirtschaftswachstum in einigen asiatischen Städten glitzernde Chrom-und-Beton-Paläste entstehen lassen. In Singapur finden Sie inzwischen Cine-Center, die auch in Kansas City stehen könnten. Aber wenn Sie sich aus den Neubauvierteln herausbegeben, werden Sie entdecken, daß ein abendlicher Kinobesuch so wüst und schräg ist, wie Sie es sich nur wünschen können: in den prächtigen Kinopalästen aus der Kolonialzeit genauso wie in obskuren Drive-in-Kinos auf irgendwelchen Parkplätzen in Thailand. Hier laufen auch Hollywood-Filme, aber die Ballermänner- und Gespensterstreifen aus Hongkong sind das Gelbe vom Ei. Blickt man in die Zukunft – das pazifische Zeitalter –, dann sind der Glanz Japans und der Benz-Gucci-Glitzer Hongkongs die Spitze des Eisbergs; der größte Teil Asiens ist immer noch schmutzig und verrottet. Auch in den neu industrialisierten Ländern sind Reisen immer noch mit Gefahren und Überraschungen verbunden.

Die touristischen Infrastrukturen sind immer noch durchsetzt mit oft dürftigen Transportmitteln, toxischen Lebensmitteln, Verdruß und Plagen aller Art sowie kleinen kriechenden Dingern. »Lite« und »zuckerfrei« sind nur für die Privilegierten von Interesse; die meisten wollen soviel Zucker, Koffein und Cholesterol wie möglich. In diesem Zusammenhang betrachtet man Filme als Leckerbissen, also müssen sie so bunt, süß und laut wie möglich sein.

Thailand wäre an sich ein guter Jagdgrund für Fans von Hongkong-Filmen, aber die Filme sind in der Regel thailändisch synchronisiert – ohne Untertitel. Eine Ausnahme macht nur das geräumige Rama-Kino in Bangkok, wo die Filme gelegentlich mit englischen Untertiteln laufen. Aber man braucht keine Untertitel, um so etwas wie *Iron Monkey* zu genießen.

Thailändische Städte jeder Größe besitzen ein Kino: in Geschäften mit einer hölzernen Fassade in den kleineren Städten oder im obersten Stockwerk eines Kaufhauses in den größeren. Gehen Sie hinauf und checken Sie die Plakate. Zahlreiche Filme werden angeboten (meist aus Hongkong), und die Preise für ein Ticket (in der Regel ein bis zwei Dollar) könnten Sie in Versuchung führen, eine Erfahrung ohne Untertitel zu machen.

Auch Filme der Kategorie III geraten nach Thailand, aber was wirklich die Praktiken der thailändischen Zensur überlebt, ist nicht bekannt (gemäß einem Gesetz aus den zwanziger Jahren werden Nacktszenen regelmäßig mit Weichzeichner bearbeitet). Dagegen protestieren thailändische Filmkritiker bis heute vergeblich.

Eine elementarere Form des Kinobesuchs bieten die zahllosen Open-air-Kinos in Thailand, die man auf Volksfesten, verlassenen Grundstücken oder auch in festeren Einrichtungen findet; die Besitzer spielen, was sie gerade haben. Die Eintrittspreise liegen bei 50 Cent, aber Anti-Moskito-Spray, Regenmäntel und Snacks (möglichst scharf, damit man gut schwitzt) sind darin nicht enthalten. Einmal sahen wir eine Doppelprojektion: eine

*Kinowerbung für Hongkong-Kung-Fu-Filme in Korea, einem der Haupt-
märkte für Filme aus Hongkong*

Mischung aus thailändischen Popvideos, hypergewalttätiger Hongkong-Ware und weiß der Himmel was noch. Beide Soundtracks natürlich bis zum Maximum aufgedreht – furchteinflößend.

Arbeitskräfte sind billig, und Filme brauchen Werbung, also warum nicht ein paar Typen anheuern, die riesige Plakate malen, diese auf einem Pickup befestigen, mit Scheinwerfern anstrahlen und mit einer Lärmanlage versehen, um damit durch die Stadt zu dröhnen? In Thailand gibt's die besten MALAHOPTs (Movie Advertising, Loud As Hell, On Pickup Trucks – Filmwerbung, höllisch laut, auf Pickups).

Seltsamerweise befinden sich die teuren Sitze in asiatischen Kinos auf der Empore. Das Zwei-Preise-System führt zu einer Demarkationslinie zwischen Parkett und Empore; sparen Sie Geld, indem Sie näher am Geschehen sitzen! Aber setzen Sie sich nie in die 20-Baht-Sitze im Rama-Kino …

Die Malaiische Halbinsel

Aufgrund des großen Anteils von Chinesen an der Bevölkerung gibt es in Malaysia ein exzellentes Vertriebssystem für Hongkong-Filme. Die Filme werden nicht nur mit ihren chinesischen und englischen Untertiteln gezeigt, sondern auch zusätzlich mit malaysischen; bei längeren Dialogen füllt ein dreisprachiger Wortwust die untere Hälfte der Leinwand. Weil der Islam Staatsreligion ist, werden Sex, Nacktheit, Gewalt etc. in den Filmen zensiert. Bei Hexen, die Köpfe in der Gegend herumschmeißen, scheint es keine theologischen Probleme zu geben.

Auf der Halbinsel finden sich einige charmante, funkige Kinos aus der Kolonialzeit, zum Beispiel das Ruby in Ipoh oder das Rex in Penang. In Malakka gibt es ein großartiges *grindhouse,* das Capitol, wo wir einen grauenhaften Billigfilm mit dem Titel *Curse of the Zombie* erwischten. Ventilatoren an der Decke bewegten die warme, gruftartige Luft, als das einzige fluoreszierende Licht ausging; es war total dunkel, bis die Werbedias kamen. Zittrige pinkfarbene Buchstaben kündeten »Mr. Rajoos Filme« an und erinnerten daran, daß *dadah* (Drogen) in Malaysia direkt in die Schlinge des Henkers führen. Während uns der Saft von köstlichen blaßgrünen Melonen die Arme herunterrann, hüpfte der Zombie heftig herum und erfreute die Kids.

Wie in Thailand stehen auch in Malaysia alle auf, wenn der Böse stirbt. Die Schlußtitel werden zugunsten des Hauslichts und des Massenexodus gekürzt.

Borneo (Ost-Malaysia)

Die Heimat von großen Regenwäldern (die eifrig gefällt werden, sehr zum Mißfallen von Rockstars aus aller Welt) und von chinesischen Händlern, die ihr Glück in der Wildnis suchten, ist Borneo eine tropische Insel südlich der Philippinen. Aufgeteilt zwischen drei Nationen, besteht die Insel aus dem kleinen, ölreichen Brunei, dem indonesischen Staat Kalimantan sowie den malaysischen Staaten Sabah und Sarawak. Sarawaks Stämme waren Pioniere jener schwarzen Tatoos und der Genital-Piercing-Techniken, die später von jungen und reichen »modernen Primitiven« (*ampallang* lautet das malaysische Wort) adaptiert wurden. Die Stämme bewahrten außerdem tote Verwandte zu Hause in Krügen auf, aber dieser Brauch wurde von heutigen Jugendlichen noch nicht übernommen.

Der größte Teil von Sabahs Hauptstadt Kota Kinabalu wurde während des Zweiten Weltkriegs dem Erdboden gleichgemacht, aber Sarawaks Hauptstadt Kuching überlebte intakt. Kuching ist super. Genießen Sie Ihr Brot-und-Curry-Frühstück mit ein oder zwei Tassen ultrastarken malaysischen Kaffees und besuchen Sie hinterher das Polizeimuseum (mit Dioramen von Hinrichtungen und Opiumhöhlen). Zum Schluß schauen Sie sich die jüngste Golden-Harvest-Produktion im imponierenden Capitol Theatre an, einem Juwel aus der Kolonialzeit, das in der tropischen Sonne mit Grandezza zerfällt.

Traurigerweise gehen die meisten der grimmigen *grindhouses* auf Borneo dem Untergang entgegen. Das neue Riverside Cine-Center ist ein Beispiel für das, was kommen wird: vier kleine Kinos mit eisiger Klimaanlage, einer automatischen Duftsprayanlage, die alle 15 Minuten losgeht – und natürlich Malaysias höchsten Eintrittspreisen. Aber immerhin laufen Filme durch die Projektoren. Die Billigetablissements projizieren Videos auf Monitore, und vor den Filmen gibt es längere Karaoke-Segmente.

Im Landesinnern findet man in den größeren Siedlungen sowohl alte Kinos als auch neue Videoprojektionsbunker, die erstere ersetzen. Unsere einsame Nacht in Sibu trieb uns ins Palace Theatre, das trotz fortschreitender Zerstörung noch Filme zeigte. Gelangweilt von einer halbherzigen Komödie über Imperialisten in der Klemme, unsere hereingeschmuggelten *char siu sao* (Brötchen mit Schweinebraten) nur noch eine Erinnerung, suchten wir entlang des regengetränkten Balkons nach dem Ausgang. In der surrealen, feuchten Nacht stießen wir auf einen Berg gefalteter malaysischer Filmplakate: handgemalte, segelgroße Werbung auf Leinwand mit alarmierenden Bildern und seltsamen Hieroglyphen. Schätze, die auf den Müll sollten. Kichernd nahmen wir so viele mit, wie wir tragen konnten, aber unsere Stimmung war angesichts des Kinosterbens doch etwas bedrückt.

Singapur

Dieser Stadtstaat geriet vor einigen Jahren in die Schlagzeilen, als an einem verwöhnten amerikanischen Knaben eine Prügelstrafe wegen Vandalismus vollzogen wurde. Dennoch können die meisten zeitgenössischen Experten für das dortige Rechtssystem Singapur immer noch nicht auf der Landkarte finden (an der Spitze der Malaiischen Halbinsel), noch können sie etwas sagen über die ethnische Zusammensetzung der Bevölkerung (etwa drei Viertel Chinesen).

Singapurs stetige Sozialexperimente haben dazu geführt, daß seit 1991 Filme der Kategorie R (für »restricted«, ab 17) gezeigt werden können; das gilt auch für einige Hongkong-Filme der Kategorie III. Etwas saftigere Sachen wie *Naked Killer* allerdings sind verboten worden. Dennoch ist Singapur einer der besten Orte außerhalb Hongkongs, um Hongkong-Filme zu sehen.

Die Kinos in Singapur sind – wie alles andere – neu und picobello sauber. Für Südostasien sind die Eintrittspreise hoch (drei bis fünf US-Dollar), und die Klimaanlage könnte Ihnen Erfrierungen bescheren – einen Pullover oder eine Jacke mitzubringen, ist eine gute Idee.

Die Zeitung *Straits Times* nennt Kinos und Anfangszeiten, gibt aber keinen Hinweis darauf, wo sich die Kinos befinden. Aber

Sie können die Kinos jederzeit anrufen, denn in Singapur spricht jeder Englisch. Wir empfehlen Ihnen, abends mit der erstaunlich sterilen MRT-Schnellbahn zu den Tampines-Kinos hinauszufahren, denn dabei können Sie Panoramablicke auf Singapurs monolithische, gespenstisch-kühle Neubausiedlungen werfen.

Einige Kinos in Singapur benutzen schon computerisierte Reservierungssysteme, die aussehen wie Videospiele, wenn sie ein kleines x auf dem Sitzschema plazieren und automatisch Ihr Ticket ausdrucken. Wir allerdings hätten es lieber gesehen, wenn man nicht all die wunderbaren alten Kinopaläste abgerissen hätte, die einen Kinobesuch in Asien so schön gemacht haben.

Japan

Jackie Chan ist der populärste Filmstar aus Hongkong in Japan, der so manchem Teenie den Schlaf raubt. Sehr beliebt in Nippon sind auch die hüpfenden Jungvampire, bekannt als *kyonshi*.

Doch Japan ist nicht gerade der geeignetste Ort, um Hongkong-Filme zu studieren. Die Eintrittspreise sind unverschämt, selbst für japanische Verhältnisse: 25 Dollar bei Redaktionsschluß. Wirklich. Leihvideos sind (relativ) günstig; in einem neuen Laden namens Cine City Hong Kong findet man jede Menge, aber die Hongkong-Filme sind meist in Mandarin synchronisiert und japanisch untertitelt.

Die Philippinen

Die Geschichte dieses Archipels ist einmal treffend beschrieben worden als »300 Jahre in einem spanischen Kloster und 50 Jahre in Hollywood«. Auswirkungen der katholischen Indoktrination haben Manila nicht gutgetan; die Stadt gleicht heute Los Angeles mehr als jede andere asiatische Stadt.

Entsprechend ihren pseudokolonialen Wurzeln und ihren schießfreudigen amerikanischen Vorbildern neigen Kriminelle in Manila dazu, sich mit Drogen und billigem Schnaps vollzupumpen und sich dann gegenseitig umzulegen. Während man aus Tageszeitungen in Manila nicht viel über Hongkong-Filme erfahren kann, sind sie eine gute Quelle für Stories über wahnwitzig gewalttätige Auseinandersetzungen zwischen Gangstern und über Unfälle von Jugendlichen, die mit Feuerwerkskörpern hantiert haben.

Die Philippinen sind das einzige Land in Asien, in dem Filme aus Hongkong routinemäßig englisch synchronisiert werden, obwohl andere Medien oft wechseln zwischen Englisch und dem einheimischen Tagalog, ein verwirrendes System, das Zweisprachigkeit auf allen Seiten voraussetzt. Glücklicherweise sind die Filipino-Eintrittspreise sehr niedrig (etwa 60 Cent), aber die Synchronisationen sind nicht die besten, und die Kompetenz des Vorführers ist auch nicht immer gewährleistet.

Man muß den Filipinos ein Kompliment machen, weil sie Hongkongs kämpferische Filmheldinnen so inbrünstig verehren; aber vielleicht haben sie auch mit einem Komplex wegen der Heiligen Jungfrau zu kämpfen. Die japanische Schauspielerin Yukari Oshima, die in vielen Action-Filmen aus Hongkong auftritt, hat viele Fans auf den Philippinen, wo sie Cynthia Luster heißt, und Moon Lee erscheint auf mehr Filmplakaten als Stephen Chow oder Chow Yun Fat.

Macao

Vor fünf Jahrhunderten waren nicht die Spanier, sondern die Portugiesen die härtesten katholischen Seefahrer der Welt. Obwohl Portugals imperialistische Ambitionen in Asien bald von anderen Abendländern mit ähnlichen Absichten zurückgedrängt wurden, konnte es sich auf Macao halten. Der winzige Staat, nur eine kurze Bootsfahrt von Hongkong entfernt, ist die älteste europäische Kolonie in Asien – und sie wird auch die letzte sein: 1999 fällt Macao an China zurück, zwei Jahre nach Hongkong.

Selbst mit seinem Spielcasino und seinem Hunderennplatz namens »The Canidrome« hat Macao Hongkongs Entwicklung zu Reichtum nicht mitgemacht. Seine engen, gewundenen Straßen sind für Fahrräder besser geeignet als für große Limousinen. Spazieren Sie die Avenida Infante D Henrique entlang und biegen Sie ein in die Rua Santa Clara, und Sie finden Macaos beliebtestes Kino, das Cineteatro. Obwohl inzwischen in drei Säle aufgeteilt, ist es immer noch ein beeindruckender Ort, um einen Film zu sehen. Zu erwähnen ist auch das liebenswerte Capitol-Kino an der Ecke Rua Pedro Nolasco da Silva und Travesso dos Anjos. Macaos Nähe zur Quelle stellt sicher, daß immer die jüngsten Filme aus Hongkong zu sehen sind – zu Preisen, die denen in Hongkong vergleichbar sind.

Hongkong

Geldgeil, höllisch übervölkert, mit einem Tempo, das Manhattan wie Albuquerque aussehen läßt, bietet Hongkong die ultimative asiatische Stadterfahrung. Die zügellose Wirtschaft hat auch einen Bauboom entstehen lassen, so daß viele stilvolle alte Kinos Multi-Leinwand-Komplexen weichen mußten. Einige wenige gibt es noch – größtenteils auf der Seite der Hongkong-Insel, östlich von Causeway Bay; Touristen allerdings verirren sich selten dorthin.

Die englischsprachigen Medien berichten ganz ordentlich über die örtliche Filmindustrie. Kritiker Paul Fonoroff von der *South China Morning Post* ist auch Moderator einer TV-Sendung über Hongkong-Filme. Fonoroff, ein Experte für die Filmindustrie in Shanghai in den dreißiger und vierziger Jahren, moderiert die Sendung sowohl in Englisch als auch in Kantonesisch.

Spätvorstellungen sind gang und gäbe; manche beginnen um drei Uhr morgens! Wie alles in Hongkong, wechseln auch die Filmprogramme schnell wie der Wind.

Glossar

Animé: Zeichentrickfilmversion von *manga,* einer japanischen Comicheftform, die dafür bekannt ist, daß in ihr Geschichten stilistisch oft gewalttätig und unverhüllt dargestellt werden. Einige Filme aus Hongkong *(The Story of Ricky, Wicked City, Jackie Chans City Hunter, Saviour of the Soul)* basieren auf existierenden *animé-* oder *manga*-Vorlagen oder sind daran angelehnt.

»Bitchy« (gehässig): Das Wort sieht man oft in den Untertiteln. Das Adjektiv bezeichnet kokettes weibliches Verhalten.

Char siu bao: Geröstete Schweineteile.

Chi: Der Atem der Natur. Chi symbolisiert eine kosmische Kraft, die das Universum erschaffen hat, dessen Dualität (Yin und Yang) in vielen Formen Ausdruck findet, wie z. B. Einatmen und Ausatmen. Die Kampfsportarten sind dazu da, zu lernen, sich auf die Chi-Energie zu konzentrieren und sie anzuwenden (oftmals mit einem lauten Schrei).

»Comfortable« (bequem): Das Wort kann man häufig in den englischen Untertiteln lesen. Es umschreibt den weiblichen Orgasmus.

Durian: Dies ist eine Frucht, so groß wie ein Fußball, mit einer harten, stacheligen Schale. Wenn man eine tropische Frucht ergreifen möchte, um sie am Kopf eines Bösewichts zu zerschmeißen, nähme man eine Durian. Wenn man sie aufschneidet, begegnet man einem Anblick von leckerem Fruchtfleisch und einem Geruch verfaulenden Mülls. »Der Geschmack des Himmels und der Gestank der Hölle!« Die meisten Asiaten mögen diese Frucht, aber die meisten asiatischen Hotels und Lokale erlauben Durian nicht auf ihrem Gelände.

Eunuch: Im kaiserlichen China waren Männer, die sich freiwillig einer Kastration unterzogen, berechtigt, ein hohes politisches Amt zu bekleiden, die den nicht hodenlosen Männern vorenthalten wurden. Als Eunuchen bekannt, übten sie eine beträchtliche Macht in ihrem Einflußbereich aus. Wenn männliche primäre Geschlechtsmerkmale freiwillig abgetreten werden, führt das in Filmen aus Hongkong zu einer Steigerung der übernatürlichen Kräfte. Es macht ältere Eunuchen zu furchterregenden Gegnern.

»Face« (Gesicht): Respekt. Ein äußerst wichtiger Begriff in der chinesischen Gesellschaft. Streitigkeiten über den Mangel an Respekt zwischen zwei Parteien kann zu heftigen Handgreiflichkeiten führen.

Feng shui: Hier handelt es sich um die Kunstform, wie man Dinge (Gebäude, Möbel etc.) arrangiert, um Disharmonie mit der natürlichen Umgebung zu vermeiden. Entscheidend für die korrekte Form von *feng shui* ist ein Hellseher, der die Umgebung abcheckt, oft mittels eines Wahrsagerades. Schlechtes *feng shui* führt die Gläubigen dazu, die Anordnung der Möbel zu verändern, ganze Wände herauszubrechen, ja sogar den Hauseingang an den rechten Ort zu versetzen. Als Bruce Lee nach Kowloon Tong zog (einem Ort, der für schlechtes *feng shui* bekannt ist), ließ er sich einen gigantischen *feng shui*-Spiegel auf das Dach seines Hauses montieren, um die böse Energie abzulenken.

Feng-shui-Spiegel: Es handelt sich um einen achteckigen Spiegel, in dessen reflektierender runder Mitte sich manchmal ein Yin-und-Yang-Symbol befindet. Rechtwinklige Abwehrdiagramme am Rande repräsentieren das I Ching. Er kann als Waffe gegen Geister eingesetzt werden.

Grindhouse: Ein Theater in der Stadtmitte, oftmals ein ehemaliger Kinopalast vergangener »goldener Zeiten«, lange Zeit der einzige Abspielort für Hongkong-Filme in den USA. Die Füße klebten am Boden, und Besoffene grölten in den Sitzen hinter einem. Heute gibt es nur noch wenige dieser Kinos, die von den Multiplex-Unternehmen und den großen Videoketten ersetzt wurden.

Gwailo: Ein Fremder amerikanischer, britischer oder europäischer Abstammung. Wörtlich heißt es: »ein fremder Geist« oder auch »ein fremder Teufel«: Es gibt immer noch Zweifel daran, ob *gwailo* ein abschätziger Begriff ist oder nicht. Es hängt davon ab, wie man es ausspricht.

Hongkie: Etwas herabsetzende Bezeichnung für eine Bewohnerin oder einen Bewohner Hongkongs.

Kantopop: Eine spezielle Popmusik, die in Kantonesischem Dialekt gesungen wird. Jacky Cheung, Andy Lau und Leon Lai sind bekannte Vertreter dieser Musikrichtung. Jacky Cheung, Star von *A Chinese Ghost Story II* und *Bullet in the Head,* ist 24 Tage am Stück im stets ausverkauften, großen Hongkong-Coliseum aufgetreten. Kantonesisch mit mindestens neun Tonhöhen pro Note ist sehr schwierig zu singen. Die Schwierigkeit, die verschiedenen Tonlagen zu erzielen und gleichzeitig die Melodie einzuhalten, veranlaßte Kantopop-Superstar Sally Yeh zu der Aussage: »Auf Kantonesisch zu singen ist so, als ob man in einem Gefängnis singt.«

Kimono: Das klassische Kleidungsstück, das von japanischen Frauen getragen wird. Wenn man eine Frau im Kimono in einem Film aus Hongkong sieht, handelt es sich in der Regel um die süße Kämpferin Michiko Nishiwaki, die kurz davor ist, das Teil abzulegen und ihre entblößte Figur zur Schau zu stellen, bevor sie einige Schädel zertrümmert.

Kyonsi: Ein chinesischer Vampir. Diese »hüpfenden Geister« hüpfen in zahlreichen Filmen herum.

Madam: So wird eine Polizistin bezeichnet, nicht eine Puffmutter. In einigen Filmen aus Hongkong spielen allerdings ironischerweise Polizistinnen Puffmütter und Nutten, um Kriminelle zu schnappen.

Mahjong: Ein Brettspiel, das sich in Hongkong großer Beliebtheit erfreut. *Mahjong* wird mit rechteckigen Klötzen gespielt, auf denen chinesische Schriftzeichen abgebildet sind. Vier

Spieler kommen zusammen, und es geht in der Regel um Geld. *Mahjong* wird in der Gesellschaft als Glücksspiel für Frauen akzeptiert. Die Männer setzen eher auf Pferde.

Manga: siehe *animé*.

Méliès, Georges: Französischer Regisseur am Beginn des 20. Jahrhunderts, der eigenhändig alle Spezialeffekte im Zeitalter vor den Digitaleffekten erfand. Méliès schuf eigentlich nur phantasie- und trickreiche Filme. Sein bekanntester war *A Trip to the Moon/La journée dans la lune/Die Reise in den Mond* (oft auch *Die Reise zum Mond* genannt) aus dem Jahre 1902, ein Film, der zeigt, wie eine Rakete genau ins Auge des Mannes im Mond fliegt. Obwohl der Franzose nie den Osten bereist hat und verarmt starb, können wir nicht umhin zu glauben, daß dieser zu Unrecht etwas in Vergessenheit geratene Pionier und Vater des Spezialeffekts auf einer Wolke im Himmel sitzt, wobei seine Flügel vor lauter Lachen über *Mr. Vampire* oder *Zu* wie wild wackeln.

Mongkok: Arme Gegend im nördlichen Kowloon, die von Gangsterbanden regiert wird. Die Filmemacher aus Hongkong bevorzugen diesen Schauplatz, wenn sie einen klaustrophobischen, deprimierenden, urbanen Look suchen. Mit neun Quadratmetern pro Person ist es einer der am dichtesten besiedelten Orte der Welt.

Ninja: Japanische Attentäter. Sie gehören nicht zur Tradition der chinesischen Krieger, doch im ostasiatischen Film tauchen sie auch in Produktionen aus Hongkong als abscheuliche Bösewichter auf.

PRC: The People's Republic of China (Volksrepublik China)

RHKP: Royal Hongkong Police. Die Polizei von Hongkong unterstand der Schirmherrschaft ihrer Majestät, der Königin von England. In der Praxis waren aber nur einige Bürohengste englisch. In den Filmen mußten sich die chinesischen Straßencops deren willkürlicher Selbstherrlichkeit unterwerfen. Selbst wenn sie ihren chinesischen Vorgesetzten in Kantonesisch etwas berichteten, endete das Gespräch mit »Yes, Sir«, wobei salutiert wurde.

Sanuk: Thailändischer Ausdruck für »Spaß«.

Seppuku: Ritueller japanischer Selbstmord in Form von Bauchaufschlitzen mit einer Stichwaffe, auch als Harakiri bekannt.

Shaolin-Tempel: Ein berühmter Tempel im Süden der Volksrepublik China, wo über Jahrhunderte hinweg Mönche eine spezielle Kampfsportkunst entwickelten.

Sifu: Ein hochrespektierter Meister der Kampfkünste oder der taoistischen Techniken. *Sifus* können sowohl männlich als auch weiblich sein, doch sie werden in der Regel als alte Männer dargestellt, die überlange, herabhängende Augenbrauen haben.

Swastika: Ein buddhistisches Symbol, das seit mehr als 8000 Jahren verwendet wird. Seit den zwanziger Jahren des 20. Jahrhunderts wurde es von Europäern mißbraucht.

Triaden: Chinesische Gangsterorganisationen. Es wird berichtet, daß in Hongkong etwa 40 Verbrechersyndikate tätig sind, von denen aber nur zwei oder drei sich die großen Brocken untereinander aufteilen. Die Syndikate sind stark in die traditionellen Verbrechensunternehmungen involviert: Glücksspiel, Wucher und Prostitution. Sie haben ihre schmutzigen Finger auch in Branchen wie der Film- und Popmusikindustrie. Der Lebensstil – Geld, Guns und Girls – bietet erstklassiges Filmfutter.

The Walled City of Kowloon: Als die Chinesen im 19. Jahrhundert Hongkong an die Briten übergaben, umgaben sie ein kleines Gebiet mit einer Mauer und erklärten es als Eigentum Chinas, um wenigstens etwas das Gesicht zu wahren. Da die Gesetze Hongkongs auf diesem Gebiet keine Anwendung fin-

Wirework bei den Dreharbeiten zu ›Once Upon a Time in China‹

den durften, wurde es zu einem Eldorado für Kriminelle, die daraus eine Enklave machten, in der sie ihre illegalen Geschäfte abwickelten. Außerdem zogen sich unerwünschte Personen dorthin zurück. Anfang 1990 wurde The Walled City of Kowloon zerstört.

Wirework: Hierbei handelt es sich um eine Technik, bei der die Schauspieler an einem Draht hängen und die Illusion der

Schwerelosigkeit hergestellt wird oder regelrechte Flüge simuliert werden. Standard in Filmen mit übernatürlichen Elementen, doch wird diese Technik von den Puristen der Kampfsporttechniken belächelt, weil sie darin Betrug sehen.

Yakuza: Bezeichnung für japanische Gangster und Gangstersyndikate.

»You're bad!« Diesen Ausspruch findet man in den Untertiteln. Koketter Vorwurf von Frauen, die von Männern mit eindeutiger Absicht angebaggert werden.

Danksagung

Unser ganzer Dank geht an folgende Personen:

Die mitwirkenden Autoren: Richard A. Akimaya (RAA.), Keith Allison (KWA.), Tod Booth (TB.), Michael Helms (MH.), Lars-Erik Holmquist (LEH.), Andy Klein (AK.), Jim Morton (JM.), Chuck Stephens (CS.), Karen Tarapata (KAT.),

Lektorin: Carmen Bradley

Fachmann für chinesische Figuren: Andrew Scal

Besonderen Dank an: Helen Soo und Janie Chuck von Tai Seng Marketing, South San Francisco; Sandra Lo von World Video, San Francisco; Jackie Chan und Willie Chan von Jackie & Willie Productions, Hongkong; Tom Gray und Elisa Choe von Rim Films, Los Angeles; Gere LaDue von Dragon Art, Los Angeles; Le Video, San Francisco; Hung Ming Enterprise, San Francisco; Mike Leeder, Hongkong; Barrie Pettison, Elliot Levine und Bill Banning vom Roxie-Kino, San Francisco; Mike Mallery von World Lithographic Services, San Francisco; David Chute, Roberta Chow, Bruce Black, Wendy Van Dusen, Michael Helms und Fatal Visions Magazine; Richard Laslet, Chinatown Cinema Complex, 200 Bourke Street, Melbourne; Lursak Thavornvanit von Cine Group, Bangkok; Sheila Duignan von Awesome Catering, San Francisco

Herausgeberin und Herausgeber: Cindy Gitter, David Dunton

Agentinnen: Jane Jordan Browne, Danielle Egan Miller

Sponsoren:
Apple Computer, Cupertino, Kalifornien
Kempinski Furama Hotel Hongkong
Kirin, Hersteller von Jive-Kaffee – dem koffeinhaltigsten Getränk der Welt

Dank an:
Rod Alley, William Bailey, Steve Bodco, Pietro Bonomi, Jane Caeneddi, Monte Cazazza, Terence Chang, Chinatown Theater (San Francisco, Kalifornien), Bill Connolly, Brad Daniels, Joseph Fierro, Peter Flechette, Christopher Fu, Allan und Cathy G, John J. Gainfort jr., Colin Geddes, Stuart Gottesman, Richard Hall, D. E. Hardy, Tom Holmes, Rebecca Ip, Alice Joanou, Carol Jokinen, Richard Kadrey, Johanna Keltner, Regan Kibbee, Doug Kirby, Mick LaSalle, Frances Loden, Felix Lu, Heather Mackey, Jeanette Mak, Mike Maloy, Brad Masoni, Paul Mavrides, Philip

Metcalf, Hank Okazaki, Pagoda Palace Theater (San Francisco, Kalifornien), Carl Parkes, Richard Petersen, Martha Pike, Leslie Pollock, William Henry Pratt, Timo Rautiala, Catherine Reuther, Lightning-Always-Strikes-Twice Reuther, Mary Ricci, Jane Ritchie Rice, Ritz Theater (Minneapolis, Minnesota), Riverview Cinema (Durham, North Carolina), Brad Roberts, Cameron Scholes, Jeff Segal, Dr. Bob Smith, Ken Smith, Douglass St. Clair Smith, Strand Theatre (San Francisco, Kalifornien), Edward Van Sicklin, Richard A. Spears, Terry Thome, Dewey Webb, Jeff Wilkins, Bill Wilson, Declan Wong, Michael Wong.

Register